LAMENCO

¡HOLA!

西班牙
文化導覽

OLIVA

何國世 著

CORRIDA DE TOROS

SPAIN

五南圖書出版公司 印行

¡HOLA AMIGOS!

自序

　　在歐洲，或是整個西方世界，沒有哪個國家像西班牙，這麼有個性，這麼有特色，而且有這麼獨特、豐富的歷史。歷史不僅造就西班牙的風俗習慣和傳統，讓生活更加多采多姿，更是塑造西班牙人特性的根源。

　　在西班牙，禮貌很重要。西班牙人雖然自傲，但他們有禮貌，對外國人通常都很親切。你不用和西班牙人吃一樣的食物，但是什麼時候用餐很重要。其正式晚宴，都在晚上十點以後。

　　入境隨俗。因此，當西班牙人做什麼就跟著做什麼，保持這樣的原則就沒錯。此外，不必為了當真正的西班牙人，就刻意放棄自己的文化和標準。但是，要注意自己的行為是否合乎規範或禮節，這樣才能期盼西班牙人對你友善。到西班牙，也不要想把自己的行為標準強加在他們身上。在當地，應該學會放輕鬆。西班牙人懂得享受「當下」的生活哲學，明天的事就明天再傷腦筋。

　　雖然，觀光業為西班牙帶來可觀的遊客及外匯。但是，很可惜觀光業把西班牙的風貌完全改變了。小漁村一躍成為國際度假中心，大型觀光飯店林立。到處充滿大眾化的佛朗明哥舞蹈及鬥牛表演，以及大量製造的紀念品。

　　不過，仍有許多不受海岸觀光業影響的道地且樸實的西班牙村莊、小鎮。它們保有特有的傳統生活方式、尊嚴和價值觀。事實上，西班牙大部分的地區，都相當程度地保有自己的文化特色與風格。在純樸的村莊及小鎮，居民和土地的關係十分緊密，家庭關係密切；農業仍然很重要，婦女大多在當地的水果或蔬菜工廠工作，大部分的家庭都種植穀物。

　　這是作者希望帶你發現、認識的西班牙，而不是觀光手冊上或是旅遊

雜誌上的報導。本書是作者在大學教授西班牙文化導論，累積數十年的心血結晶，希望將西班牙的風俗習慣、傳統、歷史、飲食，和人民介紹給敬愛的讀者。到西班牙工作、讀書或旅行，你一定會體驗到某種程度的文化衝擊。但是，只要有了解和體貼的心，你會發現比較容易融入新環境，同時更容易讓周遭的人接受你。這樣，你在西班牙的體驗和樂趣會倍增。

　　本書共區分為五篇十章。第一章簡述西班牙歷史。西班牙具有悠久的歷史，其歷史紛繁獨特，有別於其他歐洲國家。到中世紀，各種民族進出西班牙，移植各具特色的文化。因此，作者希望藉由歷史的概述，幫助讀者更深入認識西班牙。第二章綜論西班牙地理、氣候和物產。西班牙地形複雜、氣候多樣，造就西班牙具有豐富的區域文化、特殊的人民性格以及多樣的物產。第三章則說明西班牙的民族、語言與人民性格。長期的異族入侵，最終形成今日的西班牙民族。由於歷史的因素，在西班牙有卡斯提亞語、加利西亞語、巴斯克語及加泰隆尼亞語等四種共存語言。因為歷史背景與歐洲其他國家迥異，耀眼的陽光、雨量稀少以及天氣乾燥等特殊地理環境，造就西班牙的特殊氣質與國民魂。受地理與氣候影響，南部民眾的個性較外向活潑，而北部則較嚴肅。

　　第四章說明西班牙的生活習俗和信仰。因地理因素，西班牙北部、南部、東部及中部的人有顯著差異，也形成其特殊性格。而且因氣候緣故，也或許是因為西班牙人的習性，其作息時間，與眾不同，晚起晚食，一切順延。再者，西班牙人生活悠閒，也常為外人所羨慕。另外，悠久的歷史更造就西班牙特殊的習俗和禮儀。第五章為飲食文化；作者將帶領各位讀者認識西班牙各地區特殊的飲食並品嘗美味的tapa小吃。除了氣候因素，歷史背景也深深影響西班牙飲食。西班牙飲食不但引進羅馬正統的飲食文化，吸收北非、中東等地的烹飪精華，更在殖民拉丁美洲時帶回許多當地的原生作物，讓西班牙飲食更加豐富多彩。此外，因歷史、氣候及地形等因素，西班牙各地區擁有別具特色的料理及飲食風格。

　　第六章敘述西班牙的音樂與舞蹈。終年積雪的庇里牛斯山，曾長期阻

隔西班牙與歐洲大陸的文化交流。但塞翁失馬焉知非福，西班牙也因此未受到歐陸音樂思潮的重大衝擊，能從容發展並鞏固其民族音樂。其次，境內地形複雜，山脈交錯，交通不便，加上氣候變化多端，民間音樂具有地區特色。再者，西班牙音樂與吉他密不可分；吉他在西班牙的音樂史中，扮演重要角色。最後，作者也將深入探討西班牙特有的佛朗明哥舞蹈。

　　第七章為美術與建築。西班牙藝術人才輩出，早期有維拉斯蓋茲、哥雅等人；近期則有畢卡索、米羅以及達利等引領藝術潮流的國際知名藝術家。至於西班牙的建築和它的歷史一樣多采多姿；不同的外來民族造訪西班牙所留下的歷史遺跡，讓西班牙的建築呈現多樣的風格與面貌，幾乎所有歐洲的建築風格，都可在西班牙一覽無遺。此外，由於民族、歷史與文化背景的不同，西班牙鄉村建築風格各具特色，建材也各不相同。而且，西班牙人也以獨特的方式積極地保護其美術與建築遺產。

　　第八章介紹西班牙的著名節慶、運動及手工藝品。西班牙人是熱愛盛大慶典的民族，各地區每年都會舉辦不同的慶典，而且因為信奉天主教，其中有不少節慶與宗教有關。一到節慶，全城的居民都會通宵達旦，狂歡作樂。西班牙各地節慶慶祝方式也不盡相同，各具特色；既反映西班牙悠久的歷史和燦爛的文化，也展示西班牙熱情奔放的民族性格和豐富多彩的生活方式。而且，節慶每年為西班牙帶來眾多的觀光人潮。再者，近年來，由於西班牙愈來愈重視外表及身體健康，因此運動更加風行。數十年來，足球一直是西班牙最多人從事及關注的運動。此外，淵源流長的歷史及古老的傳統，造就西班牙眾多美麗、精巧且獨特的手工藝品。這些包羅萬象的手工藝品，每年吸引成千上萬的觀光客造訪及搶購。

　　第九章則介紹西班牙的政治與行政組織及業餘愛好，以期讓讀者了解西班牙媒體對日常政府運作的相關報導。此外，西班牙是熱愛和善於生活的民族。他們懂得如何工作，更懂得工作之餘如何放鬆自己，並抓住美好的當下享受生活。因此，他們總是把業餘消遣安排得生動活潑、豐富多采。西班牙人的業餘愛好很多，其中最喜歡的是體育和藝文活動。

　　第十章描述西班牙的經貿及旅遊發展。在本章中，作者說明西班牙經濟的發展歷程以及外貿對西班牙經濟發展的重要性。同時，也提到西班牙面臨嚴重的失業與債務問題。此外，西班牙是全球觀光大國之一，僅次於法國是全球觀光客第二多的國家；觀光收入則僅次於美國，位居全球第二。作者也詳細說明西班牙觀光蓬勃發展的原因以及所面臨的問題。

　　本書能於2013年首次順利出版，要特別感謝內人曾素真及家人的全力支持，以及朱玉涵、高秉慧與賴孟吟小姐等人的大力協助。此外，特別感謝臺灣商務印書館協助出書，以及提供豐富及寶貴資料的靜宜大學蓋夏圖書館。

　　由於本書已經出版十餘年，這期間全球及西班牙都有許多不同的發展和變革；此外，由衷感謝五南圖書出版股份有限公司樂意接手發行。因此，作者針對本書更新及補充相關資料，並特別增加臺灣與西班牙關係發展的內容，期盼能以嶄新且更豐富的內容與親愛的讀者分享。

何國世

113年春天於臺中大肚山麓靜宜大學西班牙語文學系

CONTENTS
目　次

第三篇　美味飲食

第四篇　豐富的藝術

附錄

第一篇
歷史與地理

第一章
西班牙簡史

　　西班牙的歷史是建築在形成傳統、散布傳統以及保護傳統上。特別是保護傳統的觀念，更是了解西班牙歷史的關鍵。西班牙的歷史在形成傳統後，幾乎全用在保衛此傳統：比如十字軍的興起、反異教之戰、反自由主義以及反社會主義等。

　　早在西元前80萬年，就有人居住在伊比利半島，從西元前十一世紀起，伊比利半島即成為東地中海先進文明的殖民地，先後有腓尼基人、希臘人和迦太基人。西元前218年，古羅馬人進入半島與迦太基人作戰，爆發第二次布匿克戰爭（Segunda Guerra de Punic）[1]，結果羅馬人取得農礦資源，興建具有輸水道、神廟及劇院的城市。

　　五世紀初，羅馬帝國滅亡。北方的西哥德人趁虛而入，然其粗劣的政治組織能力，最後被迫臣服於來自北非的摩爾人。八世紀後，半島幾乎都在摩爾人的統治之下。當時，歐洲唯一的伊斯蘭教領地——安達魯斯（Al Andalus），在數學、地理、天文和詩歌方面成就卓越。九至十世紀間，哥多華（Córdoba）是當時歐洲的首善之都。

　　十一世紀起，北方基督教諸王國進行國土光復戰爭。1469年，亞拉岡的費南多和卡斯提亞的伊莎貝聯姻，世稱「天主教君王」（Reyes Católicos）。1492年，他們帶領西班牙攻克摩爾人最後的據點格拉納達，

---

[1] 第二次布匿克戰爭是古羅馬和古迦太基之間三次布匿克戰爭中最有名的戰役，前後共十七年。迦太基主帥漢尼拔率六萬大軍越過阿爾卑斯山，入侵羅馬本土，並在西元前216年的坎尼會戰大敗羅馬軍團。但受限於裝備不足，接下來十多年漢尼拔沒有進攻羅馬城，轉戰義大利南部。羅馬當局改採不正面交鋒的戰術，以消耗迦太基遠征軍的力量。最後，羅馬獲得決定性勝利，在西地中海建立絕對的統治。

統一西班牙。同一年，哥倫布也發現美洲新大陸，爲西班牙征服者打開掠奪新大陸資源的途徑。

　　不過，當時的哈布斯堡王朝將強取自新大陸的大部分財富耗費在對外戰爭上，因此，通貨膨脹和宗教壓迫，加劇西班牙的衰退。十八世紀初，波旁王朝入主西班牙，至今西班牙國王仍屬波旁王朝的後裔。十八世紀晚期，雖然啟蒙運動開啟學習風潮，但十九世紀前，西班牙的命運依然多舛。十九世紀初，西班牙不僅遭拿破崙軍隊入侵，還喪失在美洲大部分的殖民地。十九世紀末，激進主義興起，產生強烈的無政府主義運動。十九世紀末、二十世紀初，政局不穩定導致一九二〇年代的獨裁統治及一九三〇年代的共和政府，後者因西班牙內戰而告終。勝利後，佛朗哥以高壓手段統治西班牙，直到1975年去世。之後，西班牙轉型爲民主國家。

　　總而言之，伊比利半島位於歐亞大陸的西端，是通往非洲大陸的橋梁，同時也是地中海與大西洋的匯聚點。從冰河時代至中世紀，各種外來民族進出這塊土地，移植各具特色的文化。因此在西班牙旅遊時，常常讓人有如進入多元文化領域的氛圍，倍覺有趣。這種感覺的到來無法預期，所以更加吸引遊客。因此，筆者希望藉由以下歷史的概述，幫助讀者更深入認識西班牙的歷史脈絡與多元文化氛圍。

1492年統一前的西班牙

　　1492年統一前，西班牙曾經受到凱爾特人、腓尼基人、希臘人、迦太基人、羅馬人、西哥德人以及阿拉伯人等許多外來民族的殖民與統治。因此，它是一個不同文化及人種融合的國度，西班牙已經沒有所謂正統的西班牙人，其血統多樣且複雜。南部因受阿拉伯人統治時間較久，因此人種多黑髮褐眼；金髮藍眼的凱爾特人後裔多在北部；日耳曼民族的西哥德人與羅馬人的混血也遍布西班牙。所以要認識並掌握西班牙，一定要了解其歷史淵源。

一、史前時代

　　大約是從舊石器時代前期（約一百萬年前至約二十五萬年前）的中葉開始，就有人類居住於伊比利半島。在舊石器時代中後期（約五萬年前至一萬年前），原始人（Cromagnon）進入半島，留下阿爾塔米拉洞穴（Cuerva de Altamira）的壁畫等令人驚嘆的文化遺產。

　　在新石器時代間，伊比利人來到此地，但是伊比利人的來源眾說紛紜，其中以屬於由非洲渡海而來的地中海人種，最具說服力。原本的住民大多被伊比利人同化，然而少數的原住民仍住在山間，持續保有其獨特性，統稱為前伊比利人。

　　和舊石器時代比較，新石器時代最大的特徵是生產力大幅提升。在新石器時代，出現遠比打製石器更先進的磨製石器，也有製作土器和織物的能力，展開農耕和畜牧生活。在狩獵時代，頂多是幾個家庭聚集在一起生活，但是在進入農耕和畜牧時代後，形成以數百人為單位的團體，統治與被統治的關係逐漸形成。

　　在西班牙北部以及安達魯西亞地方看到的巨石遺跡，每個石塊重達數十噸，就明顯反映新石器時代的狀況。這是為統治者所建造的墓園，也是向神祈求豐收的場地。要搬運如此沉重的石塊，以便建造某種目的的建築，至少有數百人必須放下手邊的工作，在領導人指揮下通力合作，才能完成。

　　西元前二千年左右，安達魯西亞地方已開始使用銅器，隨後出現青銅器。從伊比利人的塔特索（Tartessos）族的遺跡，所挖掘出各種饒富意義的古物，都可以在馬德里、塞維亞的考古學博物館觀賞。

　　西班牙史家認為，在石器時代西班牙已經有凱爾特（Celta）與伊比利（Ibero）等兩支居民。根據字源，伊比利（Ibero）有「過路之地」與「野兔之鄉」的意義。這支民族大約是來自北非，獵兔路過此地，然後定居於此。西元前1300年，凱爾特族首度越過庇里牛斯山，與原來定居在南

麓的伊比利族兵戎相接，後來經過很長的時間，兩個民族才融為一體，成為半島上獨特的凱爾特伊比利族（Celtíberos）。凱爾特人是鐵器文化的高手，將製鐵技術、建造城堡、都市的技術，以及其獨特的裝飾圖紋等帶到此地。因此伊比利半島的北部和西部成為凱爾特人的主要居住地，而中央地帶則成為凱爾特人和伊比利人混血所生的凱爾特伊比利人的居住地，至於東部和南部依然是伊比利人的天下。

同時期，地中海兩大航海民族的腓尼基人以及希臘人，也來到伊比利半島。西元前一世紀左右，腓尼基人為了追求貿易利益，首先渡海而來，並以加地斯（Cádiz）港為貿易據點，建立殖民城市。爾後，更進一步越過瓜達幾維河，進出塞維亞（古名為希斯巴里斯）。西元前七世紀，亞述征服腓尼基，曾為腓尼基殖民者的迦太基人（Cartagineses）承襲腳步，建設卡塔赫納（Cartagena）、巴塞隆納等殖民城市。其中，迦太基人不僅在沿岸地區設置貿易據點，更進一步壓制伊比利人，將領土擴展至內陸，並著手開發礦山和農地。

西元前五世紀，希臘人在比利半島貿易及殖民。他們先在伊比利半島南部和西西里島東部建設殖民城市，由於西西里島西部是迦太基人的勢力範圍，所以希臘人無法進入，轉進現今法國南部海岸到西班牙東海岸一帶，並建立瓦倫西亞等殖民城市。初期，希臘人對厄波羅河的豐沛水源印象深刻。因此，將這塊殖民地，稱為伊斯邦尼亞（Hispania），羅馬人也承襲這種稱呼，只是後來語首的H不發音，成為現今國名「España」的來源。

隨著希臘人到來，希臘文化也因此傳入西班牙。他們在地中海沿岸建立貿易殖民城市，並到西班牙尋找銀、鉛、銅和錫等金屬，以建立熱絡的貿易。同時，腓尼基人及希臘人為西班牙帶來錢幣、文字與陶瓷技術等文明。此外，今日西班牙盛產的橄欖與葡萄也是經由腓尼基商人與希臘人傳入西班牙。

二、羅馬統治時代

　　迦太基人和希臘人是死對頭，所以一旦衝突，即刻陷入征戰。在西西里島，雙方勢均力敵，但在法國南部海岸則是迦太基人占上風，甚至連希臘人殖民的重要城市──馬賽也被迦太基人強行占領。此時，義大利半島的羅馬勢力不斷茁壯。起初，羅馬和迦太基人還能互相協調，但是在西元前264年，雙方開始激烈衝突。當時，絕大多數的希臘殖民城市都力挺羅馬，一起對抗強敵迦太基人。此役羅馬獲勝，迦太基人割讓西西里島給羅馬。爾後，羅馬人更是野心勃勃的奪取迦太基人統治的薩丁尼亞島以及科西嘉島。此時，羅馬已掌控西地中海近半數的制海權。

　　西元前二、三世紀，羅馬勢力擴張，取代希臘人，統治伊比利半島。到三世紀下半葉，羅馬人在此建立嚴密的基督教組織，不論在社會、文化和法律各方面，都良好發展。在羅馬帝國統治時代，伊比利半島十分活躍，出現三位羅馬帝王和許多文學名家。

　　羅馬的統治持續約六百多年，西班牙已儼然成為羅馬帝國的重心。今日的西班牙文化根源，可以說是形成於羅馬時代。當時羅馬文化最高，而且他們沒有採取愚民政策，因此所到之地文化便隨之傳入。在此情形下，西班牙與羅馬文化完全同化。羅馬人的影響，反映在當地人的語言，卡斯提亞語、加泰隆尼亞語及加利西亞語，都源自拉丁語。

　　羅馬人不但為西班牙帶來羅馬法、拉丁文、天主教，而且西班牙各地也都留下羅馬時代的壯觀戶外劇場、圓形競技場、凱旋門、城牆、渠水道等遺跡。其中以位於都市出入口的堅固石橋數量最多，這種石橋稱為羅馬橋（Puente romano），目前大部分都還在使用中，並成為西班牙吸引觀光客的重要古蹟遺產。此外，除了馬德里等少數城市，西班牙最具代表性的都市，大多起源於羅馬時代或是在此之前形成，並在羅馬時代有突飛猛進的發展。整體而言，西班牙可說是羅馬帝國的縮影。

　　在文化方面，羅馬占領西班牙後，傳入新興的天主教；西班牙人很快

接受此教義，且根深蒂固，天主教成爲西班牙國魂的主要成分。此後，在羅馬教會歷代的大事上，西班牙不但從未缺席，而且成爲主角。

　　最後，因爲當時疆域太廣，鞭長莫及，羅馬帝國在征服西班牙後，雙方在經濟上沒有太深的關係。再者，羅馬帝國只要求西班牙表面的臣服，並沒有其他的冀圖。因此，羅馬帝國准許西班牙各城市、各區域，擁有相當程度的自主權。

三、西哥德王國時期

　　四世紀末，羅馬帝國式微後，日耳曼人展開大遷徙。率先進入伊比利半島的日耳曼人是汪達爾族，但他們被後來居上的西哥德人驅趕，退出西班牙並渡海到北非，在今日的突尼西亞建立汪達爾王國。「汪達爾」這個名稱卻留在西班牙，成爲安達魯西亞地名的由來。

　　西哥德族發源於斯堪地那維亞半島，並由此向東南方移動。在羅馬帝國全盛時代，定居於今日烏克蘭南部到羅馬尼亞東部一帶。他們趁著羅馬帝國衰微，從巴爾幹半島進入義大利，再從高盧的南部進入伊比利半島，建立屬於自己的王國。507年，西哥德族敗給由高盧北部南下的法蘭克族，從高盧撤退，在伊比利半島專心經營國家。

　　賽維比族和西哥德族一起進入伊比利半島，從今日的加利西亞到葡萄牙，建立賽維比王國。588年，西哥德王國征服賽維比王國，幾乎掌握整個伊比利半島；在數度遷移後，最後定都托雷多。

　　日耳曼人的大遷徙目標，就是針對氣候良好、物產豐富的羅馬帝國遺留領地。日耳曼人不斷採取「分進合擊」的戰術，西哥德族最後成爲勝利者。他們擁有精湛的武力，成爲新的統治者。但是相較於源自羅馬帝國的居民人數，它是極少數的一方，只占2%、3%。

　　就文化而言，由於羅馬帝國的居民擁有較高水準的文化，日耳曼人無形中被同化。例如在語言方面，西哥德族最初是採取日耳曼語和拉丁語並用的政策，但最後以拉丁語爲主。拉丁語是今日西班牙語的始祖。

531年，西哥德國王亞馬拉利哥被暗殺後，王統宣告終結。此後，改採選舉制度，因此豪族間的王位爭奪戰爭持續不斷，其中有好幾任的國王遭暗殺身亡並引發內戰，國力日益衰退。

710年，新興的伊斯蘭教軍隊勢如破竹，從北非不斷向西前進。在抵達直布羅陀海峽之際，西哥德王國又發生王位之爭，由羅德里哥登基。反對派的豪族唆使伊斯蘭教徒入侵伊比利半島，希望藉此打敗羅德里哥國王。

711年，羅德里哥國王率領西哥德軍隊和伊斯蘭軍隊大戰，嚐到敗績。更慘的是，據說羅德里哥國王戰死，屍骨卻不知去向。軍力強大的羅德里哥國王因同伴背叛而潰敗，這是長年來派閥之爭帶來的禍害。

當時反對派天真的認為只要打倒羅德里哥國王，天下就是自己的。沒料到這是開門揖盜，因為伊斯蘭教徒在打倒羅德里哥國王後，勢如破竹並乘勝追擊，大約只花兩年就征服大半的伊比利半島，甚至越過庇里牛斯山，一路攻進法國。

西哥德的勢力，終究無法從敗北中重新站起。在一路退守至伊比利半島北邊的山地，才好不容易阻擋伊斯蘭教徒的進擊。延續兩百多年的西哥德王國終於瓦解，但是其殘存勢力仍然留在伊比利半島的北邊，繼續守護基督教王國。生聚教訓多年後，他們開始反攻。在和伊斯蘭教徒爭戰中，逐漸往南收復領土，這就是國土光復戰爭（Reconquista）。

四、阿拉伯人的全盛時期

711年，來自北非的摩爾人入侵西班牙，轉眼間西哥德王國滅亡，殘存的天主教徒則逃到北邊的坎達布連山脈，伊比利半島的伊斯蘭教文化由此展開。摩爾人將伊比利半島納入阿拉伯帝國，統治西班牙達780年。當時阿拉伯的文化超出其他歐洲國家，近八百年的統治對西班牙及西方文化建樹頗多。此外，阿拉伯人也將東方中國、印度及拜占庭文化帶到西班牙及歐洲，特別是造紙、印刷、火藥、羅盤等。此外，阿拉伯人也將柑橘、

柳橙、檸檬、稻穀等產品引進西班牙。

　　610年左右，穆罕默德開始傳播伊斯蘭教。他去世後，伊斯蘭教成為強勢的教團國家，以「哈里發」的政教統一首長為國家元首。最初，「哈里發」採選舉制，然而661年起伍麥葉家族世襲「哈里發」的地位，定都大馬士革，史稱伍麥葉王朝。

　　往後，教團內部紛爭不斷。750年，阿巴斯家族打倒伍麥葉家族，奪取「哈里發」的地位。為了永絕後患，將伍麥葉家族的男性趕盡殺絕，但有一人逃離。此外，由於長年來大馬士革是伍麥葉家族的地盤，阿巴斯家族便將國都遷往自己的地盤，即今日伊拉克的巴格達。

　　當時逃過追殺的伍麥葉族公子阿布杜勒・拉赫曼，小心翼翼地躲避緊追不捨的阿巴斯家族，並投靠母親娘家的摩洛哥豪族，以及心向伍麥葉家族的安達魯斯豪族。756年，阿布杜勒・拉赫曼終於抵達安達魯斯，逐一攻破阿巴斯家族在此地的勢力，並在哥多華建立政權，即是後伍麥葉王朝。而「安達魯斯」，成為伊比利半島伊斯蘭教統治地區的總稱。

　　之後，後伍麥葉王朝君主也被尊稱為「哈里發」，形成定都巴格達的阿巴斯王朝（東哈里發王國），以及定都哥多華的後伍麥葉王朝（西哈里發王國）對立的情勢。此後到十一世紀初，是安達魯斯的全盛期。

　　然而，除了極少數的阿拉伯領導者，最初從北非渡海而來，打倒西哥德王國的伊斯蘭教徒，大部分都是北非原住民，亦即改信伊斯蘭教的柏柏爾人，其中也出現伊比利半島居民改信伊斯蘭教的情形，基督徒則將他們統稱為摩爾人。（在本書則會依情況或以伊斯蘭教徒或摩爾人稱之。）

　　在摩爾人統治下，安達魯斯繁盛的情況，可以從以下數字窺知：「十世紀的哥多華，有六百座清真寺、三百座公共浴場、五十家醫院、八十所公立學校、十七所高級教育設施，擁有好幾十萬冊手抄本藏書的圖書館就有二十所。包括拜占庭帝國的首都君士坦丁堡，當時在歐洲不管是哪個都市，人口都不到三萬人，且沒有醫院、高等教育設施及公共浴場。」

圖1-A　哥多華清真寺內部廊柱（陳怡君）

　　此外，在西哥德王國時代衰退的農業、礦業、手工業等，再度蓬勃發展。摩爾人引進各種西南亞洲原產的農作物和果樹，並運用先進的灌溉技術，讓農地開發和農業生產突飛猛進。西班牙語的azúcar（砂糖）、arroz（米）、naranja（柑橘），都源自阿拉伯文。

　　再者，阿拉伯人的數學、醫學及天文學的成就讓歐洲的科學更加豐富。因此，當時來自歐洲各地的學生聚集在哥多華，學習當時最高水準的醫學、藥學、數學、天文學，甚至還可透過阿拉伯文的翻譯，學習希臘古典文學、哲學。此外，阿拉伯人的建築特色是外表堅固、簡潔，而內部裝飾則相當豐富且色彩鮮豔，運用大量的磁磚及幾何圖形，帶有濃厚的宗教氣息。伊比利半島中、南部四處可見阿拉伯清真寺及皇宮，較著名的有哥多華的清真寺（Mezquita de Córdoba）及格拉納達的阿爾罕布拉宮（Palacio de Alhambra），它們目前都是西班牙旅遊聖地。以上種種因素，在伊斯蘭教徒統治下，西班牙雖地處歐洲，風格卻與歐洲國家迥異。

圖1-B　格拉納達的Alhambra的阿拉伯王宮（陳怡君）

　　從十一世紀初起，繁榮一時的後伍麥葉王朝，急速衰退，被委以地方軍事和行政權的太守也紛紛獨立，建立地方政權。1031年，廢除哥多華的「哈里發」制，這些地方政權成為名副其實的小王國。

五、國土光復與統一

　　阿拉伯人統治西班牙時，北方的天主教小王國生聚教訓、勵精圖治。722年，在科瓦東加之役，基督徒首度獲勝，開啟天主教徒的「國土光復運動」。這場聖戰到1492年攻陷摩爾人的首府格拉納達而結束，持續近800年。事實上，這期間發生戰爭的時間不多。

　　十一世紀，國土光復運動達到高峰。十世紀左右，基督徒已經前進至斗羅河，從十一世紀到十二世紀前則到達塔霍斯河。此時，伊斯蘭教徒

已進入小王國割據的時代。此時，天主教徒、伊斯蘭教徒以及猶太教徒，呈現共存的局面。哥多華、塞維亞、托雷多等地是歐洲著名的學術文化中心。甚至一般認為，沒有此時期的和平共存就沒有後來的文藝復興。

如果只以宗教對立來看國土光復戰爭是不正確的。因為在弱肉強食的征戰時代，不管是對基督徒，或是伊斯蘭教徒來說，各自都擁有許多的王國，彼此都互相抗爭或結盟以求生存。為了對抗眼前的敵人，必要時甚至不惜和異教徒聯手合作，或是和異教徒的皇室通婚。

整體而言，基督徒的各個王國愈來愈占優勢，伊斯蘭教徒的諸小王國逐一被征服。十三世紀，基督徒甚至越過瓜達幾維河，大幅擴張領土。這段期間，來自摩洛哥的莫拉彼得王朝和莫哈德王朝軍隊入侵。雖然基督徒曾一時敗退，但最後仍扳回頹勢。1230年創建的格拉納達王國是伊比利半島上最後的伊斯蘭教王國。當時許多有才能的摩爾人，認為生活在基督教統治下是很不名譽的事，因此紛紛逃往格拉納達王國，開發農業及其他的產業，使得伊斯蘭教的文化、藝術綻放最後的光芒，聞名全世界的阿爾罕布拉宮即是著名代表。

1469年，北部兩大強權王國阿拉貢（Reino de Aragón）國王費南多（Fernando）與卡斯提亞（Reino de Castilla）伊莎貝（Isabel）女王聯姻，此後便更積極國土光復運動。後來，羅馬教皇賜予這兩位國王「天主教君主」（Los Reyes Católicos）的封號，因此他們及後來的君王就一直以統一西班牙及歐洲的宗教為神聖使命，這是此後西班牙參與許多歐洲宗教戰爭的主要因素。1492年，天主教國王驅逐在格拉納達的阿拉伯人完成光復國土運動。

1512年，費南多國王以武力併吞那瓦拉王國，因此璜娜女王從父親承襲亞拉岡王國和那瓦拉王國，並自母親繼承卡斯提亞王國。自此，除了葡萄牙，整個伊比利半島歸一位君主領導。統一後的新王國，稱為西班牙「España」（英語稱為Spain）。其名稱如前文所述，是緣於這個地區的古代名稱「Hispañia」。雖然擁戴同一君王，但在卡斯提亞、亞拉岡、那

瓦拉還是遵循源自中世紀的悠久傳統，維持固有的議會和法治。

　　國土光復運動的過程中，由於北方諸王改信天主教，猶太人便成為異教徒。此後，西班牙猶太人的命運幾多浮沉；有輝煌的時刻，如在哥多華，天主教、猶太教及伊斯蘭教三種宗教和諧共處，為後世樹立榜樣；也有痛苦的時刻，最嚴重的是，十五世紀末天主教女王伊莎貝殘酷迫害並驅逐猶太人。

六、美洲的發現與殖民

　　1492年西班牙完成國土光復後，同年的10月12日，哥倫布（Cristóbal Colón）發現新大陸[2]。教皇將大部分新大陸的土地劃給西班牙，從此西班牙開始致力海外探險，揭開大航海時代的序幕，並建立廣大的帝國。此後，西班牙陸續在美洲征服大片土地與掠奪黃金，使得龐大的財富經由西班牙帶入歐洲。此外，西班牙也將美洲當地的作物如馬鈴薯、蕃茄、可可、玉米、辣椒等傳入歐洲。這讓西班牙在十六至十七世紀，國力達到顛峰，號稱黃金時代（El Siglo de Oro）。當時，藝術受到貴族的保護與鼓勵，葛雷柯、維拉斯蓋茲等畫壇巨匠輩出，而且塞凡提斯的不朽名著《吉軻德先生》（Don Quijote）也在此時完成。想深刻了解西班牙，國土光復運動到黃金時代的歷史是最重要的一環。

　　不過，當時的「大遷徙」卻對西班牙經濟造成嚴重的影響。因此，伊莎貝女王親自寫信給梵蒂岡大使表示：「我造成大難，使各大城、省區、王國的人口下降，但我一切行動皆出於對耶穌與聖母的愛。有人說我做這些事是出於貪婪的動機，這全是一派胡言，因為從猶太人手中沒收的物品，我分毫未碰。」她說的沒錯，王室禁止猶太人把錢帶走，而且法院判

---

[2] 1492年哥倫布到達美洲時以為他到達印度西部，所以將此地稱為西印度，終其一生都不知他發現了新大陸。同時期的另一位探險者Américo Vespucio在1505年出版的四次美洲航海紀事中，載明他到達新大陸，且此書後來廣為流傳。為了紀念他，1507年一位德籍神父暨詩人建議將此大陸命名為美洲。

決充公所有猶太人的東西，這些都花費在最後一次對抗阿拉伯人的軍事行動上。

事實上，九世紀和十世紀的阿拉伯統治者，以及十三、十四和十五世紀的基督教國王，都曾試驗過多元化制度，對三個宗教族群一視同仁，但很可惜所有努力都功虧一簣。

如果認為摩爾人與基督徒的鬥爭是出於單純的仇恨，這就是不了解事實。利益的問題以及獻身於某種想法的歷史熱情，是西班牙驅逐摩爾人的主因。但是，西班牙花費近八百年時間光復國土，在這漫長的期間，雙方存在許多融合與交流；雙方都相互折磨，但也互相結盟，建立關係。長期進行的改變信仰、包容、通婚、宗教融合等因素，讓西班牙與歐洲其他國家截然不同。

大致上，西班牙人不太在意本國政治，但特別關注對外政策。美洲殖民、開發以及在歐洲各地作戰，都是為了保護宗教的統一以及哈布斯堡王朝的完整。西班牙的政治傳統源自羅馬帝國的政治傳統、天主教的陶冶以及哈布斯堡王朝的歷代國王。

此外，西班牙是個人主義濃厚並注重地區政策的國家，然而，為統一國家、一致對外，必須有強大的一統政府。此一統政府在費南多與伊莎貝女王時代算是勉強達到，然而議會則始終未曾統一。國王只得尋求教士以及軍隊首長的支持。

名義上，宗教裁判所（Inquisición）是為了懲治異端邪說，實際上它是目前司法機構的雛形。西班牙創立國家軍隊，其目的首先是為貫徹國王的意志，使他令出必行並讓人民服從及行動一致，其次才是為了治安與征伐。菲利普二世（Felipe II）為了管理龐大的帝國，設立中央管理機構，做為其意志的忠實執行者，也開啟西班牙的官僚政治。

哈布斯堡王朝與黃金時代

一、瘋女璜娜

費南多國王和伊莎貝女王共有五個小孩。長女伊莎貝嫁入葡萄牙王室，但英年早逝，所以三女瑪利亞便繼姊姊之後嫁入葡萄牙王室。四女凱薩琳則嫁入英國皇室，在英國史上以亨利八世第一任王妃亞拉岡的凱薩琳聞名於世。

不過，對西班牙歷史影響最大的次女璜娜，則是嫁給哈布斯堡家族。由於家中有長男胡安為西班牙的王位繼承者，因此國王夫婦便以西班牙的國家利益，陸續將女兒嫁給外國的王室。但是卻沒料到胡安英年早逝，沒有留下可繼位的兒女。加上長女伊莎貝已經去世，所以便由次女璜娜繼承西班牙的王位。

璜娜的丈夫菲利普是哈布斯堡王朝的繼承人，由於其父馬克西米連健在，他便和璜娜回到西班牙。或許是因輕薄個性使他沉溺於女色，也或許是因生長於都市文化盛行的法蘭德斯，因而經常嘲諷西班牙是個土包子國家。種種行為都傷透璜娜的心，終於使她陷入精神異常的狀態，也因此被稱為瘋女璜娜（Juana la Loca）。

菲利普也英年早逝，雖然璜娜備受丈夫欺侮，但是心中仍舊深愛著他，所以將丈夫的遺骸入殮於豪華的黑色棺木，常帶著它出巡，有時還會開棺看看已經腐爛的丈夫容顏。

二、卡洛斯時代來臨

從1509年起，璜娜便隱身於特爾德西亞斯的城堡，名義上是兒子卡洛斯一世的攝政，然而實質上卡洛斯一世已是獨當一面的西班牙國王。另外，他也從父方繼承哈布斯堡家族廣大的領土，並被選為神聖羅馬皇帝，稱為卡洛斯五世。

卡洛斯的祖母伊莎貝在位時，英明果斷地接受哥倫布的提案，也在此時開花結果。西班牙在新大陸獲得廣大的殖民地，大把大把的銀兩以及其

他財寶不斷地運回國內。但是從新大陸取得的財富，卻沒有運用在促進本國製造業或商業的發展以及加惠於國民，大多被用在歐洲宗教戰爭上，此作法也深刻影響西班牙往後的命運。

當時，卡洛斯一世只關心在德國引起的宗教改革對策、因應義大利霸權和法國之間的戰爭、以及鄂圖曼‧土耳其帝國的威脅等等，至於西班牙的內政，則大多委由家臣處理。卡洛斯一世的個性嚴謹，私生活也很儉樸，是一位充滿使命感的帝王。但是這種使命感，卻沒有發揮在西班牙本國，這對西班牙人民帶來不幸。

當西班牙國王約四十年的歲月，以及擔任神聖羅馬皇帝三十七年期間，他總是東奔西跑，埋首於政治、軍事等事務，也深深感到幅員廣大的領土，僅憑一位君王統治，有其限制。因此在1556年引退，將哈布斯堡王朝領土的奧地利及其他領土讓予弟弟斐迪南，同時想盡辦法讓他選上神聖羅馬皇帝，並將愈來愈嚴重的德國宗教問題交由弟弟處理。

另一方面，他將西班牙以及海外殖民地、承襲自亞拉岡王國的南義大利領土，傳給長男菲利普二世，自己則是遷居西班牙的鄉村尤斯特小鎮，在簡樸的離宮度過人生最後的兩年。卡洛斯一世患有痛風宿疾，據說因此他才會捨棄冬寒濕氣重的法蘭德斯和奧地利，遷往西班牙療養痛風。

三、菲利普二世與無敵艦隊

菲利普二世（1556-1598年），積極經營新大陸殖民地，帶領西班牙發展為歐洲獨霸一方的富強之國。由於母親是葡萄牙的公主，最後也兼任葡萄牙國王。在其統治下的殖民地，從巴西、非洲廣至東方各地。此外，他在地中海的雷龐特海戰中，擊滅鄂圖曼‧土耳其帝國的大艦隊，大幅提高西班牙的聲威。

然而，由於德國的宗教紛爭與法國之間的抗爭、北尼德蘭（荷蘭）的獨立戰爭等都陷入僵局，西班牙投入龐大的軍事費用和士兵，但卻一無所獲。另外，為了制裁幫助荷蘭獨立進而襲擊西班牙船隻的英國，傾全力成

立「無敵艦隊」（Armada Invencible），然而此舉反而使西班牙走進幾乎滅亡的憂患中。

　　由哈布斯堡王朝（Dinastía de Habsburgo）或稱奧地利王朝（Dinastía de Austria）統治的十六世紀初到十七世紀中葉是西班牙的黃金時代[3]，也是西班牙繪畫、文學與歌劇的全盛時期。西班牙國力在卡洛斯一世（Carlos I）兼神聖羅馬帝國皇帝以及菲利普二世（Felipe II）時達到鼎盛，統轄近半數的歐洲大陸及美洲大陸的大部分，擁有日不落國的稱號。不過在1588年，當西班牙無敵艦隊被英國打敗後，英國取代西班牙成為新的海上霸權，西班牙自此走向沒落。

圖1-C　馬德里王宮內部（陳怡君）

---

[3] 十六世紀是紀西班牙國力的黃金世紀，其版圖遼闊，在歐洲除伊比利半島外，還包括：低地國、德國、義大利、葡萄牙等地；在拉丁美洲除巴西外，也大都是它的殖民地；在亞洲的菲律賓，到1898年美西戰爭失敗後才割讓給美國；十六世紀臺灣也曾一度遭西班牙占領。

四、文學藝術蓬勃發展

十六世紀，西班牙在文學、歌劇及繪畫方面也大放異彩。文學方面最大的成就是塞凡堤斯（Miguel Saavedra de Cervantes）完成《吉軻德先生》（El ingenioso hidalgo don Quijote de la Mancha）這部曠世巨作。另外，其他作家也呈現描述當時社會的流浪漢小說（Novelas picarescas）；至於詩和歌劇也都出現傲人的作品。在繪畫方面則出現像葛雷柯（El Greco）及維拉斯蓋茲（Velázquez）等世界級大畫家，他們的作品在西班牙普拉多美術館（El Museo de Prado）展出，每年吸引許多遊客欣賞。

五、國力衰微

十七世紀的西班牙是由最後三位哈布斯堡王朝的國王統治。1598年，菲利普三世繼任為西班牙國王，統轄廣大的領土，但他對政務漠不關心，將國家大事交給雷爾瑪公爵（Duque de Lerma）掌理。此人利用職權大幅擴充財富，並任命親戚出任要職。1609年，他建議國王以宗教理由將伊斯蘭教裔的西班牙人驅逐出境，同時終止瓦倫西亞貴族的權力。因此，約五十萬的伊斯蘭教裔西班牙人被迫離開，其中許多是當時西班牙最優秀的農民。

在白銀產量減少、農業失調及嚴重貪污的情形下，三十年戰爭讓西班牙捲入與法國、英國及荷蘭的衝突。1621年，菲利普四世繼任王位。在其任內，政治及軍事的逆轉將國家帶至瀕臨崩潰的邊緣。1640年，他企圖讓加泰隆尼亞地區支付卡斯提亞軍隊費用時，當地居民向法國求助，菲利普讓步，並被迫給予加泰隆尼亞地區名義上的獨立。

同年，布雷加薩公爵（Duque de Bragaza）宣稱自己為葡萄牙國王，這是葡萄牙最後獨立的原因。安達魯西亞等地也出現分離主義運動。1643年，法國在洛克羅伊（Rocroi）擊敗西班牙並於1648年簽訂維西特佛利爾條約，西班牙不再是歐洲最強軍事力量國家。

軍事挫敗並非導致西班牙衰敗的唯一因素，其他原因還有西班牙未能

將自美洲運來的黃金及白銀，成功的發展國內的工業；羊毛便宜賣到北歐國家，而這些國家則將羊毛製成衣服，再高價賣回西班牙。而且，伊斯蘭教裔西班牙人遭驅逐後，肥沃的土地用來畜養綿羊及放牧牛隻，因此必須進口農產品。此外，曾為歐洲通用的西班牙盾（escudo）大幅貶值；西班牙無法獲得國外貸款，國家無法支付龐大軍餉，士氣受到嚴重打擊。

　　1665年菲利普四世去世，留下經濟殘破、負債累累的國家給年僅五歲的獨子卡洛斯。卡洛斯在十五歲正式接任國王前，由攝政團代理國政。卡洛斯在位期間仍持續對法國作戰，他被迫在1678年及1684年簽署兩項和平協議，讓出珍貴的領土。卡洛斯四世並無子嗣，經過王位繼承戰爭（Guerra de Sucesión）後，由法王路易十四世的孫子菲利普繼承王位，開啟波旁王朝在西班牙的統治。

波旁王朝統治時期

一、王位繼承戰爭

　　1700年，西班牙國王卡洛斯四世駕崩，法國路易十四之孫、具有西班牙皇家血統的菲利普，根據遺言繼承王位，成為波旁王朝在西班牙的首位國王——菲利普五世。但是遭列國抗議，他們另立奧地利哈布斯堡家族的次男查理為王，此舉讓歐洲大部分的國家捲入西班牙王位繼承戰爭。

　　期間，奧地利的國王約瑟夫駕崩，由弟弟查理繼位。英國等國對哈布斯堡家族的帝王再度君臨奧地利和西班牙兩國，甚感不悅，因此和路易十四協調，約定將來法國和西班牙決不合併，才願意結束戰爭並承認波旁家族的西班牙王位。

　　歷經十三年的王位繼承戰爭，最後於1713年簽訂烏德利奇條約（Tratado de Utrecht），承認菲利普五世為西班牙國王，而西班牙則將法蘭德斯以及義大利的哈布斯堡家族領土割讓給奧地利，同時也將直布羅陀割讓給英國，付出龐大代價。

　　統治的波旁王朝戮力整合西班牙，希望藉由削弱教會的角色，加強政

權。十八世紀中葉，西班牙經濟已漸趨穩定，陸海軍也已重整，且新工業開始發展，特別是加泰隆尼亞地區的工業。此外，西班牙的習俗及思想開始法國化，國王採行法國禮儀及服飾，信仰啟蒙運動並引進比較開明的教會禮拜方式。

二、拿破崙入侵

　　雖然在此時期出現像卡洛斯三世（Carlos III）這種開明專制（Despotismo Ilustrado）、力行改革的國王，但整體而言，西班牙國力已日漸式微。1766年，卡洛斯三世發現耶穌會的政治陰謀，將耶穌會逐出西班牙及拉丁美洲。

　　1788年，卡洛斯四世繼任為國王。因為懦弱無能，由皇后露易莎及她的寵臣哥多伊實際掌權。因此，拿破崙在控制法國後，將目標指向西班牙。1808年，拿破崙以占領葡萄牙為藉口，率軍進入西班牙，引發西班牙的獨立戰爭（Guerra de Independencia）。拿破崙逼迫卡洛斯退位，將卡洛斯的兒子費南多七世（Fernando VII）流放國外，拿破崙則找來哥哥約瑟夫出任西班牙國王。1814年，在英國協助下，西班牙終於擊敗法國軍隊。

三、自由憲法與王室復辟

　　戰爭期間，西班牙自由派議會在南部加地斯集會並於1812年通過自由憲法。新法取消宗教法庭、出版審查及奴隸制度，同時聲明此後國王必須無異議接受議會的決議。然而，費南多七世仍然繼承王位並宣布獨裁。他拒絕效忠憲法，並重新設立宗教法庭、抑制言論自由並讓耶穌會重返西班牙。在無法改變費南多的專治體制後，西班牙在美洲的殖民地紛紛起義獨立。費南多七世阻止啟蒙運動、法國大革命及工業革命等十八世紀的三大運動在西班牙推展，讓西班牙遠離歐洲其他國家，繼續沉迷於昔日的帝國榮耀。

　　晚年，費南多七世廢除只能將王位傳給兒子的沙利法典（Ley de Salic），而將王位傳給女兒伊莎貝二世（Isabel II）。由於母親克利絲汀

娜具有自由派的背景，她接任王位沒有引起極右派宗教團體的反對，但是部分保守派人支持國王的弟弟卡洛斯，因此爆發卡洛斯戰爭（Guerra de Carlista）。這是自由派和保守派的內戰，此兩敗俱傷的內戰一直延續到伊莎貝二世的兒子阿爾豐索十二世（Alfonso XII）。在短暫的共和後，他於1875年繼承王位。此時，自由與保守兩派放下武器進行政治辯論，雙方同意實施「和平的政黨輪替」。同時，西班牙的人口成長，生活水準提高，交通及通訊大幅進步，而且農業也首次展現活力。

四、美西戰爭與政治動亂

1898年，西班牙在美西戰爭中失利，12月雙方簽屬《巴黎協定》，規定：西班牙承認古巴獨立、割讓波多黎各給美國，並以兩千萬美元代價將菲律賓讓予美國。此挫敗結束西班牙成為國際強權的意圖，西班牙國內號稱「98世代」（Generación de 98）的有志之士發表聲明指出，西班牙必須放棄成為世界霸權的夢想，以利進行新的、現代化的路線。他們強調應該振興農業、重建賦稅制度及全面推展國民義務教育。

1897年，保守黨主席卡諾瓦斯（Cánovas）被暗殺，隨後在1903年，自由黨主席沙卡斯達（Sagasta）也去世，自由黨及保守黨於是陷入混亂。此外，因為美西戰爭失敗，老百姓對政府普遍不滿，支持革新。這時自由黨人進行重要的工業政策，結果引起城鎮工人的騷動，加上其他各黨派的煽動，事態一發不可收拾。甫於1902年登基的年輕國王阿爾豐索十三世（Alfonso XIII）雖然與其英國籍皇后僥倖脫險，但自此到第一次世界大戰爆發，政府一直陷於動盪的狀況。

從十九世紀以來，雖然西班牙政海多波，但老百姓並沒有遭受很多禍害，因為他們大多抱著天高皇帝遠的態度，努力個人事業，不捲入政黨漩渦。此外，西班牙的政黨又大都是愛國者，從不把黨凌駕國家之上，因此雖有黨爭但不去叨擾人民，所以在這世紀內國家仍有進步，人民大多能安居樂業。

五、一次大戰與西班牙發展

一次世界大戰期間，西班牙宣布中立，以便同時繼續與交戰雙方貿易，解決其債務、增加黃金存底並改善經濟狀況。此外，群眾的不滿，也逐漸平息。1917年，無政府主義及社會主義的勞工團體首次發動全國性罷工，以抗議物價上漲及阿爾豐索十三世延攬保守派人士入閣。西班牙的經濟狀況又回到原先的低靡情勢，政治風暴加劇。除了自由黨與傳統黨派外，這時又加入社會黨。而共產黨更是一把新野火，幾乎將西班牙燒成焦黑。

為了平息國內的動亂，阿爾豐索十三世遂將政權交給軍事領袖李維拉（Primo de Rivera）。從1923到1930年，李維拉軍主政七年，聲譽卓著。但是他不願組黨以鞏固自己的地位，也不願效法獨裁者史達林及希特勒等人以剷除異己，同時，1929年世界經濟危機引起國內更多的批評，更嚴重的是李維拉開始干預軍隊傳統的人事升遷制度，因而失去許多支持。民眾對獨裁政權不滿逐漸升高，無政府主義重現，工人與警察發生激烈衝突。1930年在各方壓力下，阿爾豐索十三世要求李維拉辭職，隨後由貝倫格爾將軍（General Berenguer）掌權。

六、文化與藝術發展

十八及十九世紀，西班牙國力雖然每況愈下，但文化卻蓬勃發展。十八世紀在啟蒙運動（Ilustración）追求實證及理性的風潮下，西班牙順勢成立皇家語言（Real Academia de Lenguas）、歷史及藝術學院，以及許多其他文化、科學及技術等機構，致力相關領域的研究與發展，1712年也成立西班牙國家圖書館。在藝術方面，十八世紀初期仍受巴洛克（Barroco）風格影響，但中葉後則盛行新古典主義（Neoclasicismo）。位於馬德里市中心著名的旅遊聖地皇宮（Palacio Real de Madrid）、普拉多美術館及天文臺（Observatorio Astronómico）等外觀都非常樸實素淨，是典型的新古典主義建築。至於繪畫上，這個時期西班牙再度誕生世界

級畫家——哥雅（Francisco de Goya）。他是宮廷畫家，完成許多國王及
王室家族的畫像。他的代表作「裸體瑪哈」（Maja Desnuda）及「穿衣瑪
哈」（Maja Vestida）至今仍是普拉多美術館的鎮館之寶，到該館可一窺
哥雅各個時期最完整的作品。

　　此外，十九世紀西班牙文學盛行浪漫主義（Romanticismo），其主
要的代表作品是廣為人知的歌劇唐璜（Don Juan）。這時期的建築大師
非高第（Gaudí）莫屬，其代表作就是位於巴塞隆納、著名的「聖家堂」
（Sagrada Familia）。

二十世紀初至佛朗哥去世前的西班牙

一、二十世紀初的情勢

　　二十世紀初，西班牙盛行勞工運動（Movimiento de Sindicato）及區
域主義（Regionalismo）。1931年4月12日西班牙大選，極左派政黨獲得
壓倒性勝利，阿爾豐索十三世來不及正式宣布退位即被迫離開西班牙，
和皇室其他成員遷居巴黎。4月14日，西班牙建立第二共和（Segunda
República），由自由派的擁護憲法人士掌權，不流血推翻西班牙的君主
制度。6月國會大選，社會黨及無政府主義者獲勝掌權。年底，新憲完成
並明定西班牙是「所有勞工階級的民主共和國」。新憲法賦予女性投票權
並宣布政教分離，不需教會批准，人民可自由結婚及離婚，西班牙完全改
觀。

　　不過，熟悉十九世紀西班牙政治發展，特別是深刻了解第一共和風暴
的人士，都深信第二共和也不會太平靜。這並不是人民不支持，而是執政
的共和政府內部分裂。事實上，第二共和政府的人員及政綱，朝令夕改，
出爾反爾，而且國內各地秩序紊亂，亦無寧日。稍後，共和政府失去輿論
界的同情，同時也導致民眾不滿。此外，在第二共和政府內部，發現不少
共產黨及其同路人。他們都醉心於莫斯科的獨裁統治，後來共產黨更逐漸
滲透到各種社會組織，因而發生破壞、反動等事件。

　　第二共和的首任總理由薩莫拉（Niceto Alcalá Zamora）擔任。他是溫和的自由黨員，生性安靜謙讓，缺少毅力，因此無法控制極端主義。1933年，在經歷六個月的混亂局面後，中間及右派人士在大選中大獲全勝。1936年，共和派人士及左派政黨組成的「人民陣線」贏得大選。

二、慘烈的內戰

　　1936年7月18日，受到義大利及德國社會黨支持的極右派軍隊發動叛亂，奪取政權，第二共和宣告結束，西班牙內戰開打。內戰期間，佛朗哥（Francisco Franco）揮軍北上，是國民軍成功的最大因素。佛朗哥最得伊斯蘭教人心，內戰初期，回軍全力支持佛朗哥。同年11月初年，佛朗哥率領的國民軍勢如破竹，不久即大軍壓境首都馬德里近郊。6日及7日鏖戰結果，國民軍已接近曼薩納雷斯河（Río Manzanares）岸。眼看即將收復首都，因國際軍團突然出現，國民軍實力不足，不敢冒進。西班牙內戰至此已改變性質，成為國際戰爭。此後，德國對佛朗哥不信任，援助日漸減少；美國方面，雖然同情共和政府，但除了少數自願軍外，政府嚴守中立；英國的介入，只限於工黨執政時期；法國方面，共產黨及激進黨等積極援助共和政府，而政府內閣因同情共產黨及西班牙人民軍，所以持續獲得援助。到1937年6月，因內閣垮臺法國才宣布嚴守中立，加入不干涉委員會。

　　西班牙內戰在兩大壁壘支援下，打了33個月。1939年4月1日，佛朗哥率領的右派國民軍進入馬德里，內戰結束。佛朗哥成為新的國家元首，共和政府流亡法國。往後幾個月，數千名支持共和軍人士遭集體處決，有上百萬人遭審問或入監。此外，這場戰爭損失極為嚴重，約40%的建築遭破壞；交通方面，也受到嚴重毀損；人員方面，在戰爭中犧牲的人口，約占十分之一。如果沒有這場鷸蚌之爭，西班牙應該會更繁榮。

　　此外，西班牙內戰，是共產與非共產的戰爭。因為希特勒與墨索里尼援助右派的佛朗哥，是在共黨第三國際公開援助西班牙共和政府以後的

事。當時，第三國際有意把西班牙變成其衛星國。佛朗哥等人起義的本意在挽救西班牙，使其免於陷入鐵幕。如果沒有這次的勝利，那麼早在二次世界大戰前，西班牙就已鐵幕深垂，而且第二次世界大戰的最後結局難料，甚至義大利、法國、比利時、北非等地，也絕不會有今日的局面。

三、佛朗哥獨裁統治

內戰結束後，開啟佛朗哥長達36年的軍事獨裁統治，直到1975年11月22日去世，西班牙才進入民主時代。戰後初期，西班牙各階層的生活都很困難，鄉村的農人面臨荒地的問題，城市的工人則為微薄的工資發愁，中產階級也危機重重。雖然西班牙的官僚體系吸收無數的僱員，仍無法解決嚴重的失業問題。持平而論，內戰後西班牙政府已窮困不堪。雖然極力整頓，但畢竟環境惡劣，成效不彰；再者，國際社會的封鎖更造成西班牙在戰後初期經濟蕭條。

二次大戰期間，佛朗哥不希望筋疲力竭且需仰賴國外物資的西班牙再度捲入戰爭，因此宣布中立。一方面，他不允許納粹軍隊假道西班牙攻擊直布羅陀的英國軍隊，但讓猶太人在逃離納粹占領的法國時，經由西班牙進入北非。另外，為了還內戰期間軸心國支持的人情，在1941年派兵協助德國攻打俄羅斯。

大戰結束後，同盟國對佛朗哥的中立政策倍感憤怒，因此杯葛西班牙加入聯合國及北大西洋公約組織，並排除西班牙接受馬歇爾援助計畫。雖然西班牙遭經濟封鎖與孤立，但由於阿根廷貝隆政府大量運送肉品及糧食，以及佛朗哥政府在民生用品上採配給及自給自足制（Autarquía），因此得以苟延殘喘。

1946年，聯合國制裁佛朗哥政權並建議各國撤回駐西班牙大使，不過西班牙民眾卻上街遊行支持政府並抗議聯合國的魯莽行動。1950年韓戰結束後，因冷戰及東西對抗，美國亟需西班牙成為歐洲的反共堡壘，因此解除對西班牙的孤立並給予軍事和經濟援助。1955年，西班牙終於加入聯合

國並於隔年與法國一起終止保護國制度，承認摩洛哥獨立。1960年起，因西班牙調整經濟政策、西幣貶值以及中、北歐的繁榮，每年吸引數以萬計的觀光客至西班牙海灘度假，並帶來大量外匯。藉此，佛朗哥政府大力振興工業，並推動大型公共工程計畫。

1968年，西班牙大學生示威運動加劇；此外，巴斯克分離運動組織ETA開始恐怖攻擊，造成警察人員死亡。1969年，佛朗哥宣布阿爾豐索十三世的孫子卡洛斯（Juan Carlos）為西班牙王位繼承人；不管佛朗哥退位或逝世，卡洛斯都將成為西班牙國王。1973年，在北部的潘普羅納（Pamplona）市爆發內戰以來首次最大罷工，為平息眾怒，佛朗哥將總理職務讓予布蘭科（Carrero Blanco）將軍，不過在數月後布蘭科即遭ETA恐怖組織暗殺，造成西班牙社會及政治的動盪不安，迫使佛朗哥任命阿里亞斯——納瓦羅（Carlos Arias Navarro）出任新總理，這是1936年以來的首位文人總理。

過去，西班牙的爭鬥建築在個人主義及地區主義上。但是自第一共和以來的漫長爭鬥中，西班牙民族分成革命的左派及保守的右派。事實上，這兩派即革命與保守兩黨，並不是西班牙固有，而是由國外輸入。

1960年以後，西班牙社會明顯改變。總人口及都市人口不斷成長，農業勞動人口從一九五〇年代占總勞動人口的23%下降為10%，同時工業勞動人口則上升為22%。不斷的工業化及城市化使得西班牙傳統的社會生活型態及價值觀受到嚴厲挑戰。

二十世紀前半期，西班牙的文學與藝術發展依然傲人。文學上有三位諾貝爾文學獎得主——José Echegaray（1904）、Jacinto Benavente（1922）及Juan Ramón Jiménez（1956）。在繪畫及雕刻藝術上，畢卡索（Pablo Picasso）、米羅（Joan Miró）及達利（Salvador Dalí）更是成為二十世紀世界繪畫藝術的主流學派。這三位西籍畫家的作品曾多次在臺灣展出。

民主時代的西班牙

一、民主萌芽與茁壯

1975年11月22日,長期臥病的佛朗哥去世後兩天,其生前刻意栽培的波旁王朝後裔璜・卡洛斯繼任為國王。1977年,西班牙政府宣布共產黨合法。長年流亡海外的著名詩人阿爾貝第(Rafael Alberti)及多位共產黨領袖終於可以返國。同年舉行1936年來的首次大選,中央民主聯盟(Unión de Centro Democrático, UCD)在350席中獲得167席,其次為社會勞工黨118席以及共產黨20席。蘇瓦雷斯(Adolfo Suárez)出任民主時代的首任總理。璜・卡洛斯、蘇瓦雷斯及共產黨總書記卡里約(Santiago Carrillo),被認為是西班牙政治成功轉型的三位重要人物。此外,詩人亞歷山大(Vicente Alexandre)於1977年榮獲諾貝爾文學獎。

1978年,新憲法公投獲得87.87%民眾的支持,西班牙轉型為君主立憲(Monarquía Constitucional)的民主國家。1981年,軍人直闖國會發動政變,在僵持24小時後由於國王堅決捍衛民主才平息這次政變。蘇瓦雷斯辭去總理以示負責,索德羅(Calvo Sotelo)就職新總理。同時,國會通過西班牙加入北大西洋公約組織以及離婚法。另外,西班牙政府經過多年努力及交涉,終於讓流失海外多年的畢卡索描繪慘烈內戰的名畫「格爾尼卡」,重回西班牙的懷抱。

1982年大選,社會勞工黨以202席的絕對多數贏得大選,岡薩雷斯(Felipe González)出任總理,開啟該黨近十四年的執政。同時,服務業就業人口首次過半。1986年,社會勞工黨再次贏得大選且西班牙加入歐洲共同體及北大西洋公約組織。此階段,西班牙有五年的強勢經濟成長,有效解決失業問題。1989年,西班牙首次擔任歐洲共同體輪值主席,社會勞工黨在提前的大選中勝出。同時,小說家塞拉(Camilo José Cela)獲得諾貝爾文學獎。

二、二十世紀末及二十一世紀初的發展

1992年，爲了紀念發現新大陸五百週年，在南部的塞維亞舉辦萬國博覽會也同時在巴塞隆納舉辦奧運會。同年，馬德里成爲歐洲文化之都。這些都是西班牙積極重返歐洲以及國際社會的鐵證，試圖打破歐洲僅止於庇里牛斯山的說法。1996年大選，中右翼的民眾黨（Partido Popular）贏得大選；2000年大選民眾黨再次勝選並取得過半數的執政優勢。2004社會黨再度奪回政權，不過2012因經濟危機，政權又重返民眾黨手上。

2018年6月1日，國會通過彈劾罷免總理拉霍伊，社會勞工黨桑切斯（Pedro Sánchez Pérez-Castejón）接任並表明採取溫和及親歐盟政策。2019年，桑切斯籌組政府出現僵局，導致進入看守政府。在2019年11月選舉後，由西班牙社會勞工黨（PSOE）和聯合我們能（Unidos Podemos，UP）的左翼政黨組成聯合政府。然而，自2020年3月起COVID-19疫情爆發，爲了遏制COVID-19病毒傳播，實施廣泛封鎖措施所導致的經濟衰退，以及2022年俄羅斯入侵烏克蘭所造成的經濟衰退，影響政府的支持度。

2022年2月，民眾黨（PP）黨魁卡薩多辭職，並在三月中民眾黨第二十屆全國大會上選出費霍接任黨主席。自費霍就職以來，民眾黨在民意調查中一直領先，並在2023年5月28日的地方選舉中名列第一。

由於左翼勢力在5月分的自治區和地方政府選舉中表現不佳，迫使桑切斯決定提前解散國會，外界普遍將其視爲豪賭，以讓反對派措手不及。2023年西班牙大選於7月23日舉行。選舉結果，民眾黨獲得最多席次，社會勞工黨次之。根據競選期間的預測，如果民眾黨獲勝，將必須依靠呼聲（Vox）黨才能組閣，然而民眾黨主席費霍表示，傾向於組建少數派政府。然而，選舉結果，民眾黨和呼聲黨總共獲得170個席次，未能過半組閣。選後民眾黨和西班牙社會勞工黨都聲稱獲勝，但都沒有在眾議院獲得過半席次。

7月24日，加納利聯盟表示不會支持費霍組建政府，隨後，巴斯克民

族主義黨也表達相同立場，巴斯克地區聯合甚至表示將支持桑切斯的社會勞工黨，拒絕與民眾黨會談組閣。由於無法獲得地區性政黨的支持，費霍組建內閣的難度升高。另外，在選舉中加泰隆尼亞議會運動鼓勵支持加泰隆尼亞獨立的選民抵制這次選舉，導致支持獨立的政黨只獲得上次選舉中所贏得選票的46%。然而，在僵持的議會中他們仍有機會成為關鍵少數，並藉此換取新政府對加泰隆尼亞獨立更多的讓步。

　　8月17日眾議院議長選舉中，社會勞工黨候選人阿門戈爾在投票中獲勝，議長選舉的結果被視為桑切斯連任的希望增加。9月27日，民眾黨組閣失敗。國王提名桑切斯出任首相。11月16日，為籌組聯合政府，總理桑切斯的社會勞工黨與多個地區政黨達成協議，其中包括有爭議的加泰隆尼亞分離主義者特赦法案，這在西班牙各地引發抗議活動。最終，桑切斯在國會以179票贊成、171票反對，贏得另一個四年任期。

三、小結

　　民主時代的西班牙其行政區共分為17個自治區，50個省，其中北部的加泰隆尼亞、巴斯克及加利西亞都存在不同程度的分離主義。巴斯克分離主義ETA更採取恐怖暗殺行動，危及西班牙社會的安定。因為少了獨裁時期的禁錮，文化更蓬勃發展，電影、文學屢傳佳績，像「四千金的情人」（Belle Epoque）曾獲得1994年奧斯卡最佳外語影片，文學上也再出現兩位諾貝爾文學獎得主。

　　此時期，西班牙的農、工、商及旅遊都蓬勃發展，但隨著工業的發展與社會的進步，西班牙家庭人口數不斷下降，十五歲以下人口明顯減少；同時，六十五歲以上人口則不斷增加，加上出生率下降，人口呈現負成長及老化的嚴重現象。此外，社會問題也層出不窮，失業率曾一度高達23%。再者，青少年的失業、吸毒及犯罪也是西班牙政府正面臨的嚴肅課題。

　　在大多數國人的印象中，西班牙是一個生活步調相當緩慢、悠閒的國家，也有許多人對西班牙僅存著鬥牛、佛朗明哥舞蹈等零星、殘破的記

憶。回憶西班牙的歷史，在1492年前先後歷經不同民族的統治，隨後在十六世紀一躍成為殖民地遍布全球的日不落帝國，國力達到顛峰。十七世紀以後，西班牙國力日漸式微，但卻也孕育出盛極一時的文化，當時文學、藝術人才輩出。在經歷1936到1939年慘烈的內戰後，西班牙隨即進入長達36年的佛朗哥的獨裁統治。1975年佛朗哥逝世，西班牙邁入民主時代並逐漸在歐洲及世界舞臺上扮演重要角色，但也面臨失業、犯罪、吸毒等日益嚴重的社會問題。

　　西班牙的歷史反映在許多事務上，到處可見其獨特的文化色彩，尤其是伊斯蘭教文化對西班牙在文化、藝術與日常生活的影響。今日，西班牙到處都有阿拉伯文化的影子，例如在南部安達魯西亞仍有不少伊斯蘭教占領時代的遺跡；而西班牙文也有不少源自阿拉伯文。這是其他歐洲國家所沒有，也是西班牙與他們最截然不同的地方。

第二章
地理、氣候與物產

　　西班牙王國（Reino de España）位於歐洲西南部的伊比利半島（Península Ibérica），面積約504,782平方公里，次於俄羅斯及法國為歐洲面積第三大國家。此外，西班牙國土還包括：地中海（Mar Mediterráneo）上的巴伐利亞群島（Islas Baleares），大西洋上、非洲西岸的加納利群島（Islas Canarias），以及北非的塞烏塔（Ceuta）及美莉雅（Melilla）兩個城市。

　　西班牙北臨坎達布連海（Mar Cantábrico），並以綿延435公里的庇里牛斯山（Montes Pirineos）與法國為界；東部及東南部臨地中海；西南臨大西洋，並以14公里寬的直布羅陀海峽（Estrecho de Gibraltar）遙望非洲大陸；西邊則與葡萄牙（Portugal）為鄰，並臨大西洋。

　　庇里牛斯山脈，將貧瘠乾旱的西班牙與歐洲其他國家隔離。中央山脈（Cordierra Central）將遼闊的內地分成南、北兩大高原，造成西班牙各地間連繫困難、性格迥異。西班牙人對鄉土及地方語言的熱愛，遠超越對國家的認同。過去如此，今天也這樣。布倫南的《西班牙迷宮》（The Spanish Labyrinth）把西班牙地方情懷的重要性表現得淋漓盡致。

　　此外，熟悉西班牙歷史脈動的人都知道這國家始終如此。除非因國內的重要運動或偉大冒險，如征服南部摩爾人的光復運動（Reconquista）或者新大陸的淘金行動，才能鎮住整個「西班牙」。然而，在這些熱烈的壯舉後，西班牙總是又再一次崩解，成為一塊塊獨立的碎片。不過，這卻賦予西班牙與眾不同的特性。

　　過往西班牙征服世界，爾後卻不知如何處置。它走回過去的中世紀，阿拉伯、猶太及基督教時代，被動地坐在那裡，像附屬於歐洲的國度，卻

又與歐洲很不一樣。只到熱門景點參觀的遊客，不會真正了解西班牙，只有深入漫遊並認識其複雜歷史，才能真正了解西班牙各區域的奧妙及動人之處。

人口

一、人口變化

在歐洲大陸，西班牙幅員遼闊，但人口卻不多。一般而言，西班牙每三年實施人口普查。目前西班牙有4,700多萬的人口，人口密度每平方公里約81人，次於芬蘭、瑞典及愛爾蘭，是歐盟人口第四低的國家。

長久以來，由於戰亂頻仍和嚴重的自然災害，西班牙人口曾大起大落，成長始終十分緩慢。在十六世紀強盛的帝國時期，西班牙人口也不到1,000萬。二十世紀後，因生活水準不斷提高和醫療衛生條件改善，人口增長率才比較明顯上升。

但是，近二十多年來，由於家庭傳統習慣和社會價值觀改變，許多家庭少生甚至不生孩子，因此人口成長比周邊國家慢。西班牙出生率為7.5‰，死亡率為9.1‰，已經生不如死。此外，婦女的平均生育數為1.23人，比周邊國家低很多。然而，近幾年來在西班牙定居的外來移民與日俱增，甚至超過西班牙本身的人口成長率。

歷史上，西班牙曾出現兩次大規模移民浪潮，第一次可追溯到十五世紀末。1492年，哥倫布發現美洲新大陸後，如同發現金礦般，西班牙舉國欣喜若狂，一片歡騰，於是，大批移民隨著殖民軍，漂洋過海到這塊新奇的土地經商、定居，以圓發財致富之夢。

一九四〇至五〇年代，發生第二次大規模移民潮。當時，許多人因不堪佛朗哥的獨裁統治，被迫舉家移居國外，主要前往德國、瑞士、義大利、英國、荷蘭、比利時、法國、愛爾蘭、美國和拉美等國。移民高峰期，在海外居住的西班牙人高達200多萬。1975年佛朗哥逝世後，西班牙實行民主，社會安定，經濟發展，許多人開始返回家園。

此外，西班牙遍地黃土生產不易，因此農村留不住人。年輕人都遠走高飛，有的到近處城市的工廠或商店落腳，有的遠走法、德、英、荷、瑞士等國尋找工作機會。更早以前，西班牙人飄洋過海到美洲；現在去美洲的狂熱已退，而去歐洲各國工作則是首選。

一九七〇年代末，西班牙進入民主時代後，正朝多元文化及種族的社會邁進。經濟是此時西班牙吸引外來移民的主要因素，當然也有不少人因為政治、文化或個人因素。西班牙外來移民人數約500多萬人，其中摩洛哥人為第一大移民族群，其次為羅馬尼亞、英國及中國大陸。近年新興移民人口成長快速，依序為委內瑞拉（47%）、宏都拉斯（32.4%）及哥倫比亞（25.1%）。

二、人口老化

二十世紀初，西班牙十六歲以下的兒童占總人口的三分之一，六十五歲以上的人只占5%；到1950年，十六歲以下的人口下降到四分之一，六十五歲以上的人口占7%；到1995年，十六歲以下的人口進一步下降，占總人口的18%，六十五歲以上的人口呈上升趨勢，達到15%。目前，老年人口占20.49%左右。人口老化是西班牙社會結構的特徵，也是面臨的嚴重挑戰。

西班牙人口不僅日趨老化，也已經出現負增長。為控制人口下降趨勢，西班牙政府採取鼓勵婦女多生育的政策，也鼓勵不孕的夫婦到國外領養孩子。政府對多子女的家庭，給予一定的物質補貼，尤其是在孩子受教育和住房方面給予適當的照顧。諸多政策齊發，仍無法遏止人口負成長趨勢。

三、人口城市化

西班牙原是傳統的農業國家，大部分人口居住在農村，隨著工業化的發展，城鄉人口結構質變。尤其從一九七〇年代後期開始，為了謀求富裕

的生活，大批農民棄鄉離土，進入城市尋找工作並定居，加上西班牙不限制公民的遷徙自由，導致人口集中城市的現象日益加劇。不到三十年，西班牙城市人口從65％增加到95％以上，尤其是大城市，人口更加集中，各方面的壓力更大，造成諸如社會治安敗壞等許多嚴重的問題。

由於人口大量移居城市，西班牙有些荒寂的小村裡，許多家庭因大多已經遠走他鄉，幾乎門窗深鎖，村裡的人年年減少，只留下老弱婦孺，更平添小村的寂靜與荒涼。有時在寂靜的長巷開車，就好像是現代的旅人，無意中闖進中世紀。

在17個自治區中，安達魯西亞人口最多，緊接著是加泰隆尼亞、馬德里自治區；人口最少的是那瓦拉、坎達布連和巴伐利亞。

美麗多姿的山河

一、遼闊的土地

西班牙不僅人美，國土也美，可謂地靈人傑。這塊位於地中海邊的遼闊土地，孕育西班牙數千年的古老文明。

西班牙是南歐的璀璨明珠，東臨地中海，北瀕比斯開灣，東北與法國、安道爾接壤，西邊和葡萄牙緊密相連，南部的直布羅陀海峽扼地中海和大西洋航路的咽喉要道，與非洲大陸的摩洛哥隔海相望（最窄處只有14公里）。

西班牙位於歐洲西南端號稱「永不沉沒航船」的伊比利亞半島上。由於歐洲主要山脈之一的庇里牛斯山脈橫亙半島與大陸之間，所以自古以來又稱為庇里牛斯半島。伊比利亞半島呈五角形，面積約為55.38萬平方公里，其中西班牙占六分之五以上，達50萬平方公里。半島以馬德里為中心，距東北部的巴塞隆納600公里，與最南端的加地斯城相距530公里，距最西北的拉科魯尼亞城590公里，離北部的西、法邊境600公里。

西班牙的領土，除半島陸地部分外，還包括地中海的巴伐利亞群島，其面積為5,014平方公里；北非西海岸、大西洋中的加納利群島，面

積爲7,413平方公里。另外，西班牙還有個位於摩洛哥土地上的塞烏塔（Ceuta）及美莉雅（Melilla）城市，面積32平方公里，兩地歸屬問題至今仍與摩洛哥存在爭議。從馬德里坐飛機到巴伐利亞群島上最大的馬約卡的首府帕爾馬和加那利群島中的大加那利島，分別只需1小時和2.5小時。

　　整體而言，西班牙面積共約50多萬平方公里，是歐洲面積僅次於俄羅斯和法國的第三大國。以地理位置而言，從大西洋上的加納利群島出發可直航美洲大陸。因此，西班牙的地理位置十分重要，是聯接歐洲、非洲和美洲的樞紐，也是地中海的匯合處。

二、多山的國度

　　在歐洲，西班牙是多山的國家，僅次於瑞士。西班牙國土外圍有四大山脈：北方的坎達布連山（Montaña Cantábrica）；東北及東方則有伊比利山脈（Cordillera Ibérica）；東南的貝第克山脈（Sistema Bético），以及中央高原南部的摩雷納山脈（Sierra Morena）。南端安達魯西亞山脈中的木拉森（Muracién）山，峻峭高聳，海拔3,487公尺，是伊比利半島的最高峰，號稱西班牙的「民族脊骨」。

　　這些在外圍的高大山系，讓西班牙內部與海岸地區的交通聯繫更加困難。此外，西班牙山脈分布形勢，不只形成複雜奇特的地形和變幻莫測的氣候，同時也將西班牙分成若干個性不同的區域。從歷史來看，這是他們彼此激烈紛爭的主因。

　　西班牙的大部分國土爲古老的高原，境內平均海拔爲660公尺，高於歐洲的平均數。西班牙中部是平均高度660公尺的中央高原（Meseta Central），是其地形主體，約21萬平方公里，由中央山脈（Sistema Central）區分爲南北兩大高原。此高原涵蓋卡斯提爾‧萊昂（Castilla-León）、卡斯提爾‧拉曼查（Castilla la Mancha），以及部分的亞拉岡（Aragón），面積約占西班牙國土的五分之二。海拔200公尺以下的平原只有5萬多平方公里，僅占全國總面積的11.4%。而2,500公尺以上的高山

也不多，僅占國土面積的1%。馬德里位於中央高原中心。拉曼查的典型風景是風車林立在荒涼的大地上，這裡也是《吉軻德先生傳》書中描繪的世界。其間散布著優美的歷史古都，吸引無數旅人造訪。

圖2-A　拉曼查的風車（陳怡君）

　　西班牙全境大致可分為五個地理區：首先為北部山區。這裡有歐洲著名的庇里牛斯山脈，整個山脈綿延千里，景色如畫。緊臨庇里牛斯山脈的坎達布連山脈，海拔達2,000公尺以上。北臨一望無際的比斯開灣，陸地上林木茂盛，這裡是重要的軟木產區，也是牛羊遍地的牧區和工業重鎮。

　　中部為中央高原區，摩雷納山脈為該區的南界。中央山脈，將高原分為南、北兩大高原。在這塊廣闊無垠、山巒起伏的土地，有廣大著名的橄欖區和動物保護區，還蘊藏著豐富的自然資源，西班牙三分之一以上的人口居住在此，歷來是西班牙重要的工業、農業和旅遊區域。

　　東北部的阿拉貢平原區，位於庇里牛斯山脈東南面的埃布羅河流域，

是大致呈三角形的波狀平原。阿拉貢平原常年氣候宜人，雨水充沛，土質肥沃，既是西班牙的天然糧倉，也是葡萄、柑橘等水果的重要產地。

從東南部安達魯西亞至東北部加泰隆尼亞的地中海沿岸地區，海岸蜿蜒曲折，長1,500餘公里。登高遠望，一邊是波濤洶湧、海天一色，另一邊是雲山相連，風光旖旎。

南部的安達魯西亞平原，位於摩雷納山脈和安達魯西亞山脈之間。瓜達幾維河由西往東橫貫整個平原，灌溉著千萬畝良田。由於高聳的安達魯西山脈擋住來自海洋的濕潤空氣，所以這裡氣候乾燥，盛夏豔陽似火。

總之，各地迷人而奇特的自然風光，造就東南西北各不相同的風土人情，為西班牙增添許多神祕、迷人的色彩。

三、優美的海岸

西班牙海岸線很長，大略可分成下列形態：位於北部的坎達布連海岸，海岸陡峭，而且山脈逼近海岸；加利西亞海岸（Costa Gallega）有許多海灣，是一個非常曲折的海岸；南部大西洋海岸（Costa Atlántica Meridional），海岸線較低且多沙，並分布許多水塘及鹽田；南部地中海海岸（Costa Mediterránea Sur），氣候宜人是西班牙最吸引觀光客的海岸地區；東部地中海海岸（Costa Mediterránea Oriental），海岸線低且多沙，也是西班牙相當吸引人的海岸觀光區。總之，西班牙擁有200多處海灘，並有黃金海岸（Costa Dorada）、白色海岸（Costa Blanca），以及太陽海岸（Costa del Sol）等多處國際知名的海岸，每年都為西班牙帶來成千上萬的觀光客及大量外匯。

在西班牙陽光普照的綿延海岸線，建築大量的觀光旅館及設施並吸引成千上萬的觀光客，這到底是福氣還是災禍？事實上，倘若把位於內地的阿巴拉辛搬遷到蔚藍的海岸，如今恐怕早已被觀光業淹沒。

四、緩緩流淌的江河

西班牙雖是多山的國家，但河流很多，縱橫交錯。然而，長度短、

流量小，流量不穩定是其特徵，而且流量大部分都依賴下雨或積雪融化。有的河流由於水淺且窄，大部分河段不利於航行。一般而言，注入地中海的河流較注入大西洋的河流來得短且流量也較少。重要河流有斗羅河（Duero）、塔霍斯河（Tajos）、瓜地亞納河（Guadiana）、瓜達幾維河（Guadalquivir）及埃布羅河（Ebro）。

　　塔霍斯河幾乎橫貫西班牙全境，並朝西流經葡萄牙注入大西洋。埃布羅河是西班牙流量最大和流域面積最廣的河流，發源於坎達布連山脈。它流經巴塞隆納和瓦倫西亞之間的河口三角洲後注入地中海。

五、四季分明的氣候

　　西班牙本土大致上位於北緯36度至43度。由於地形變化多端，西班牙各地的氣候大相逕庭。本土與地處非洲西岸加納利群島的氣候，是兩個不同世界。但一般而言，西班牙大部分地區受地中海的影響，屬溫帶；而位於非洲西岸的加納利群島則屬乾、濕的熱帶氣候。與歐洲其他地區比較，西班牙冬天不是很冷，夏天很熱但短暫。

　　來自大西洋亞述群島（Islas de las Azores）的高壓氣流是影響西班牙氣候最主要的因素，並對大西洋迎風面影響最深，之後影響力道往地中海岸遞減。此外，冬天及夏天，西班牙也分別深受來自北極及熱帶高壓的影響。

　　西班牙主要吹西風，這來自大西洋的風較溫和濕潤；來自東部地中海的風也較溫和但比大西洋來的風略乾；東北風則顯得乾冷，至於東南風則是乾熱的風。整體而言，西班牙氣候溫和，但深受地形、緯度及臨海遠近的影響。伊比利半島內部、南部及西部氣溫變化大，臨海地區溫度則變化較少。

　　西班牙雨量稀少，除西北部沿海一帶，許多地區氣候乾燥，嚴重缺水，年降雨量在500至1,500公釐，而且降雨集中在冬天。中南部大部分的地區都屬乾的西班牙，年雨量600公釐以下；北部的加利西亞、坎達布連等地區則是濕的西班牙，年雨量高於800公釐。由於常年少雨乾旱，密林

較少，有些地方甚至有沙漠化的**趨勢**。

　　西班牙的氣候大致上區分爲：大西洋、地中海、大陸及高山等四種類型。北部和西北部沿海一帶爲大西洋海洋性溫帶氣候，全年風調雨順，植被很好，有「綠色西班牙」的美稱。夏天氣溫不高，清爽涼快；冬天則瑞雪紛飛，氣溫較低。地中海沿岸、大部分的安達魯西亞（Andalucía）、埃斯特雷馬杜拉（Extremadura）及巴伐利亞群島是地中海型氣候。此區氣候溫和，冬天不冷，夏天則愈往南愈熱，最高氣溫高達攝氏40多℃。另外，雨量少也是其特徵之一。

　　中央高原地區大致爲大陸型氣候，乾燥少雨，夏天炎熱，陽光強烈刺眼。儘管如此，一到夜晚氣溫便急速下降，日夜溫差明顯，冬天酷寒，全年降雨量少，特別是春夏之際很少降雨，極爲乾燥。所幸其中尙有塔霍斯河（Tajos）、斗羅河（Duero）及埃布羅河（Ebro）三大河流經過，滋潤這乾燥的大地。北部高原冬天長而酷寒，夏天短而涼爽；南部高原夏天非常炎熱，冬天相對溫和。至於南部地區，屬非洲氣候型態，冬天溫和，夏天酷熱。西班牙四季分明。最冷月爲1至2月；最熱月是8月。

自給自足的天然資源

一、豐富的礦產資源

　　歷史上，西班牙因得天獨厚的地理環境和豐富多樣的礦產資源而遭到羅馬人和阿拉伯人的長期掠奪。據歐盟的統計資料，西班牙是歐盟成員國中礦產品生產種類最多和自給程度最高的國家。

　　西班牙煤儲藏量約90億噸，主要分布在西北部坎達布連山區。雖然煤的儲藏量較多，但煤的品質不佳。由於火力發電及工業用煤的比例不斷下降，西班牙煤的產量也隨之減少，甚至有些礦區被迫關閉。

　　鐵礦儲藏量約20億噸，主要分布在北部比斯開灣地區。豐富的鐵礦造就西班牙發達的鋼鐵工業，目前鋼鐵年產量約爲1,200萬噸；汞的儲藏量、生產和出口均占世界第一位，並已有幾世紀的歷史。主要產區在中部

的雷阿爾城（Ciudad Real）、北部的阿斯圖里亞斯和南部的格拉納達等省；至於鈾的儲藏量約3萬噸，在歐洲占第二位，世界的第五位，主要分布在邊遠省分及安達盧西亞個別省分。

西班牙在上述礦產資源能自給有餘，並可出口，但石油等資源則十分匱乏。儘管近年來在加泰隆尼亞和瓦倫西亞一帶的海底陸續發現石油資源，但都無法滿足自身的需要，海陸空交通和工業所需90%以上的石油長期依賴國外進口。

由於西班牙河流流量不大，因此水力資源較差，但能良好利用。目前，西班牙全國每年發電達1,400億度左右，水力發電約占總量的21%。

二、多樣且豐富的農林漁牧業

1.農業

長期以來，西班牙土地分配不均的現象十分嚴重；95%以上的農民擁有的土地僅占全國耕地面積的33.9%，而僅占農村人口1.2%的大莊園主卻占有全國耕地的48%。

在中北部高原，因為地勢起伏，土地貧窮，面積又小，加上雨水稀少，比較適合自耕農的經營方式。此外，由於歷史的因素，農業生產合作社主要集中在中部、東南部和北部地區。這些合作社都是自耕農的自發性組織，將土地入股、集體耕作、費用和收入按比例分配。這樣的合作社全國大約有7,000多個。

西班牙主要農作物有小麥、大麥、燕麥、水稻、玉米、甜菜、葡萄、橄欖、柑橘和蔬菜水果，尤其是葡萄、橄欖和柑橘，種植面積大，產量高，在歐洲甚至全世界都享有盛名。西班牙人的糧食以小麥為主，種植區域遍布全國各地。穀物、馬鈴薯、豆類及甜菜等食用作物所占的耕地面積最大，但因粗耕，其投資報酬率比歐盟平均值低。至於蔬菜、花卉，以及橘子和檸檬等水果產物，利潤很高。

在平坦、遼闊且乾燥的中央高原上，栽種許多葡萄、橄欖與番紅花，

這裡也是西班牙境內眾多的葡萄酒產地之一。位於中央高原東側的亞拉岡也是冷熱溫差大、氣候乾燥的地方。然而這裡利用埃布羅河的豐富水源，生產蔬菜、水果與麥類，甚至也放牧羊群。此外，在阿拉貢首府薩拉戈薩附近工業發展也相當鼎盛。

西班牙柑橘產區集中在東部地中海沿岸的瓦倫西亞以及南部的安達魯西亞地區。聯合國糧農組織統計，目前西班牙全國擁有的柑橘樹約1億株，柑橘產量為390萬噸左右，其中蜜橘占約30%，檸檬占14%，產量占世界第四位。柑橘是西班牙重要的出口農產品之一，出口量占世界第一位。現在每年約出口240萬噸，占世界柑橘市場約30%，主要銷往歐美各國，每年創匯近20億美元。

加泰隆尼亞（Cataluña）及安達魯西亞則是重要的花卉產區。至於西班牙傳統的重要產物，橄欖及橄欖油的採集及製作是拉曼查（La Mancha）及安達魯西亞的重要特色。歷年來西班牙政府十分重視橄欖的種植和生產，無論是種植面積、產量或出口均居世界第一位。

酒是西班牙另一項聞名國際的物產。西班牙各地區幾乎都產酒，但以安達魯西亞的雪莉酒（Jerez）、加泰隆尼亞的香檳，以及里歐哈（Rioja）的紅酒最為著名，次於法國及義大利，西班牙是世界第三大葡萄及葡萄酒生產國家。

此外，西班牙因為氣候乾燥，且常年有太陽，瓜果長得特別好。各種瓜類，又香又甜。橘子是西班牙的寶物並和義大利搶市場，而爆發所謂的「橘戰」。橘子以瓦倫西亞（Valencia）的最好吃，不過西班牙好的橘子，大部分都出口，在臺灣也常可買到貼有瓦倫西亞標籤的柳橙。

2.林業

西班牙山林面積很多，有1,533萬公頃，約全國土地面積的30%。但其中松、橡、楊等樹種的真正成材樹林則只占765萬公頃，而其中又以橡樹林最多，占620萬公頃。

用以製作軟木的橡樹樹皮，西班牙在全世界名列前茅，主要產在加利西亞地區和西北部地區。

3.畜牧及漁業

西班牙是歐洲的畜牧業大國。由於地勢高低不平，加上受乾旱的影響，不少土地沒有被開發和耕種，但這些土地提供發展畜牧業有利的天然條件。西班牙畜牧業占整個農業產值的比重由一九六〇年代的30%上升到一九九〇年代的37%，其中肉類占71.5%，牛奶、羊毛及其畜牧產品的產值占28.5%。

畜牧及漁業在過去曾在西班牙經濟上扮演重要角色，特別是著名的美麗娜（Merina）羊毛的出口，曾為西班牙賺取大量的外匯。今天畜牧業已不再是西班牙經濟的基礎，但像香腸（chorizo）、火腿（jamón），以及烤豬、烤羊等食品工業的發展令人矚目，並成為西班牙重要的特色。

西班牙也是重要的打獵國家，野鹿、野豬、兔子、鴿子及山鶉等是重要的獵物，是西班牙人日常重要的食物。打獵不但吸引西班牙人，每年也吸引大批歐洲人到西班牙狩獵。

由於缺乏漁場，捕魚在西班牙經濟上所扮演的角色，每況愈下。雖然如此，仍有大批西班牙人依賴捕魚為生。每年西班牙的漁獲量約150萬噸左右，大西洋岸成為西班牙最重要的漁獲區。西班牙捕獲的重要海產有：鱈魚（merluza）、鮪魚（atún）、沙丁魚（sardinas）、鯷魚（anchoa）、海貝類（marisco）及甲殼類等海產。西班牙是重要的漁獲國及消費國，海產一直在西班牙人的飲食中扮演重要角色。

4.珍貴稀有的動、植物資源

西班牙獨特的地理環境和氣候造就許多珍貴稀有的動、植物資源。西班牙的植物種類極多，名貴的樹木也不少。一般而言，西北部雨水充足的地區大多是闊葉林，其中主要有落葉的楝樹、栗樹、山毛櫸、德國雲杉和

白冷杉等。在乾旱地區則生長大量的喬木，其中主要有多青楝、軟木楝、黑松、棕櫚樹、橡樹、無花果樹等，尤其是軟木楝和無花果樹在西班牙最為有名。

西班牙各區概況

一、中部為西班牙歷史發展的主要舞臺

中部地區是西班牙的心臟地帶，羅馬帝國的統治下揭開本區歷史的序幕。之後，入侵半島的西哥德人於560年將王國首都建於托雷多，西班牙中部歷史的發展可說完全等同於整個西班牙歷史的發展。在西哥德王國滅亡後，托雷多又淪於伊斯蘭教徒的統治，不過最後被阿豐索六世領導的卡斯提爾王國奪回，自此一直到1561年遷都馬德里前，托雷多是西班牙政府、文化的中心，曾繁榮一時。托雷多融合伊斯蘭教、基督教、猶太教三大宗教形成的特殊文化，為其帶來一片榮景，並成為中世紀歐洲的文藝重鎮。

圖2-B　托雷多全城鳥瞰圖（陳怡君）

　　之後，馬德里取代托雷多成爲歷史重心，在歷經國土收復運動，國力進入全盛時期的背景下，快速發展。阿蘭菲斯（Aranjuez）、埃爾・埃斯科里（El Escorial）等位於馬德里近郊的王室休養生息之地，建有雄偉的宮殿，如今從這些遺跡中仍舊可以看到當時宮廷文化的榮景。

　　在西班牙悠久的歷史中，到十六世紀馬德里才躍上舞臺。馬德里城市的形成始於九世紀，原先只是在國土光復運動中，伊斯蘭教徒阻止北方蜂擁而至的基督教徒所設置軍事據點的小村莊。1083年，卡斯提亞國王阿爾豐索六世（Alfonso VI）從伊斯蘭教徒手中奪回馬德里。1561年，菲利普二世（Felipe II），由托雷多遷都馬德里，該城才一路成長壯大。

　　十六世紀，西班牙進入黃金時代，國土不斷擴張，帝國中心的馬德里急速發展。雄厚的國力，以及歷代帝王致力於藝術品的收藏，奠定日後普拉多美術館的基礎。十七世紀，菲利普三世（Felipe III）下令建造主廣場（Plaza Mayor），從此市場活動、鬥牛、宗教審判都在此舉行，整個城市也以此爲中心，繁榮興盛。

　　十八世紀，菲利普五世（Felipe V）及卡洛斯三世（Carlos III）讓馬德里的基礎建設更加完備，並且興建皇宮與美術館等大型建築。此外，隨著中央集權制度的確立，馬德里的首都地位更加鞏固。1936年，馬德里因西班牙內戰遭受極大破壞。不過1960年後，因推動現代化，讓馬德里躍升爲現今西班牙的政治、經濟及文化中心，並成爲歐洲數一數二的國際都市。

二、東部地區資源豐富且經濟富庶

　　加泰隆尼亞是西班牙最富庶的自治區，約有600萬人口。一整年的氣候都很溫暖，降雨量也是西班牙最多的區域之一，不過愈往南雨量愈少。地勢相當崎嶇不平，平地較少，內陸部分是源自庇里牛斯山的連綿山脈。海岸的北邊有錯綜的岩地，南邊則是綿延不絕的白色沙灘，夏天乾燥而冬天溫暖，加泰隆尼亞屬地中海型氣候。它以巴塞隆納爲中心，是金融與重

圖2-C　太陽門廣場的零公里標誌（陳怡君）

工業先進地帶，且與北部的巴斯克齊名。加泰隆尼亞南部的紡織業相當興盛，占西班牙國內生產總額約80%，也是香檳的主要產地。

　　自古以來，加泰隆尼亞就因為是政治、商業的中繼站而逐漸發展，也是西班牙受羅馬帝國影響最大的地區；反之，它在伊斯蘭教的統治下只有短暫的100年，因此，擁有與西班牙中部迴異的獨特歷史。自古，巴塞隆納就一直是加泰隆尼亞的中心，九世紀初就從伊斯蘭教徒統治下回歸到基督教徒手中。之後，隸屬法蘭克王國的版圖，兼具伊比利半島的對外窗口以及防堵伊斯蘭教進攻的雙重功能，因此比西班牙中部早七百年享受到歐洲文化的薰陶，並於十世紀末發表脫離法蘭克王國的獨立宣言。此時所產生的自主獨立氣勢，雖歷經漫長的歷史，仍延續至今。

此外，以海洋貿易爲中心、蓄積國力的加泰隆尼亞，在十二至十四世紀時成爲地中海唯一的海洋王國。然而，在西班牙完成國土光復後，加泰隆尼亞接受中部卡斯提亞王國的統治，加上發現新大陸讓大西洋貿易興盛起，加泰隆尼亞因此走向衰退期。十八世紀初，西班牙王位繼承戰爭中卡斯提亞戰敗，加泰隆尼亞被剝奪自治權。十九世紀，告別中世紀迎向產業革命，是加泰隆尼亞起死回生的關鍵。以紡織業爲主的生產額提高，城鎮呈現繁榮的景況。此外，還興起現代主義的新藝術運動，高第的新建築物讓城鎮的容貌更加美麗。

　　更南邊的瓦倫西亞，利用伊斯蘭教徒遺留的灌漑設施，生產優質的稻米、柳橙與葡萄，農業相當興盛，是西班牙第一大穀倉。另外，以精製瓷偶爲代表的陶器產業，還有與馬約卡島齊名的製鞋產業都值得大書特書。而再往南的阿里坎特（Alicante）是地中海沿岸的休閒勝地，也是著名白色海岸（Costa Blanca）的中心。此地屬溫暖的地中海型氣候，羅馬人喻爲陽光之都。由於該城陽光普照，不但吸引眾多戲水人潮，冬天也成爲觀光客的避寒聖地。

三、熱情的南部安達魯西亞

　　安達魯西亞受撒哈拉熱風的肆虐，地形極富變化。它有著無邊際的橄欖田，隱約可見的白色村莊，以及觀光馬車在迷宮般的石道路上響起的馬蹄聲，當然還有那廣大的葵花田。此區居民善用智慧，與大自然取得平衡，白色村莊房舍的白牆反射強烈的陽光，更擋住酷熱。而橄欖樹即使在雨量較少的乾燥土地，一樣長得相當苗壯並結實累累。

　　安達魯西亞的夏天特別炎熱，撒哈拉沙漠的熱風越過直布羅陀海峽吹進安達魯西亞，讓塞維亞與哥多華等地的氣溫常常超過40度，持續著彷彿要被烤焦般的酷熱天氣。因此，遊客不難發現此地仍堅持保留午睡的習慣。雖然安達魯西亞擁有瓜達幾維河流域所帶來的肥沃土地，但很多地方年降雨量相當少，每年都因爲用水不足而苦惱。

　　此外，伊比利半島最高峰木拉森山所在的內華達山是東西走向的貝蒂克山系，因此不少都市都像格拉那達一樣在冬季相當寒冷。而地中海沿岸的南邊，由於整年的氣候都相當溫暖，因此出現許多休閒勝地，海岸線也非常美麗，其中以太陽海岸最有名。差異明顯的氣候與地形，直接反映在生活以及當地人的氣質上。安達魯西亞地方的祭典特別多，讓外界覺得西班牙人都非常活潑、熱情。這裡的人，開朗又好相處，但脾氣來時卻有如火山爆發；有時感情又相當脆弱，這些毫不遮掩的情緒是安達魯西亞人的魅力所在。

　　安達魯西亞融合基督教與伊斯蘭教的文化與歷史，它與西班牙其他的城市一樣，留下腓尼基、古羅馬、西哥德等民族的足跡。此外，因為與非洲大陸相鄰的地理因素，從八世紀初後的八百年間，受到伊斯蘭教的長期統治。哥多華、塞維亞、格拉納達曾為伊斯蘭教三大都市，目前仍殘留著不同時代的古都風情。

　　以西班牙北部的卡斯提亞王國為中心的基督教勢力，將國土光復當作盾牌，並將攻擊的矛頭指向伊斯蘭教都市，持續往南進攻。十三世紀後，安達魯西亞的都市也都逐漸回到基督教徒的手中。1492年，天主教國王擊敗在西班牙的最後伊斯蘭教王朝，以安達魯西亞為中心的伊斯蘭教統治畫上休止符。不過，爾後伊斯蘭教文化仍然持續影響西班牙的建築、藝術、文化，以及日常的飲食與生活習慣，例如基督教建築中融合伊斯蘭教建築而形成的穆德哈（mudéjar）風格，或是源自阿拉伯文的單字等等。

　　目前，安達魯西亞仍保存伊斯蘭教時代的貴重世界遺產，像格拉納達的阿爾罕布拉宮（Palacio de Alhambra）、哥多華的清真寺（Mezquita de Córdoba）、塞維亞的阿卡薩堡（Alcázar de Sevilla）。這些文化遺產能夠不受破壞，並持續保存在虔誠天主教的西班牙國度上，不難體會這兩種不同文化，彼此間的寬容與融合。

四、自然資源豐富的北部

西班牙北部的風土特徵在於擁有豐富資源的陸地與連綿的群山，還有溫暖又濕潤的氣候。與庇里牛斯山脈相接的那瓦拉，其北部是濕度較高的海洋性氣候，氣溫鮮少因為季節推移而變化。而南部則是雨量較少，夏天與冬天溫差很大的大陸型氣候。位於那瓦拉西邊的巴斯克，是西班牙生活條件最好的地區，也是北部最大的工業區。

從坎達布連到阿斯圖里亞斯，有很多壯麗的景色，在2,000公尺以上的險峻群山中，最著名的是歐洲峰（Picos de Europa），標高2,648公尺。另外，坎達布連海也頗富盛名。沿岸一帶的地形起伏較大，有很多錯綜的海岸，除了山岳地帶都是海洋性氣候。此種氣候也影響產業類型，讓這裡成為玉米、蘋果、豆類、乳製品的第一大產地。此外，坎達布連山也蘊藏很多鐵礦、煤礦等豐富的礦產資源。而西南部的山脈地帶有較多的濃霧與降雨，因此成為重要的農業地帶。

屬海洋性氣候的北部加利西亞，有連綿不絕的沉降海岸，內陸有平緩的群山與廣闊的茂盛樹林。此地農業相當興盛，但主要還是以漁業為主，漁獲量高達西班牙全國的四分之一。這一區只有內陸部分的卡斯提亞・萊昂是冷暖差異極大的大陸性氣候，非常乾燥。

歷史上，北部地區、特別是阿斯圖里亞斯是國土光復的根據地。因為國土光復成功，西班牙才在伊斯蘭教長達八百年的統治後，重回基督教教徒手中。十九世紀初，此地曾與拿破崙所率領的法國軍隊激烈戰爭。1936年，這裡更成為西班牙內戰最激烈的地區，遭受苦難歷史的城鎮也都集中在這一帶，其中以承受毀滅性打擊的格爾尼卡最具代表性。

不過，曾經在戰爭中遭受沉重打擊的城鎮，現在都浴火重生，成為極具魅力的港都與休閒勝地。此外，若少了朝聖之路（Camino de Santiago），西班牙北部的故事就不夠完整。自九世紀初發現聖雅各之墓以來，西北部的聖地牙哥就成為基督教的最大聖地，朝聖之路沿途的城鎮

也因爲朝聖者而逐漸蓬勃發展。羅馬藝術也因此跟著傳播，沿途許多教堂與修道院重新整修。在文化傳播上，朝聖之路發揮極大的效果。

此外，巴斯克地區因擁有獨自文化與傳統，是西班牙北部的另一個特色，當地人說巴斯克語，擁有獨特的民族意識。在加利西亞，也可以聽到與鄰國葡萄牙文相當接近的加利西亞語。目前，加利西亞語已成爲該地區與西班牙文並用的官方語言。

五、銀之路與西班牙西部

埃斯特雷馬杜拉位於西班牙西部，自然條件很嚴苛。其北邊是卡斯提亞・萊昂，南邊是安達魯西亞，西邊則與葡萄牙爲鄰。埃斯特雷馬杜拉因爲有流經此地的塔霍斯河（Tajos）及瓜地亞納河（Guadiana），水資源豐富而逐漸發展。但因是岩石地帶，不毛之地不在少數。幸好，當地人能克服如此嚴苛的自然環境，種植軟木橡樹，並經營農業與養豬業，刻苦耐勞生活。在大航海時代，前往美洲大陸征服各地，並建造城鎮的大冒險家以及征服者，大多在此地出生，這與其風土民情關係密切。

此外，薩拉曼卡以北的坎達布連山脈，有豐富的礦產資源，爲了搬運這些礦產所建造的銀之路（Camino de Plata），之後成爲帶動此地商機的命脈。雖然這邊沒有非常壯麗的觀光景點，但當地人所散發出的純樸氣息，就是埃斯特雷馬杜拉最大的魅力。因爲受偏西風影響，此地冬天的氣候比較溫暖，卡塞雷斯（Cáceres）冬天的平均氣溫爲7℃，夏天是26℃。7月時最高溫可以達到33度，溫差很大。

這裡保存古羅馬時代的遺跡與大航海時代冒險者的足跡。約兩千年前，古羅馬帝國征服伊比利半島，並在西班牙各地建立據點，埃斯特雷馬杜拉也不例外。當時設置魯西達尼亞州，而梅里達（Mérida）因爲是州都而繁榮。有「小羅馬」美譽的梅里達，目前仍保留許多羅馬遺跡。此外，因爲羅馬人積極修整銀之路，卡塞雷斯與薩夫拉也都因爲是銀之路的中途站而開始繁榮發展。此後，銀之路就成爲讚頌大航海時代征服者衣錦還

鄉的代名詞。征服秘魯的皮薩羅（Francisco Pizarro）與發現亞馬遜河的
歐雷納都是此地特魯希約（Trujillo）的子民；而征服墨西哥的柯爾特斯
（Hernán Cortés）則是出身梅蒂吉。

　　雖然，征服者背負毀壞印加帝國而惡名昭彰，但他們掠奪與榨取的財
富，卻從塞維亞的港口經由銀之路，北上運回他們的故鄉。當時，他們都
將財富用於建築宅邸，或是捐贈給修道院與教堂。此外，當時的征服者為
了祈求前往南美的船隻能夠平安順利，都到教堂禱告祈福。許多冒險家都
將聖母瑪利亞的護身符放在胸前，朝新大陸航行。曾經繁榮一時的銀之路
沿途都市，到現在都還保留堅固的建築物，那昂然的景象彷彿在訴說昔日
的光榮。

第二篇
生活與風俗

第三章
民族、語言與人民性格

混血的西班牙民族

　　西班牙是具有悠久歷史的國家，其歷史紛繁獨特，有別於其他歐洲國家。中世紀時期，它曾經是文化最發達的歐洲國家。西班牙人、阿拉伯人和猶太人在這塊土地上共同創造光輝燦爛的文明史，當時的西班牙成為東西方文化的匯聚點。

　　初期，各民族紛至沓來西班牙。由於西班牙海岸線長達3,904公里，而且船隻可通行到達大部分的海岸，因此西班牙歷史上眾多的外族都是從海路入侵。這無數次的入侵改變西班牙單一民族狀態：他們有凱爾特人、伊比利人、腓尼基人、迦太基人、希臘人、羅馬人、西哥德人及阿拉伯人，不同種族的多次融合，逐步形成今日獨特的西班牙民族。

　　伊比利人（ibero）是伊比利半島上最早的土著居民。他們生性好鬥，清高孤傲。西元前十世紀，來自歐洲中部和北部的雅利安族凱爾特人（celta）到達伊比利半島。此後，伊比利人和凱爾特人通婚，誕生以慓悍好戰著稱的凱爾特貝洛人（celtíbero）。西元前十一世紀，腓尼基人與西班牙人建立貿易關係，並建立永久性居留地，他們不喜干戈，生性平和，為西班牙帶來貨幣、字母、煤鐵和織布技術。西元前七世紀，希臘人在地中海沿岸也建立留居地，並創建學校和科學院。西元前三世紀，迦太基人（Cartagineses）的軍隊登陸西班牙，並迅速占領整個西班牙，成為半島的主人。西元前218年，羅馬人大舉入侵西班牙。最初，他們把迦太基人全部趕走，然後集中對付凱爾特貝洛人。此軍事行動持續兩百多年才結束。羅馬人統治時期，與當地的凱爾特貝洛人通婚，因此誕生羅馬西班牙

人。羅馬人在鐵蹄橫掃西班牙時，也把語言、習俗和法律帶到西班牙，於是西班牙被「拉丁化」。

　　409年，日耳曼部落利用羅馬帝國國力衰退，率兵南下，入侵西班牙。部落中的西哥德人（Visigodo）最後占領西班牙。羅馬西班牙人與西哥德人互相通婚，使西班牙民族又經歷一次混血過程。由於西哥德人在西班牙統治日益腐敗和渙散，最終因阿拉伯人的進攻而徹底崩潰。711年，打著月牙旗的伊斯蘭教徒長驅直入，除巴斯克和阿斯圖里亞斯地區的一部分外，西班牙成爲阿拉伯人的天下。他們在半島統治長達八世紀，讓西班牙的文化又融入阿拉伯的成分。長時間的異族入侵，最終形成今日混血的西班牙民族。

多樣的民族和語言

一、多樣的民族

　　西班牙不像美國，也不像瑞士那樣是民族獨特或多民族構成的國家。西班牙民族比較單一，是由占人口比例多數的主體民族和若干個少數民族構成。整體而言，西班牙大致可分爲四個民族，其中最大的民族是講卡斯提亞語（西班牙語）的卡斯提亞人，大約占總人口的80%以上；其次是居住在東北部及其周圍地中海地區的加泰隆尼亞人，占總人口10%左右；再其次是生活在北部靠近法國邊境地區的巴斯克人，約占總人口的5%；最後是居住在西北部大西洋岸的加利西亞人，占總人口的3%。此外，還有瓦倫西亞人，安達魯西亞人等，但他們大多早已和其他民族同化，現今已不算是單一民族。

　　爲數較少的加泰隆尼亞人、巴斯克人和加利西亞人，本質上與卡斯提亞人沒有太大區別，無論是思維方式，或是生活習慣，基本上大同小異。如果他們生活在一起，外人很難區辨，最主要的不同在於他們的語言和文化。這些民族的語言和文化存在差別，主要是因爲歷史上西班牙有許多獨立的封建王朝，雖然後來這些王朝統一，但各自形成的文化都完整地保存

下來。

　　在幾千年的漫長歲月中，西班牙各主要民族與外來的羅馬人、西哥德人，尤其是摩爾人融合和同化，而繁衍生息。所以，今天西班牙人的體內在某種程度上流淌著阿拉伯人的血液。因此許多西班牙人的形體和外貌不完全像歐洲人那樣高大，有著金髮、藍眼，反而與阿拉伯人酷似，身材中等、頭髮烏黑、高鼻梁、長睫毛、大眼睛；生性活潑、樂觀大方。

　　在西班牙，巴斯克是特殊的少數民族，它對該國的政治、經濟、社會文化以及生活有一定的影響。據統計，現在約有80萬的純巴斯克人住在西班牙，另有15萬人住在法國，還有27萬人住在歐洲以外的地區，其中多數在南美洲和美國。

　　1931年西班牙第二共和成立時，巴斯克人政治分化，有的擁護共和，有的堅決反對並要求獨立。內戰期間，部分巴斯克人武裝反抗。戰後，不少巴斯克人被迫流亡國外。佛朗哥逝世後，巴斯克人經過努力，終於獲得地方自治權。

　　巴斯克人是強悍的民族，具有北方人的粗獷與豪放，其體格與其他歐洲人並無顯著差別，語言則不屬印歐語系。歷來，他們以造船和航海見長，在很早以前，他們曾橫跨法、西邊界貿易和走私。巴斯克人重視家庭，並信奉天主教。現在，居住在大城市的許多巴斯克人，不僅放棄原有習俗，而且不再使用自己的語言。

　　1492年，即西班牙統一和哥倫布發現美洲大陸那一年，西班牙國土下令，驅逐曾在其國土上生活許多世紀的猶太人。至今，西班牙雖保存猶太教堂，但沒有猶太人。1609年，西班牙又興起排外浪潮，國王菲利普三世將所有與其臣民和睦相處許多世紀的摩爾人也驅離國土。

　　目前，在西班牙境內存在少數的吉普賽人。由於人少，在西班牙並非有影響的群體。以前，西班牙當局不願承認他們是境內合法的少數民族，近年來，為了改造和同化他們，西班牙和周圍的鄰國，都專門挪出巨款，為他們建造房屋，使其安居樂業。儘管如此，至今還有一部分的吉普賽人

仍浪跡天涯，或樂於住在貧民窟，始終保持其獨特的生活習性。

二、豐富的語言

在西班牙有卡斯提亞語、加利西亞語、巴斯克語及加泰隆尼亞語等4種共存的語言。巴斯克語是一種獨立的語言，另外3種語言均屬羅馬語系。

卡斯提亞語即西班牙語，是西班牙唯一的官方語言。它源於拉丁語，後來汲取伊比利語、凱爾特語、迦太基語、希臘語、日耳曼語和阿拉伯語的成分，以及半島上其他地區的方言，逐漸形成當今世界通行最廣的羅馬語系語言。阿斯圖里亞斯語、埃斯特雷馬杜拉語、安達魯西亞語、慕爾西亞語、阿拉貢語、那瓦拉語，均為卡斯提亞語的方言。隨著西班牙對美洲的殖民統治，西班牙語被傳入美洲大陸。目前世界上有近5億人口講西班牙語。

加利西亞語被認為是葡萄牙語的一種方言，在西班牙加利西亞地區的4個省，以及阿斯圖里亞斯和里昂的西部地區通用此語言。至於巴斯克語是一種十分古老的語言，與另外的幾個西班牙語言非常不同。加泰隆尼亞語也屬於羅馬語系，1976年開始與卡斯提亞語並列為加泰隆尼亞地區的官方語言。西班牙東部到瓦倫西亞地區的幾個沿地中海省分，使用加泰隆尼亞語。

西班牙人的性格

若要真正認識一個國家的歷史變動，要徹底了解一個民族的發展情形，甚至要清楚明白它興衰的真正原因，一定要了解該國國民的特殊精神及個性。換句話說，就是它的國魂。西班牙的國魂是什麼？誠如西班牙觀察家所言：「我們西班牙人什麼也沒有發明，但我們有勇氣與信仰，我們發現並征服許多土地；我們在世界各地戰鬥過。在和平時為了精神愉快，我們完成神祕主義；而為了休閒，我們孕育偉大的藝術，為了加強我們的

熱忱，我們發展鬥牛。」

由於歷史背景與歐洲其他國家迥異，加上崇山峻嶺、千里荒原、迷人的海灘、耀眼的陽光、雨量稀少以及天氣乾燥等特殊地理環境，造就西班牙的特殊氣質與國魂。地理影響氣質，氣質影響文化，這是自然的道理。受氣候影響，西班牙南部的民眾個性較外向活潑，而北部的人則較閉塞。因此南部的民眾酷愛戶外活動，與鄰居的互動較頻繁，所以他們常在晚飯後在街上散步並與朋友聊天；反之，因為氣候較寒冷，北部地區，特別是山區，民眾待在家裡的時間較長。

西班牙人性格中具有某種修士的特質，即使在他們偉大君王的身上也帶著隱士的氣息，例如卡洛斯和菲利普曾為自己建造修道院，隱居多時，甚至對國事置之不理。另外，遊遍西班牙的旅人也都曾在荒郊野外，驚喜遇見隱匿在深山幽谷、世外桃源般的修道院或簡樸的房舍，它們雖然寂靜荒涼卻能深深撼動旅人靈魂。

西班牙人的性格是典型南歐人的性格，熱情奔放、樂觀向上、無拘無束、講求實際；與英國人的矜持、德國人的古板、美國人的積極、日本人的認真有很大的差別。西班牙人常常生活在詩裡、夢裡，浪漫幽默；也常常生活在童話裡，無憂無慮。當然，他們也有憂愁和發脾氣的時候，但那只是短暫的，一會兒就會雨過天青。

一、樂觀向上

這是西班牙人性格的最大特點。只要在西班牙住上一段時間，你就會發現，西班人生活安定，悠閒自得，不急不徐，充分享受生活的樂趣。西班牙人常說，不喜歡德國人的生活節奏，因為德國人太按部就班，循規蹈矩；也不太喜歡美國人的生活節奏，因為美國人太急急忙忙；更不喜歡日本人的生活節奏，因為日本人太壓抑、太拼命。西班牙人認為人活著不應成為生活的奴隸，而要成為生活的主人，要善於駕馭生活，把生活安排得豐富多采，這樣才能樂趣無窮。

　　正因為這種樂觀向上的生活態度，西班牙人信奉今朝有酒今朝醉的處世哲學，他們雖然賺的錢不少，但很少把錢存到銀行，而是將錢花個精光。西班牙的餐館往往在月初時生意興隆，門庭若市，因為那是發薪水的日子。有位東方女子嫁給西班牙人，她很勤儉持家，也常常勸先生存些錢，以便老了生活有保障。可是這位先生卻說：「存錢，我明天要是死了怎麼辦？」

二、熱情大方、樂於助人

　　與西班牙人接觸過的人都會覺得他們開朗坦誠，容易接近和交朋友。即使初次見面，他們也會像老朋友般無拘無束地跟你侃侃而談，滔滔不絕地說上半天，讓你有一種親切感。此外，西班牙人還樂於助人，假使你在路上迷路，他們會毫不猶豫地替你指點，有的乾脆帶你去找你要去的地方。但是，西班牙人也很愛面子，所以他寧可指一條錯的路，也不承認他不知道該怎麼走。

　　此外，西班牙人友善大方，可能會讓第一次到西班牙的遊客大吃一驚，若當地人和一位陌生人攀談，最後當地人通常會熱情的請對方喝杯咖啡或啤酒。在南部，服務生甚至會自動奉上店家請客的酒，讓人不禁懷疑他們到底有沒有利潤。在西班牙，年輕人似乎很少買菸，他們通常會在街上向路人要菸，而且總是可以要到。若你熱情對待西班牙人，他們肯定會對你掏心掏肺。

　　熱情奔放的性格決定西班牙人好交朋友和會交朋友。每個西班牙人，尤其是年輕人都有許多朋友，他們認為沒朋友的人是孤獨的，也是不幸的。因此，他們從小就養成交朋友的習慣。每到週末或節慶假日，他們經常與朋友相聚，樂而忘返。交朋友時他們不太講究對方的出身或社會地位，也不分男女老少，只要彼此合得來，在一起覺得投機，就能長久相處。但是，他們交友的出發點不是建立在有熟人好辦事的基礎上。他們交朋友比較單純，大多是為了友情，為了增加自己的閱歷和知識。所以，西

班牙人認為朋友即財富。西班牙人交朋友，重感情、重義氣。

三、自立自強

　　西班牙人做什麼事都喜歡親自去做，不大願意求人、依賴人。即使做不好，或力不從心，也都堅決嘗試，哪怕是失敗也不懊悔。他們認為投入及努力就是收穫，尤其是對富於挑戰和刺激的事，他們更有冒險和勇往直前的勇氣。無論是家庭還是社會，都鼓勵這種不畏一切困難、自強不息的精神，難怪當年哥倫布不畏艱難，冒生命危險去探索和發現新大陸。

　　西班牙人從小便養成獨立奮鬥、積極進取的習慣。西班牙父母認為讓孩子從小自立自強，對其將來在社會獨立生活有很大助益。因此，學生邊上學邊打工司空見慣。家長也鼓勵孩子努力學習，靠自己的優異成績獲取獎學金，靠半工半讀爭取學費。孩子成人後也喜歡離開父母去社會闖蕩，自己賺錢養活自己。一旦結婚成家，他們更是自立門戶，完全靠自己撫育孩子，長輩通常不會為此助一臂之力。這看起來好像缺乏親情，但在西班牙很常見。

　　在努力奮鬥時，他們設法在各方面實現自己的價值，也很看重自己努力付出所獲得的成果。在充滿競爭的社會裡，他們推崇強者、勝利者；他們不喜歡流淚，也不喜歡懦弱者。鬥牛士灑在沙場的鮮血會進一步激發他們的鬥志。

四、講求實際

　　在一百年前的紳士社會，西班牙人比較愛幻想、講派頭、愛面子，而且為了家庭的榮耀，有人甚至願意買貴族頭銜來炫耀。然而，現在的西班牙人已變得實際多了。他們認為面子固然重要，但畢竟虛多實少，在競爭激烈的今天，過分講求面子將一事無成，一無所有，為了達到目標、爭取美好的生活，只有用自己的雙手努力奮鬥，孜孜不倦地追求最為實在。所以，不管事情大小，多數西班牙人都願意自己親手做，如修理汽車、整理

房屋、修剪草坪、粉刷牆壁等粗活，他們不會覺得有礙面子或有損身分而不願做；相反地，他們瞧不起，也看不慣虛榮心十足的人。

在找工作方面，他們比較務實。不大注重工作或行業的貴賤，即使是伺候人的粗活，只要能多賺錢，他們都樂意做。大多數人的生活哲學是：做多少事給多少錢，就算是親朋好友間也是如此。借住房子要付錢、請人幫忙看顧孩子要付錢、借搭汽車要付汽油費、借打電話要付電話費、去餐館吃飯各付各的錢……在西班牙人看來，都是天經地義的事。

五、按規章辦事

沒有規矩，不成方圓。他們常說一句話：照規定辦吧！西班牙人認為規定是大家訂的，所以不能破壞，且願意受規定約束。人人以遵守規定為榮，認為遵守規定才是現代的文明人，也是現代文明人必備的素養。他們會群起攻擊違反規定者，嚴重的則要求繩之以法，毫不留情。

六、個人主義及缺乏社會團結感

西班牙人只重視當下利益，不在乎間接的或較長遠的利益，因此，對一般事務，漠不關心，並缺乏對團體的認同；相對地，對個人立即事物的關注，卻非常急切，這都與沒有社會團結感有關。這種過分重視個人主義，常常直接影響團體生活。強烈的個人主義和脆弱的團體感，使得忌妒在西班牙氾濫。因為西班牙人同時具有競爭心和忌妒心，讓人們認為承認或讚美他人的功績，就是貶低自己。

個人主義是西班牙人很突出的民族特性。由於個人主義，西班牙人被稱為最難駕馭的民族。西班牙人不會為了公益而犧牲自己的個性及利益。但是，西班牙人的個人主義究竟從何而來？首先，由於天主教的教義認為個人靈魂是私人的事而不屬於集體，因此特別重視個人的價值，甚至天主教又說「自由」是人類的基本權利，連上帝都不能干涉。由於這種思想的影響，讓沉浸於天主教精神色彩最濃的西班牙人擁有濃厚的個人主義。由

此而衍生的精神就是西班牙人喜歡自由、不受拘束，以及不守時。西班牙人的不守時，幾乎是普遍的現象，只有鬥牛，才會準時開場。

其次，西班牙人認為他不屬於國家，而是國家屬於他。因此，西班牙人愛自己的村莊勝過自己的地區，愛自己的地區勝過自己的國家。這讓西班牙人強烈的保持個人自由，並拒絕各種形式的社會合作。西班牙人認為這類的合作將讓個人奴隸化，慢慢使個人變成國家機器的零件。

第三，西班牙人的個人主義等心理因素造成嚴重的分離主義。個人主義傾向保持個性和拒絕接受影響。在西班牙人的心中，其組織質量脆弱。因此，英國在北美的殖民地，獨立後形成單一的美利堅合眾國，而西班牙在美洲的殖民地，卻因獨裁與分離主義而分裂成眾多國家。

最後，西班牙人具有強烈的平等觀念，每個西班牙人，都是王子。此強烈的平等觀念是西班牙國魂的特點。古老傳說顯示，在西班牙即使是最卑微的鄉下農民在面對最偉大的國王卡洛斯五世時，仍然沒有半點忸怩地侃侃而談。

七、富有幽默感

西班牙是富有幽默感的民族，而且由於平等的思想，更讓幽默感發揮得淋漓盡致。雖然西班牙人對國家元首十分尊敬，但是只要社會發生不如意的事，他們總會編出幽默的故事，開自己元首的玩笑。這樣的玩笑，常令人會心一笑，有時元首還會幽默的問外國記者是否曉得新的玩笑。雖然西班牙人有非常強烈的平等思想——王子與庶民平等，但這不會阻止西班牙人追求更高的社會階級。

至於慈善事業，西班牙人很難了解抽象的博愛、慈善等字眼。西班牙人舉辦慈善事業，大多希望直接嘉惠需要的人。他們也願意慷慨協助當下看到的人。事實上，他們在協助別人時，並不會想到抽象的博愛觀念。

八、簡樸作風與重視儀表

　　西班牙人過著簡樸單純的生活，由於簡樸與單純，讓他沒有奢求。這表現在一般的生活上，也就是表現在他們簡樸的風俗習慣及儀表的尊嚴。甚至在最低階層的人中，也非常重視儀表的尊嚴，因此，西班牙人在下班時，通常會換掉工作服並穿上較正式的外出服。

　　西班牙人在物質上的簡樸，與他們在偏好、喜愛和慾望上的簡樸相互輝映。這種意志上的簡樸，促使西班牙人滿足於過去和古代的事物。西班牙人特別喜歡冒險，到生疏怪異的地方冒險對西班牙人具有強大的誘惑力。十六世紀的流浪漢小說就足以證明西班牙人在日常生活上普遍有這種傾向。到美洲冒險更是西班牙歷史上，愛好冒險的鮮活例子。

九、不計個人利害

　　致力於理想的動機而不太注重實質利益，一直是西班牙人偉大的性格，也是其大缺點。降低個人需求，往往導致對工作的不夠執著；在團體生活上，需求的降低說明為什麼在各種不同的情況以及歷史上某些時期中，西班牙人能表現克己的原因；同時也說明為什麼對政府在重大事務上的惡劣作為，西班牙人表現出集體的消極性。

　　此外，由於高傲的自信心或者懶散成性，西班牙人凡事不預先籌畫。他們總是滿足當下的事，而不為明天傷腦筋。而且，西班牙人有時不但不拖延，甚至在毫無準備的情況下冒然行動。美洲的發現、探險和殖民以及整個西班牙的歷史發展，都是不做任何準備所做的冒險。

十、冷漠與精力

　　一般而言，西班牙人冷漠且不重視其人生的順逆與遭遇，這在強盛的黃金時代為他們帶來精神上的寧靜與平和。後來，當西班牙在物質和精神生活愈來愈衰頹，以及橫逆愈來愈頻繁時，又發展出與平靜並存的心理狀態，那就是西班牙的「不要緊」。

　　西班牙人一向都是極端的。西班牙人對立志要做的事，會展現無窮的活力，但對日常例行活動則不感興趣。在艱困長久的冒險中，他們能忍受最大的疲乏，但卻不能忍受每天單調的工作。在面對困難但有興致時他們會說「不要緊」；在面對困難而氣餒時，他們仍是「不要緊」。他們很堅強地忍受最壞的，但卻在設法獲得最美好的事物上顯得懶散。

　　此外，西班牙有一種與生俱來的尊嚴，然而，這尊嚴阻止他們向最親密的人抱怨訴苦。並且，這也許是西班牙人唯一矜持的地方。

圡、人情與友悌

　　由於與生俱來的禁慾主義，世界上沒有其他民族比西班牙更緊密地接受天主教有關在天主眼中人人平等的教義。西班牙在美洲殖民，主張印第安人與西班牙人地位平等，就是源自這種觀念。哥倫布提議把印第安人降為奴隸是非常自然的，因為他不是西班牙人。因此，西班牙人從發現新大陸開始就和當地人混血，同時又非常積極地向土著講解天主教教義並傳播文化。

圥、重視名譽

　　在西班牙，名譽和榮譽不僅是針對顯赫的英雄人物，而是對任何西班牙人都有激勵的作用。所有的西班牙騎士都像璜‧瑪奴爾先生（Don Juan Manuel）一樣，希望死後別人對他的評語是：「人是死了，但他的名字未死。」後來，這句話變成西班牙的標誌：「人可以死，但名字要活下去」。

　　在反宗教改革時期，西班牙軍人常用的口號是：「為了榮譽，豁出性命，為了天主，豁出榮譽與性命。」在光復國土戰爭中，自由純潔的天主教精神給予西班牙人反攻的勇氣與反攻的民族意識。

　　在西班牙，兄弟姐妹，甚至是姻親的榮耀、權利或工作，都很受到保護及重視。咒罵一個男人最強烈的字眼就是侮辱他的母親；而對一個女人

而言，最糟的莫過於侮辱她的小孩。

三、正義、仁慈、智盲與獨斷獨行

　　從古代起，西班牙人就很容易同情受正義懲罰的人，並感同身受，有時甚至還站在犯人一邊，叫他逃避刑罰。所有的西班牙人都像吉軻德先生（Don Quijote）一樣，勇於解救前往服役的犯人，所有的西班牙人都看待受法律制裁的人如同不幸的犧牲品，而不把它視爲行惡的犯人。西班牙人一直把個人放在集體之前。

　　西班牙大文豪塞凡提斯（Cervantes）在其名著《吉軻德先生》（Don Quijote）中，對人生所有的逆境，命運所有的不公，都沒有表現出任何的痛苦與怨恨。在他心中永遠都是不匱乏的樂觀與仁慈的諷刺，以及主人翁吉軻德先生永無止境的克己功夫和隨從商丘（Sancho）和善的狡詰。這些特質是成千上萬西班牙人的縮影。

　　然而，這種對世界所表現的仁慈尊重，其反面就是智盲。這種缺乏敏銳的眼光，智慧上的盲目，使他看不見別人的價值，他只看到自己的價值，而這種高估自己、低估別人的智盲，往往又轉化成忌妒，並厭惡他人的善。

古、過分的地域主義

　　精神團結力的特別脆弱，在西班牙非常明顯。西班牙人普遍認爲，合作帶來的好處總是不如個人零散的工作更能擲地有聲，更能清楚地感覺到。儘管從長遠看，個人零散的工作會低於合作所得到的結果，但西班牙人卻總是忽略這一點。甚至連共同生活都視爲麻煩的事，因爲共同生活要求限制個人的某些自由。西班牙人喜歡隨心所欲，不太理會他人。

　　西班牙明顯的區域主義，不是來自多種族的歷史事實，也不是來自人種和地理的因素；相反的，它是來自西班牙人孤僻的性格。

五、隔離和溝通

　　西班牙的簡樸以及對新事物缺乏好奇心，造成西班牙一直傾向於不理睬那些在先進國家盛行的精神潮流。在與外人交往中，不管是活躍的還是萎靡的，西班牙人都趨向於畏縮，在西班牙人中盛行隔離精神，唯一摸得到看得見的標記，那就是西班牙人安土重遷。在旅行這件事上，北歐人習慣於出去見識世界並學習語文、藝術和科學。雖然西班牙曾號稱日不落國，但卻是最隱蔽於其故鄉的人，只有武器、戰爭才能迫使他們遷移。

六、明天的生活哲學

　　Mañana（明天）是西班牙人常用的字，但身為外國人，必須知道它還有許多意思。雖然字面上是明天的意思，但又表示「等一下」或「更久之後」。因此，當你在電話中聽水電工說，他「明天」會來修水電，這表示有很大的不確定性。不過，這也不代表他們賴皮。如果你問西班牙人：你什麼時候來？依照西班牙的禮儀，他們不會給人負面的答案。水電工人只是不想讓你失望。或許他真的想在明天排滿的行程中，擠一點時間給你。但經驗告訴我們，最好不要相信他所說的「明天」。

　　在西班牙如果你習於準時，那一定會覺得渾身不對勁。有時，你在家裡等半天，結果人沒來。可是，等你忍不住出去後，返家時卻發現門縫夾了紙條：我們來過，你去哪裡？這時如果和他們生氣只是浪費時間。你的意見和抱怨，他們都同意，然後依然故我，笑著跟你說，「明天」他們會再來。之後，所有情況再重演一遍，因此你只能學著多一點耐性。如果生氣或沮喪，只是令人不愉快而已。總之，如果要在西班牙快樂的生活，首先就是習慣他們mañana「明天」的生活哲學。

七、愛熱鬧且能言善道

　　西班牙人喜歡熱鬧，因此認為所謂的樂趣就是走向人多且嘈雜的人群中。有很多原因造成這樣的結果，最主要是因為陽光普照，很多人大部

分的時間都待在戶外，而熱愛社交更是他們的生活模式。愈多人聚集的地方，就有愈多潛在的觀眾，因此很自然地，會有不少人在群眾面前表演。但西班牙人生活的樂趣主要是基於內心的自我滿足，不需要藉由物質。這在他們機智、大言不慚、表現殷勤、慷慨和驕傲的態度中表露無遺。

　　酒吧是欣賞西班牙人說話藝術最好的地方，那種氣氛或嘈雜聲以及人數非常重要。沒有喧噪聲的地方就沒有生活樂趣，而且西班牙人會因為某處太靜而逃離。在酒吧中，很難說清楚哪個聲音比較大，是客人彼此喊叫、聊天，或是侍者收拾杯子的聲音。但可以確定的是，在震耳欲聾的噪音下，根本就聽不到掛在角落、音量已經開到最大的電視機聲音。

　　西班牙人無所不談，而且口才便給，連閒談都可以像朗誦詩歌般抑揚頓挫。但是愛好閱讀的比例則明顯偏低，據統計，只有38%的西班牙人會閱讀書籍。然而，縱使他們看書的比例很低，但那些愛看書的人通常是很認真的愛書人。

第四章
生活、習俗與信仰

各地區的民族特性

　　西班牙北部、南部、東部及中部的人有非常顯著的差異。常有人說：「西班牙是個神話，是政治家及思想家的夢想樂園。」西班牙觀光局曾創造出一個句子來概述如此多元的天氣、風景及風俗型態：「西班牙，每件事都攤在陽光下。」

一、北部、西北部及東部地區

　　位於西北部的阿斯圖利亞斯（Asturias）地區，物產豐富、人民勤儉。同時，它是最先擊敗伊斯蘭教軍隊，並保存西班牙天主教於不墜的地區。它的海外移民最多，而且總是衣錦還鄉。

　　從阿斯圖利亞斯往西走，便是加利西亞（Galicia），這是佛朗哥將軍的故鄉。住在這綠油油、多雨水、霧茫茫山谷中的加利西亞人個性保守、多愁善感，大部分的人是漁民、牧羊人、農民及有少部分人利用隱蔽的海灣地形之便進行走私。他們以前走私菸草，現在則經手歐洲60%的古柯鹼。此外，加利西亞的海港像挪威，風景似瑞士，有別於西班牙其他地方，此地氣候潮濕，草木翠綠。人們有著葡萄牙人的特性，語言也多相仿。同時，他們的鬱悶和政治狡詐很出名，而且就像其他有凱爾特根源的人一樣，他們也吹風笛，並在歷經數代貧困生活後，才定居此地。

　　再往北海岸走，是位於西班牙北部與法國接壤的巴斯克（País Vasco）。他們是非常勤奮的巴斯克人，且愛好美食，這和其優秀的烹調技術相互呼應。此外，巴斯克人好勇鬥狠，且為了真理決不退讓，堪稱是

全西班牙最熱血沸騰的地區。而且，巴斯克人也堅強果決，不醉心於新的事物。家庭組織也非常優良，盛行大家庭制。它也是反共最激烈，最勤儉的民族。傳統上，他們一直想從西班牙的統治中獨立，但近幾十年來，本地的民族主義變成恐怖主義。他們的語言，巴斯克語（Euskera），跟現今世界上的語言沒有一點關係。他們粗曠的運動，如伐木及舉大石頭，所要求的技巧是和其他銀行家、工業家和工程師的要求可相互比擬。總之，巴斯克地區不但氣候溫和、風景秀麗，更是西班牙畜牧與工業重鎮。同時，在西班牙當代史上，巴斯克的民族主義也最濃厚。

加泰隆尼亞人很世故，其歷史與在庇里牛斯山後的法國南部較有淵源。他們與巴斯克地區一樣，都希望斷絕與西班牙其他地方的關係。加泰隆尼亞（Cataluña）位於西班牙的東北部，鄰近法國並瀕臨地中海，不論語言、文化，都各自成一系。商業發展，很早就享譽全歐，同時，此地人才輩出。稍南的瓦倫西亞（Valencia），風和日麗，觀光鼎盛，而且一片平原，盛產穀物與酸性水果，是歐洲的糧倉所在。

二、西部、南部及中部地區

埃斯特雷馬杜拉自治區（Extremadura）與葡萄牙比鄰，地方高亢少雨，人民窮困無比，然而勇敢天成，當地英雄豪傑是西班牙開拓美洲的急先鋒。

至於南部的安達魯西亞（Andalucía），碧水藍天，人民多幻想。民情風俗以及許多建築，深受伊斯蘭教民族的影響。優美的吉他音樂及熱情的佛朗明哥舞蹈，讓千萬遊客癡迷，同時令人想起中古時代西班牙俠骨柔情的騎士風尚。而且，炎熱且四季陽光普照的安達魯西亞更是外國人所認同西班牙的縮影。在這個深受阿拉伯文化影響的地區，同時具有生活樂趣及悲慘的命運。可以從安達魯西亞農夫滿臉風霜中，看到此處土地貧瘠，並了解他們生活艱難，卻過得怡然自得。

位於中部高原的卡斯提亞（Castilla），是西班牙歷史文化的中

心。地方高亢，幾近荒原，然而四季常晴。西班牙著名作家烏納穆諾（Unamuno）稱之爲「石海天光」，可謂形容適切。在這中央高地，因生活極不容易，養成這地區人民倔強不屈、與環境搏鬥，以及決不向狂妄低頭的個性。

不過，在中部及南部人遷往富庶的北方和沿海地區，以及人口從鄉村遷移到城市下，強烈的區域主義緩和不少。今天，全歐洲人口最少的地區，是在離馬德里開車僅一小時車程的地方。

多采多姿的生活

一、特殊的作息

由於氣候的緣故，也或許是因爲人民的習性，西班牙的作息時間，與眾不同，晚起晚食，一切順延。辦公時間是早上八點至下午兩點，再由四點至下午七點。因爲下午兩點才下班，午飯自然是在兩點以後。上下午以午飯爲界，所以下午兩點以前，都是上午，會說早安（Buenos días）；午飯後才是下午開始。晚飯要到十點才吃，十點以前都是下午，會說午安（Buenas tardes）；十點以後才是晚上開始，互道晚安（Buenas noches）。

通常，西班牙人多半在酒吧吃早餐，內容簡單，像一盤馬鈴薯蛋餅或炸油條搭配咖啡加牛奶，甚至很多人只喝咖啡加牛奶。上午的工作大多在午後一點半或兩點結束。下午兩點以後回家享受一頓豐盛的午餐；午餐是西班牙人最重視的餐點。西班牙人有午睡的習慣，但隨著工業化，午睡習慣逐漸減少；下午上班的時間隨季節和城市而變動，有時在下午三、四點鐘甚至5點才恢復辦公；下班時間也各不相同，有的甚至連續忙到深夜。所以，西班牙人晚飯時間幾乎臨近深夜。這使得西班牙人比歐洲其他國家更晚入睡。

西班牙人喜歡與家人或朋友聚會、用餐、參加傳統的節慶活動。西班牙人天性活潑，善與人交往。在西班牙，商店一般在上午九點至一點半、

下午四點半至八點半營業，星期六下午及星期日則休息。西班牙人的夜生活十分活躍，大量的酒吧、餐館和歌舞廳營業至凌晨。這讓西班牙成爲世界上遊客最多的國家之一，在夏季到處都是遊客。

　　不過，這樣的作息適合西班牙人，但是對遊客來說可能是一種災難。如果你打如意算盤從薩拉戈薩（Zaragoza）到阿巴拉辛（Albarracín）途中將順道造訪特魯埃爾（Teruel），那麼請三思，因爲所有值得造訪的景地點從一點到四點、或一點到五點都毫不留情地大門深鎖。因此，你只能在酷熱中閒晃，或是享用一頓分量過多的西班牙午餐，之後你只想和當地人一樣，找一張床躺下來午休，等待炎熱的午後消逝，博物館與教堂重新開門。然而，路過的旅人無床可躺，於是只能漫步在老年人坐著打盹的林蔭下。

二、酷愛散步

　　下班以後，西班牙人幾乎傾家而出，舉國都在散步。十室九空，全在馬路上、公園裡、咖啡座上、酒館裡。夏天日長，散步時間就移到八、九點以後。這個習慣不知何時開始，有人說也許是因爲十七世紀時，當夕陽西下，貴族都乘著馬車出來兜風，風行草偃，老百姓有樣學樣，養成散步的風氣。散步累了，在露天咖啡座喝一些冷飲，坐在一旁看別人散步。西班牙的女孩子，頭髮飄逸，並有一雙大眼睛，而且總是打扮入時，三五成群，在馬路上來回散步。坐在咖啡座，儘可以目不轉睛的觀看她們，不算失禮。

　　西班牙人外出散步時總是穿得很體面，孩子們也打扮得漂漂亮亮。一般而言，西班牙人每天都會在街頭閒逛幾個鐘頭。在西班牙人的生活中，吃吃喝喝占非常重要的一部分，這與中國人差不多。西班牙餐館和酒吧的侍者幾乎都以自己的工作爲榮，而且很敬業。西班牙餐飲業也因爲西班牙人講究吃喝的習慣和眾多的國外遊客而迅速發展。

　　在西班牙，孩子們總是很快樂，因爲每天有大人帶著出來散步，夏天

九點時還在大道上散步徘徊。當其他歐洲國家的孩子早已上床，他們卻連晚飯都還沒吃。西班牙的孩子，穿得乾淨、穿得講究。常聽說西班牙父母最寵孩子，一點也不假。

三、悠閒的生活

西班牙人最懂得享受悠閒。在世界上許多地方人們來去匆匆，緊張萬分，然而西班牙人卻不斤斤計較時間。在西班牙與人約會，如果對方遲到，你不必見怪；如果你遲到，也不必道歉，全是朋友，何必做時間的奴隸？商店八點打烊，快打烊時，最好少去麻煩店東或店員，他們絕不願為區區生意，耽誤下班時間。西班牙人不認為快樂需要有錢，他們會從日常小事上汲取人生樂趣。而且，西班牙有的是大道，有的是新鮮空氣，散步不必花錢。只要坐下來，一瓶啤酒，一盤炸馬鈴薯，不用花多少錢，就能樂在其中。

因為西班牙人喜歡散步，而且常會坐下來休息，因此養成吃點心的習慣。西班牙有各式各樣的甜食，據說這是阿拉伯的遺風。星期天做完禮拜，甜食店裡生意興隆，因此西班牙的太太到中年後都頗為福態。而且有些修道院以製作某種甜食出名，在幽靜的修道院裡，有時也講究一點口福。

西班牙人喜歡吃吃走走，走走吃吃，一連吃幾家，而且邊吃邊談，邊走邊談。在西班牙留學期間，我總覺得當地人的能言善道，與每天的散步和坐下來喝咖啡有密切關係。西班牙人說話很快，快得幾乎毫無標點，電臺和電視新聞記者說話更快。邀宴西班牙人，主人不必傷腦筋找話題，他們彼此會滔滔不絕，永不冷場。此外，西班牙人也不怯場，受訪者都能落落大方的回答。

此外，西班牙的生活，不像英國與法國只是以首都倫敦、巴黎為代表；相反的，西班牙有許多文化中心，人們更注重外表。他們熱愛藝術超過政治上的成就與物質的富有。西班牙文化與西方各國最大的不同，表現

在繪畫、雕刻、文學與音樂等藝術成就。而且，他們也將舞蹈與鬥牛藝術
發揮得淋漓盡致。

四、優雅的穿著

　　一個民族的服飾，除了反映民族的傳統與風格，也反映民族的文化與
習俗。西班牙人的服飾，可說是多姿多采，具有濃厚的民族特色和強烈的
文化印記。尤其是在重大傳統慶典中，西班牙人不分男女老少，都注意打
扮自己，穿上家中最好的衣服，以展示各自的美麗和風格。

　　服裝的演變在西班牙經歷漫長的過程。中世紀前，西班牙人穿戴比較
簡單，服裝質料大多是亞麻布，色彩比較單調，以暗色為主；而且服裝款
式甚少，主要以抗寒為主，除了男女區別，幾乎沒有多大變化。十五世紀
後，西班牙出現較具規模的紡織業，服裝的質量大幅提升，顏色也變得明
亮，因此出現服裝「革命」。

　　隨著時間的推移，現代西班牙人的衣著習慣和觀念發生重大變化，樣
式愈來愈大眾化，穿戴也不如以前那麼講究。除了上班時男人穿西服繫領
帶、女子著各式西裝套裙外，人們衣著以追求寬鬆、舒適、大方為主。特
別是青年人，幾乎是清一色的牛仔褲，十分隨意。

　　披風是西班牙婦女特有的傳統服飾，也是常用的外套，尤其在南部
和西部地區，更為婦女所喜愛。披風一般沒有袖子，也沒有領子，但左右
側有口袋，可裝些零碎東西。披風有長有短，長的延至膝蓋，短的只到腰
間。傳統的披風大多有繡花，圖案典雅美觀，色調也很亮麗，追求自然和
舒適。

　　在正式場合，如出席宴會、音樂會、研討會時西班牙人都穿禮服，以
示對他人的尊重和禮貌。王室或政府舉行重大慶典活動和宴會時，對著裝
都有明確的規定。在舉行家宴時，西班牙人則穿便裝，顯示朋友間親密的
情誼。既然朋友間可以無話不談，衣服自然也就隨意。

　　外出旅遊時，西班牙人大都是一身休閒裝、運動服，富於朝氣，充

滿青春活力。風格各有千秋。一般來講，西班牙人在衣著顏色方面偏重於
淡雅與暗色，尤其是年輕人，更偏愛素色和黑色。大紅大綠除在滑雪場上
外，在大街上很少見到。在西班牙衣著顏色不受年齡和性別限制，無論是
男女，還是老幼，都可以穿同一顏色的衣服。男士穿花襯衫的爲數不少，
女士更不必說。老年人，特別是老年婦女，比較喜歡亮色，所以她們喜愛
鮮豔奪目的服裝。其用意很明顯，那就是將自己打扮得更年輕漂亮些。在
西班牙，老年人穿牛仔衣褲也屢見不鮮。

　　西班牙婦女在化妝打扮時從不濃妝豔抹，標新立異。年輕姑娘們，尤
其是女大學生，甚至不抹口紅、不燙髮，她們喜歡自然美。不少職業婦女
在參加正式活動或會客時也很少塗脂抹粉，認爲過分的打扮會給對方不信
任感。

　　西班牙人每個月會花很多錢治裝。傳統的深色服裝已被鮮豔的運動服
取代。在鄉下，爲親人服喪多年的習俗僅限於老一輩的人，他們常會在餘
生都穿著黑色服裝，因爲家族人數眾多，當服喪期快滿時，另一位親人可
能又過世了。但在城市裡，這樣的習俗大部分已經消失。

五、休假的天堂

　　八月是西班牙休假旺季，有的公司乾脆休息一整個月，有的公司只剩
下少數人在撐門面。因此，外國公司只能隨俗，將相關事宜在休假前或等
休假後再安排。還有，在這段時間，星期六早上銀行不營業。爲了不開天
窗，最好先準備好需要的現金。

　　聖誕佳節，從12月8日的國定假日比拉節（Fiesta Nacional del Pilar）
起，工作的步調就變慢了。大部分商店及交通運輸在平安夜晚上八時停止
營業。而聖誕節隔天的送禮日，雖然非國定假日，但大部分機構都不營
業。有的公司會放將近三周的假日，直到元月6日三王節才結束。

　　復活節時，各機關及公司行號會在那個星期四中午開始放假，以便準
備星期五受難節的慶典。之後的週末也是休假狀態，也可能休息更久。

　　還有，在西班牙常常會出現連續假日。西班牙人稱連續假日為「搭橋」（hacer puente），把假日和週末連接起來，成為長假。例如有個假日恰好在星期四，他們就自動星期五不上班，形成長達四天的連假，也不像臺灣，還需補班、補課。

　　初到西班牙，外國人碰到像復活節、暑假、聖誕節之類的長假，非常困擾，因為很少人工作。因此，最好把國定假日和當地特別休假圈出來，這樣才不會缺錢用時，發現銀行沒開門。

六、舒適的住屋

　　歷來西班牙人很講究「住」，因此在衣、食、住、行四大生活要素中，「住」始終被放在最重要的位置。由於對住的重視，西班牙人在這方面投入較多，住的品質也日益提高。目前，在西歐國家中，西班牙的居住條件相對優越，實現真正的「安居」。

1.建築風貌

　　整體而言，西班牙城市的建築風貌融合古典與現代。因歷史的原因，哥德式、巴洛克式和阿拉伯式的古典建築比比皆是，而且受到很好的保護。尤其是巴洛克式的建築風格，以其高大、堅固、挺拔、雄偉著稱，給人輝煌和安全的感覺。

　　一般而言，像馬德里、巴塞隆納和塞維亞等大城市的建築可分為老城區和新城區。老城區位於市中心，其建築以宮殿、教堂、城堡、宅院等古典建築為主體，形成整個城市建築的基本風格。廣場上雕塑林立，古色古香；成群的鴿子翩翩起舞，悠閒自得；懸掛八角形黑色古燈的街道，彎彎曲曲，乾乾淨淨，令人遐思。你若在老城區徘徊，就會覺得彷彿回到中古時代。

　　新城區圍繞老城區，如同一把扇子，向周圍擴展，其建築風格則以現代藝術為主體，線條流暢、明快、清晰。銀行、旅館、辦公大樓，其造型別緻，雄偉壯觀；而民宅區，則是各有特色的低層小樓。街區花木掩映，

空氣清新，環境優美。

　　西班牙的鄉村風貌與城市形成鮮明對比。在山坡海邊、平原水旁的農舍和村莊，以其古樸野趣，淳厚民風以及和諧色調，讓遊客留下難以忘懷的印象。它們點綴遠離城市的鄉間，與美麗的景色和旖旎的大自然交融在一起，構成西班牙風光的一大特色。無論在沃野千里的平原，還是在山高路窄的山區，村社和農莊，總是稀稀落落，井然有序地排列著，讓人有祥和平靜的感覺。

　　由於民族、歷史和文化背景的不同，鄉村的建築風格各異，所用的建築材料也各不相同。整體而言，房屋的設計和造型受阿拉伯人的影響較深，基本上使用石塊瓦片，屋頂不是紅色就是黑色，十分堅固。此外，還有不少茅草蓋的民宅，屋頂尖尖的，牆壁四周全被茅草遮掩起來，但內部裝飾考究，冬暖夏涼。

2. 住屋狀況

　　目前西班牙約有1,400萬個家庭，其中大部分都有自己的房子，只有少數家庭租屋而居。此外，有19%的家庭有第二棟房子。

　　在西班牙，三分之一以上的民眾住在省會所在地，四分之一以上民眾住在一萬至五萬人口的城市。根據西班牙社會研究中心，大部分的西班牙人滿意其居住環境，平均為73%。另外，通常西班牙人與鄰居互動頻繁，不過城鄉差異明顯。在小村落，彼此間通常都有好幾代的交情；而在大城市隨著生活繁忙及緊湊，與鄰居的互動減少。

　　西班牙人的居住條件居歐洲各國平均水準以上。就中等家庭而言，每戶都有自己舒適、寬敞的住房，一般為三室一廳或四室一廳，面積約80至120平方公尺不等。屋內不太裝潢，大都維持簡單面貌，但地上都鋪地毯。內部設備齊全，有冷熱水供應，也有暖氣，而冷氣因酷熱日子不長較少裝設。廚房裝設天然氣，烤箱烤爐、天然氣灶、成套的廚具、電冰箱和洗衣機等，一應俱全。衛浴設備也很好，一般均裝有浴盆和淋浴器、抽水馬桶及潔淨設施。通風設備也較好。

　　城裡的公寓樓大多是五至八層，十層以上的少見。西班牙人不喜歡高樓，因為覺得在高樓裡住進出不方便，有壓迫感。西班牙法律規定，四層以上的公寓必須安裝電梯，並配置統一的門鎖，而且必要時應雇用門房。一般從住房的外部結構及所在的區域，就可以判斷主人的社會地位和經濟實力。

　　不少家庭除在城市裡擁有自己的公寓外，在郊外或鄉間還有別墅。平時上班住在城裡，週末或假日就驅車到別墅休閒，或踏青，或採摘野味，生活質量都高。在老城區和文物風景區，街道、民房、商店一般只許修繕或仿建，嚴禁拆建，以保持原有風貌。

　　在西班牙，私人建房一般以二或三層的小別墅為主。這些別墅往往占地面積較大，有花園、車庫，又有運動場或游泳池，居住十分舒適，而且獨門獨戶，與鄰居互不干擾。

　　不過在西班牙建房並非易事，建房前屋主必須辦理許多繁瑣的手續，建房時還要接受地方政府的嚴密監督。有關部門要求屋主在水、電、天燃氣裝置、排水、排汙以及通訊設備等方面符合建築和環保法令的規定，施工時不得偷工減料，馬虎草率。

　　西班牙人的房子很少是規規矩矩朝同一個方向。他們對房屋的朝向不大在意，不像中國以坐北朝南為主。同時，西班牙的房子式樣也都各具特色。此外，西班牙人的家裡，總是一塵不染。家庭主婦以家為傲，十分勤勞的把家裡保持的既乾淨又整齊。不過，西班牙的街道則是另一番風貌。街上常會看到紙屑、菸蒂，甚至有吃剩的食物掉在地上。為了改善街道髒亂，到處設有垃圾桶，但還是很多人亂丟垃圾。

特殊的習俗及禮儀

一、婚喪禮俗

　　西班牙的婚姻禮俗多姿多采，青年戀人結婚前，新郎必須由家人和朋友陪伴到女方家求婚。由於西班牙人信奉天主教，婚禮大多在教堂舉行，

隨後再去民政部門登記。不過，目前有愈來愈多的人選擇公證結婚。每當教堂的婚禮一結束，新人走出教堂，習慣向聚在門口的孩子扔糖果和錢幣。

　　遇到親人去世，全家按慣例服喪。喪期短至六個月，長達一年，以本人與亡者的關係而定。服喪期間，某些娛樂活動被列爲禁忌。男子戴深色領帶，並在西服翻領上配一深色飾帶，婦女全身著黑色孝服。不過，像這樣的全喪服，現在已不多見。倘若逝者是成年人，裝殮時給他穿黑色衣服；若是少女，常把一支棕櫚安放在她手上；倘若是兒童，則給他準備一口潔白的棺木。雖然現在教會不反對，但西班牙沒有火葬的習慣。西班牙人也規定人去世後最遲三天應出殯。此外，對社會有貢獻或因公殉職人士出殯時，民眾常聚在街道旁熱烈鼓掌，表示尊崇，此習俗在東方國家很少見。

二、愛好藝文活動

　　西班牙人愛好各種藝文活動。每個城市有許多電影院和劇場，人們非常喜歡在舒適的電影院度過愉快的時光。西班牙的民間舞蹈也是絢麗多采。在安達魯西亞，有一種民間音樂叫「佛朗明歌」，它受阿拉伯和吉普賽音樂的影響，曲調具有東方神韻，節奏明快，人們多以它爲伴奏跳「佛朗明歌舞」。這種舞蹈在西班牙有多種形式，常用來表達內心眞摯深切的感情。

　　西班牙人愛好音樂，經常舉辦古典音樂會。馬德里、巴塞隆納和塞維亞都擁有一流的交響樂團。每逢節慶假日，樂團在公園裡舉行免費的音樂會，演奏流行樂曲和民間曲調。西班牙人對體育運動表現出濃厚的興趣，無論是籃球、足球、網球和自行車，還是爬山、滑雪和游泳，都是他們喜愛的運動。西班牙王室成員也熱衷各項體育運動。1982年，西班牙舉辦世界杯足球賽。1992年，則主辦巴塞隆納奧運會。

三、問候及道別禮俗

　　西班牙人問候時，男士以握手、擁抱來表示，握手力道依親疏而有所不同。此外，握手時必須脫去手套並以右手互握。男士應起身握手，而女士可坐著。男性朋友或同事見面時，通常會輕拍對方肩膀以示親切。好朋友、親人或伴侶間行擁抱禮，初次見面則甚少為之。至於女士則相互行吻頰禮，吻頰禮在親朋好友間也盛行。西班牙人很講究對女士的禮貌，尤其要特別注意，男士在女士面前解開領帶，在西班牙被認為十分不禮貌。另外，在西班牙不太遵行排隊，最好的辦法是入境隨俗。

　　在西班牙鄉下地區非常習慣向所有認識或不認識的人打招呼，並期待對方回禮，在城市這種習慣則較淡薄。不過，慢跑者、摩托車或自行車騎士碰面時會揮手或點頭打招呼。

四、日常生活禮俗

　　也許是西班牙人性格豪放的表現，他們在球隊國際比賽時，非常熱愛自己的國家，並為之驕傲；但是，另一方面又經常很激烈的批評甚至抨擊自己的國家。西班牙人很喜歡在非正式討論中發表對國家的看法，外來者加入時，切忌深入探討。

　　西班牙人非常講究服飾，即使便裝也很時髦。正式服裝在公司企業中已不大要求，大多數人只在去賭場和高級飯店才穿。西班牙婦女外出有戴耳環的習俗，否則會被認為像沒有穿衣服一樣而被嘲笑。

　　通常，西班牙人做客會事先打招呼、約定，而且會帶小禮物，酒或糖果，或者給女主人帶鮮花。石榴花是西班牙的國花，西班牙人把石榴看作是富貴、吉祥的象徵，也因此成為送花者的最愛。送花不要送菊花和大麗花，這兩種花和死亡有關。另外，西班牙人也忌諱13這個數字。

　　在西班牙你會發現，扇子只限婦女使用，是婦女的專利。如果男人手持扇子在大街上走，一定會遭人譏笑。在西班牙南部，婦女善用扇子表達情感，傳達愛的信息。當婦女打開扇子，把臉的下部遮起來代表：我喜歡

你，你喜歡我嗎？打開扇子，支撐著下巴，意思是說：希望下次和你早點見面。若一會兒打開一會兒合上，則表示：我很想念你。如果她把扇子拿在手中，作沉思狀，就意味著：後會有期，耐心地等待吧！如果她快速搖扇子，那是說：離開我吧！我不喜歡你！但通常女子不會這樣做。只有遇到糾纏不休的無賴，才會使出這一招。如果女孩子已有意中人，但又遇到另外的追求者，就會將扇子擲在桌子上，告訴對方：我完全不喜歡你，我愛的是別人！追求者只好退避三舍。因此初到西班牙的女生，如果不了解扇語，最好不要使用扇子。

西班牙人最大的執拗在於不肯承認錯誤並向對方道歉。另外，西班牙人認為拒絕別人很失禮，因此絕對不會向別人說不。在和西班牙人簽訂合約後，則不要想對合約進行任何修改，一般他們都會非常認真的執行。西班牙地處地中海西部，所以他們具有地中海人討價還價的本領，做起來也從不知道臉紅，因為他認為你也會如此。因此，在西班牙，你儘可享受討價還價的樂趣。通常，對中古屋、二手車、二手電腦及骨董等以及小商店或家庭式商店，會討價還價；反之，在百貨公司及大賣場，一般都是不二價。

西班牙人喜歡談論政治，但外來者不要比較西班牙政治與本國政治。他們特別喜歡談體育和旅行，但避免談論家教、家庭和工作，也不要說有關鬥牛的壞話。至於請客，西班牙人公私分明。在私交上，也有普通朋友與親戚、熟朋友之分。前者，只是在外面餐館請客；唯有熟朋友，才會請進家中作客。西班牙人在家裡款待朋友是對客人最高禮遇，把你看作知己。雖是家宴，客人最好晚5至10分鐘到達。西班牙的家宴，把客人當成自家人，因此不拘形式，而且準備也不費時，從不講闊氣和排場，以經濟為原則。一般而言，提供的酒不會少，但上菜種類不多。另外，西班牙人喝酒不勸酒，比較隨意。

五、拜訪的禮節

除非是近親或好友，在西班牙拜訪他人前須先電話約定日期與時間。此外，平常日大約五點下班、放學，因此拜訪大多在下午六至八點，而且拜訪時間不可太長以免妨礙拜訪對象準備晚餐或外出購物。至於週末，因大部分的人晚起，訪友大多安排在下午。

造訪朋友，通常會比約定時間晚幾分鐘到，晚到的時間視交情而定。當比約定時間晚20分鐘到達，通常會說抱歉遲到了，因為……。如果因故未能準時抵達，最好先電話通知。

若事屬緊急，隨時造訪或打電話都能獲得諒解。然而，對平常事務，通常不會在晚上造訪或打電話給他人。一般而言，晚上十點半至隔天早上九點半，不宜打擾。至於週末，早上十一點前不宜打擾。

在西班牙，到他人家造訪不用脫鞋。此外，若接受邀宴，受邀者通常會帶酒、蛋糕或糖果等禮物，或帶花給女主人，以表達感謝。但若是造訪至親好友，則可免俗。通常主人會介紹互不認識的受邀者，若主人遺漏，通常可主動自我介紹。送客時，主人會陪訪賓至大門道別，以示禮貌。

六、禁忌與迷信

西班牙人的禁忌與迷信大多源自希臘與羅馬統治時期，然而阿拉伯人近八百年的統治也留下深刻影響。有別於一般西方國家認為13號星期五不吉祥，西班牙人則深信13號禮拜二是不吉祥的日子。13成為不吉祥數字是因為從遠古以來排第13的神都遭遇橫禍，而且最後晚餐耶穌被出賣恰巧有13人共進晚餐。至於，星期二不吉祥是因為星期二代表戰神，而君士坦丁堡於1453年5月29日星期二被伊斯蘭教大軍攻陷，所以星期二就成為不吉祥的日子。

再者，西班牙人認為浪費鹽巴會帶來厄運，因為在遠古時代，人們使用鹽巴保存食物、淨化飲水並為食物添加風味，而且當時鹽巴非常稀有珍貴。此外，在西班牙語意上，鹽（sal）和薪水（salario）有關，因此，揮

霍鹽巴就相當於浪費。當不小心將鹽巴掉到地上，通常會拿一小撮鹽，從左肩往後丟，以去除厄運。

此外，西班牙人也相信從樓梯下通過會招來災厄。因為他們深信穿越樓梯會破壞牆壁、地板及樓梯間的平衡，此迷信在西班牙流傳甚廣。而且，遠自中世紀，西班牙人即認為，黑貓出現代表不幸將降臨。此外，黑蜘蛛、打開的剪刀、牆上歪斜的畫，以及13人同桌，都是惡運的象徵。

西班牙人認為，如果在室內旋轉張開的傘會導致健忘或分心。另外，於室內撐開傘會帶來壞運，因為會招來妖魔鬼怪。此迷信源自中國，傘用來遮陽，在沒太陽的地方撐傘，代表大不敬。如果將法國長條麵包分開，麵包口朝桌面放，會導致心神不寧。西班牙人也傳言，打破鏡子會帶來七年厄運，因為古代人認為打破鏡子，相當於傷害靈魂，至於七年則是，相信人的命運七年一輪迴。

當然，西班牙人也有一些帶來好運的傳言。當西班牙人覺得將面臨惡運時，會敲擊木頭以解厄運，古代的人認為神明住在樹裡，敲樹或木頭可以趨吉避凶。天主教徒認為木十字架，可以對抗所有惡魔。

西班牙人也認為看到流星雨會帶來好運，主要因為此奇景不常見，而且古時候認為星星是人的靈魂，因此當看見流星雨時會許願。此外，女孩結婚時通常會攜帶一些老舊、向運氣好的人借的以及藍色的東西。老舊的東西代表幸運，而向運氣好的人借東西，是因為認為他們可以藉由東西把好運傳給他人。至於藍色的東西，是因為藍色代表幸福和信任。

社會特性

西班牙社會很有特點，簡而言之，就是：富有朝氣，熱情洋溢；重視家庭，愛護子女；享受生活，很少憂慮。

一、開放的婚姻觀

關於婚姻，西班牙是很「傳統」的國家。男大當婚，女大當嫁。從

前，西班牙人二十歲左右，就張羅婚事。現在情況改變，結婚年齡推遲，
男女各為三十歲及二十八歲，甚至三十歲以上才結婚。

　　由於是天主教國家，很多西班牙人在教堂舉行婚禮。但現在許多年
輕人不太信教，也不太願意在教堂舉行儀式。按照天主教規定，在教堂結
婚的人終生不能離婚。不願到教堂結婚的人，就在市政當局登記，找個證
人，就算完婚。現在公證結婚的人愈來愈多。

　　隨著社會的發展，西班牙人的婚姻觀發生重大變化。現在，西班牙人
不太重視男女間形式上的結合，而看重雙方的感情。不少人採取好則和，
不好則分的原則，根本不想正式結婚。同時，不舉行結婚儀式而同居的比
例日益上升。這種不結婚同居造成非婚生子女增多。

　　西班牙男人看起來有點好色且有點大男人主義，事實上也是如此。
一般來說，他們不會忠於一個女人。目前，他們仍認為婚後允許有情人。
每日辛勤操持家務並帶大孩子的太太則被先生要求成為聖人。今天，大部
分的西班牙男人沒有小老婆，主要是因為他們養不起。但他們仍然外遇不
斷，而女人外遇的情形也增加不少。

　　在西班牙，花心已變成兩性共有的特徵，他們在婚前換對象的頻率一
樣高也一樣容易，而未婚同居的情形可由結婚率不斷降低看出端倪；在佛
朗哥死後10年內，結婚率掉了將近一半。此改變主要是因為女性的自主與
解放。然而，佛朗哥阻擋女權進步、教會和貧窮的壓力，導致西班牙女性
的自由解放速度較其他開發國家慢。在一九七○年代，西班牙婦女在境內
旅遊或銀行開戶，仍須出示先生的書面許可。

　　然而，最令人訝異的是性道德觀的開放。西班牙社會上，大部分人
認為道德觀可以偶爾被破壞，以便為生活增添情趣。世上還有哪個地方的
副總理有公開的情人甚至有私生子，卻不會引起公憤？到一九九○年代後
期，西班牙社會才開始接受同性戀，這是因為在藝術界、政治界及軍中的
重要人物，紛紛勇敢出櫃的緣故。

二、家庭結構

1.傳統及新式家庭

　　一九五〇和六〇年代，許多西班牙人從鄉下移居城市。當時住屋供給不足，但由於西班牙家庭凝聚力很強，經常好幾代齊居一堂，或許這是西班牙盛行大家庭的原因。傳統上，西班牙家庭成員關係緊密，週末大多會一起歡度，至少會一起用餐。但是，現在的年輕人，雖然住在家裡直到結婚，卻花較多的時間在外和朋友相處。因此，政府出資或私人投資的老人之家，愈來愈多。

　　此外，傳統上西班牙的家庭是男主外女主內，而現在則有愈來愈多的家庭是雙薪家庭。隨著經濟及社會變遷，單親家庭也日益普遍。由單方或雙方都離婚再婚的家庭稱為重建家庭，因此家中的小孩可能來自不同伴侶所生。雖然家庭型態變化，但西班牙仍以男女結婚及孩子所組成的傳統家庭為主。無論是哪種型態，97%的西班牙人認為，家庭是社會的基石及個人的核心。

　　雖然西班牙人的婚姻觀發生變化，但傳統的家庭觀還是根深蒂固，兩者形成鮮明的對比。只要建立家庭，夫妻雙方都有強烈的責任感，努力盡自己的義務，尤其是對孩子，既有真摯的愛心，又有義不容辭的責任。對子女的教育和培養也非常重視，不惜花費大量金錢。西班牙人從不溺愛孩子，也很少打罵孩子。孩子在鮮花和掌聲中長大，所以孩子長大了對父母比較親。一般而言，子女成人後開始過獨立的生活，不再和父母同住，除非經濟條件不許可。

2.出生率銳減

　　隨著經濟和社會進步，西班牙家庭結構也發生重大變化。原來的家庭一般是子女眾多。而現在的家庭則是夫妻和一或兩個孩子居多。1950年，西班牙每個家庭平均為5人，到1991年降到3.5人。一九二〇年代，每個婦女平均生育率為3.9人，一九五〇年代為2.8人，一九九〇年代下降到1.3

人。現在，有的夫妻乾脆不生孩子，無子女家庭約占總數的10%。單親家庭的比例也升高，約占總數的15%。

　　目前，婦女的平均生育率為1.2個小孩，遠低於維持人口平衡的2.1個小孩。1975-1996年間，西班牙出生率持續下滑。然而1997年起略有回升，主要是移民家庭生育率較高造成。根據西班牙國家統計局，有44.5%十五至四十九歲的育齡婦女不打算生小孩。專家認為出生率下降，主要是下列因素造成：首先是婦女的失業高達16%；其次是工作不穩定；再者，婦女教育程度及經濟地位提高；最後則是政府鼓勵生育的誘因不強。雖然自2002年起，家中有三歲以下小孩的職業婦女，每個月可獲得100歐元的補助。

3. 家庭角色的分配

　　傳統上，西班牙家庭由婦女負責照顧小孩及長者，隨著婦女投入職場，小孩大多送到幼稚園，而長者則大部分住進私人安養院。此外，雖然也有愈來愈多的男性及孩子分擔家事，但要達到家中勞務平均還必須假以時日。另外，孩子何時該獨立自主，二十世紀末以來西班牙也經歷重要改變。五十年前，當時的男生大都在當完兵並找到收入足以維持未來的家庭後才結婚，而女孩則毫無收入在家幫忙燒飯、洗衣及打掃。二十五年前，和大多數歐洲國家一樣，年輕人愈來愈早獨立。這主要是當時找工作及賺錢不難，能不依賴父母而經濟獨立。然而，目前因年輕人工作不穩定及失業率高，因此二十至三十歲的年輕人，半數以上仍和父母同住而沒有自立門戶。

4. 寵愛小孩

　　西班牙的小孩都被當作小公主或是小王子般養大。為打扮小孩所花的錢，比父母的治裝費還高。很明顯的，父母都很寵小孩，雖然有時候稍嫌溺愛。這份溺愛也表現在餐廳很歡迎小客人來臨。不管白天或晚上，多早或多晚，如果全家上館子，服務生會搶著把小孩抱到廚房讓同事看。

　　在西班牙，就算是最小的村莊都有附設遊樂場的公園，裡面有溜滑

梯、溜滑梯、沙坑等設施。因此，帶小孩上公園玩耍是重要的日常生活，也是在西班牙認識他人和交朋友最好的方法。如果在大城市，而附近沒有公園，帶孩子出去散步，也可以獲得相同的效果。

三、家庭收入及支出

不論結婚與否，60%的西班牙伴侶有共同的銀行帳戶，另外有37%，由婦女管理家庭的收支。根據西班牙社會研究中心的資料，60%的家庭有儲蓄的習慣，其中48%只有小額存款，11%有相當額度的存款，而只有1%有高額存款。至於西班牙人的最大支出項目為住房占27%，其次分別為飲食20%，家具、家庭用品、醫療及教育占19%，交通12%，旅館、咖啡館及餐廳支出占9%，治裝7%，文化休閒占6%。

目前西班牙勞工的年平均收入為25,165歐元，而每人每月的平均支出為500歐元。至於年輕人，有高達42%完全依賴家庭的收入，28%的人靠自己並接受家庭或伴侶的幫助，有14%的人完全靠自己，另外7%的人完全或主要依賴伴侶的收入。

自1979年起，西班牙開徵個人所得稅。從此，公司會在員工所得中預扣一定比例的所得稅。若家庭年收入超過一定額度，必須申報所得稅，而且如果預先扣除的額度超過必須繳納的數額，則可退稅；反之則須補繳。

總之，目前西班牙家庭的財富及福利狀況良好，幾乎所有家庭都有電視、收音機、電話、音響等家電設備。雖然西班牙家庭的收入及購買力有明顯差距，差距逐漸縮小但很緩慢。此外，根據相關國際組織的研究，西班牙是全球生活水準最高的前25個國家之一。

四、社會問題

雖然西班牙經濟發達，人民生活富足，表面欣欣向榮，但和其他西方資本主義國家一樣，也存在不少社會問題。這些問題是西班牙社會的消極面和不穩定因素。為解決這些問題，歷屆政府採取許多措施，但收效甚微。

1. 恐怖主義組織——埃塔（ETA）

在西班牙，人們一提到「埃塔」恐怖組織，無不切齒痛恨，長期來，埃塔給西班牙人民的心靈造成巨大的痛苦和災難。

在巴斯克語裡，埃塔是「巴斯克自由」的意思，在歷史上，巴斯克一直有獨立傾向。一開始，埃塔正是為了爭取巴斯克獨立而成立。佛朗哥上臺後，對各民族尤其是巴斯克實行獨裁統治，採取高壓政策，使得埃塔組織走向極端，以祕密恐怖活動反對政府，爭取民族獨立。

從1968年以來，埃塔組織先後採用汽車爆炸和槍殺等恐怖手段，暗殺大約1,000人，明目張膽地向西班牙民主制度宣戰。

2. 乞丐與流浪漢

西班牙雖然富有，但乞丐和露宿街頭的流浪漢仍隨處可見。這些乞丐大部分是年輕人，並且以男性居多。他們主要出現在地鐵，公園內外或廣場街頭。

3. 罷工浪潮

只要在西班牙生活一段時間，你就會發現在這個國家經常罷工和示威遊行，尤其是全國總罷工的日子，工廠看不見冒煙，商店大門緊閉，大街小巷，空無一人，各行各業完全處於癱瘓狀態。像這樣全國性的罷工規模大，聲勢廣，影響也最深。此外，交通運輸業也常選擇暑期遊客眾多時期罷工，以迫使政府調薪。

宗教信仰

一、天主教王國

西班牙的憲法規定信仰自由。國家權力機構應考慮西班牙社會的宗教信仰，並保持與宗教組織的合作關係。西班牙人普遍信仰天主教，從羅馬統治時期，天主教已成為西班牙的國教。天主教代表西班牙人的實質精神。現在除了少數新教徒、猶太教徒和伊斯蘭教徒外，94%的人信仰天主教。在西班牙，全國天主教分為11個大主教區，最大的是托雷多主教區，

其大主教自西哥德時期起，就一直是西班牙的首席主教。此外，有22,900多個教區，19,000多名神職人員。

二、天主教對日常生活的影響

西班牙人十分篤信天主，在日常交往中經常用「天啊」、「我的上帝」等宗教語言來表達感情。此外，西班牙人還喜歡在名字當中加上聖徒的名字。西班牙人姓名的組成是：教名、父姓、母姓。教名可有兩個或以上，有時全部是聖徒的名字，諸如胡安（Juan）、荷西（José）、佩德羅（Pedro）、瑪麗亞（María）等等。在西班牙，人們把命名日看得比生日更為重要。命名日是每個天主教徒的節慶日，例如6月24日是聖胡安的祭日，所有以胡安、胡安娜（Juana）為名的人便在這一天慶賀他（她）的命名日。此外，西班牙人還在某個聖徒的祭日舉辦宴會，那一天，教堂周圍人山人海，十分熱鬧。

西班牙民族魂不只是個人主義與平等精神起源於宗教，還有其他許多的精神，也都與宗教有關。如果無法深刻體會宗教精神在西班牙私人或團體生活上的地位，那麼對西班牙的歷史或制度就不易徹底了解。因此，研究西班牙的人、事、物，宗教精神是最重要的一環。宗教精神是西班牙人生活的一部分。

此外，西班牙人對宗教精神也非常重視，例如在巴塞隆納，雖然官方統計，完全遵守教規者僅占15%，然而在死前不求解罪或不奉獻者只有少數。如果從西班牙國家民族裡，剔除宗教精神，那麼西班牙的歷史與活動，便毫無意義。

再者，西班牙歷史上的任何一件大事，幕後都有宗教的熱狂在推動，即使他們平素不是虔誠的教友，但一面臨宗教危難，便會挺身而出，為宗教捨身，為真理殉難，在所不惜。歷代西班牙的戰爭，只要一牽涉到宗教事件，他們便會付出性命而在所不惜。1812年的5月2日反拿破崙戰爭，以及1936-1939年內戰期間的反共之戰，西班牙的元首都利用十字聖軍的

口號，並獲得最終的勝利。因此，西班牙的宗教特性實在是其歷史的推動力。

　　天主教精神讓西班牙人深信人不但有今生更有來世，因此對於死亡的看法也就與英美人有所不同，他們認為死亡是自然的事件，人們應該接受此一事實。西班牙人常將死亡放在嘴邊，並認為死亡是一件痛快的事，更是生命的最高行為。西班牙人的不懼死亡，並不是由於狂熱，也不是由於阿Q精神，更不是所謂的「二十年後又是一條好漢」的想法，西班牙人不畏懼死亡，視死如歸，是因為相信死後將得永生，死亡是獲得永生的橋梁。

　　大多數的西班牙人都信仰宗教，信仰神，信仰神是賞善罰惡、信仰永生。然而，如果他們不相信這些呢？那麼他們將成為極端主義者，立刻成為反神職、反宗教或以及陷害天主教的分子。非白即黑，西班牙人的信仰沒有中庸之道。

　　探討今日的西班牙，如果不談宗教，那便是畫龍不點睛，無從了解真正的西班牙精神。西班牙舉國上下幾乎都是羅馬天主教徒，因此西班牙有世界三大天主教國家之稱。因為羅馬人的入侵與占領，西班牙在西元一世紀的下半期就接受天主教的信仰，隨後迅速傳播。如果一個民族，在近20個世紀都信仰同樣的宗教，其宗教精神深入人心並與其精神文化融合為一，就可想而知了。

第三篇
美味飲食

第五章
飲食文化

　　西班牙堪稱美食王國。西班牙人對吃的要求與講究，其深切程度讓人隨時都感受得到。不論是葡萄酒或是巧用豐富大地資源的料理，都深受西班牙人及觀光客的喜愛。而且，不論是小村莊還是大都市，絕對不缺美味的料理，就讓我們來好好品嘗一番吧！

　　西班牙有高質量的飲食原則、古老的傳統、民間的烹調藝術，以及廚藝精湛的廚師，這讓西班牙烹調的聲譽在歐洲乃至全球名列前茅。此外，西班牙的地形及氣候變化多端，直接且明顯的影響各地區的飲食習慣：東北的庇里牛斯山脈終年積雪；南部安達魯西亞海岸常年溫暖；西北部的加利西亞（Galicia）潮濕多雨；中部的卡斯提亞（Castilla）則炎熱乾燥。多元的地形與氣候造就出西班牙琳瑯滿目的物產與食材。

　　除了氣候因素，歷史背景也深深影響西班牙飲食。西班牙菜不但引進羅馬正統的飲食文化，吸收北非、中東等地的烹飪精華，更在殖民拉丁美洲時帶回許多當地的原生作物，這些都讓西班牙飲食更加豐富多彩。此外，歷史、氣候及地形等因素，造就西班牙各地區別具特色的料理及飲食風格。

外來民族的影響

　　西元前九世紀，腓尼基人及隨後的希臘人抵達西班牙地中海沿岸定居，同時帶來橄欖、葡萄等地中海沿岸國家特有的物產。緊接著，羅馬人在伊比利半島統治近五百年。這段時間羅馬人將其所屬伊比利半島所生產的小麥、橄欖油、酒及醃製魚，發揚光大並成為有名的商品且足以供應廣大的羅馬帝國所需。

　　羅馬人統治期間，確立麵包在歐洲人飲食上的地位及重要性，而西班牙人也將麵包在飲食所扮演的角色發揚光大。把麵包融入湯品是西班牙人的一大貢獻，麵包大蒜湯（sopa de ajo）就是很好的例子。另外，烤麵包更是西班牙著名涼湯（gazpacho）的重要食材。另外，羅馬人也在伊比利半島大量種植橄欖，使得西班牙成為羅馬帝國最大的橄欖油供應地，而橄欖油也從此成為地中海飲食乃至西班牙烹飪中不可或缺的材料。

圖5-A　西班牙著名的涼湯（Gazpacho）
圖片來源：EL MUNDO，1000 Recetas Practicas

　　由於西班牙幾乎四面環海，漁獲量很大。現今，在市場上仍可經常見到羅馬時代就存在的醃製法，這對漁類的保存有很大的貢獻，像醃製鱈魚（bacalao salado）就相當有名。另外，像炭烤、燒烤也是羅馬人對西班牙飲食的貢獻。

　　從四世紀起，西班牙的飲食又多一種外來的味道，來自北方的蠻族

西哥德人統治期間，大量發展畜牧業，特別是豬的養殖，使得今天西班牙成為重要的伊比利火腿（jamón ibérico）產國。而這種火腿是以吃橡樹子（bellota）黑毛豬的後腿肉所作成，美味無比。另外，西哥德人也將朝鮮薊、菠菜、蘿蔔及豆類等一些原來在歐洲其他地區種植的蔬菜，引進西班牙並廣為種植。

　　在今天的西班牙飲食中，具有許多原創性，而阿拉伯人的貢獻最大。711年到1492年，阿拉伯人統治西班牙近八百年之久，阿拉伯人引進原產於中東的柑橘、檸檬等酸性水果、稻米、茄子、甘蔗及肉桂、茴香、香菜及薄荷等香料，成為西班牙傳統飲食中不可或缺的材料。另外，阿拉伯人在烹飪中大量運用家禽、米及油炸物，這也都顯現在目前西班牙的飲食中，像海鮮飯（paellas）、炸花枝（calamares fritos）等是明證。另外，由絞肉或魚肉並加大量香料做成的丸子（las albóndigas）或是青椒塞肉（pimientos rellenos de carnes）等各式食物也都深受阿拉伯人的影響。在西班牙南部由於曾受伊斯蘭教統治較久，在料理中，常可以發現蜂蜜和杏仁入菜，用大、小茴香作成的麵包和米飯等家常菜及雪花冰也四處可見。

美洲殖民地的影響

　　1492年10月12日，哥倫布發現新大陸及往後長達三百年的美洲征服及殖民，使西班牙成為當時新大陸作物進入歐洲的門戶。哥倫布往東航行，其目的之一即是尋找東方盛產的香料，雖然他誤以為所到達的大安地列斯群島為印度西部，但還是從新大陸帶回當時歐洲人狂熱尋求的辣椒、胡椒及香草等香料，以及蕃茄、紅椒、玉米、馬鈴薯及可可等原生作物。另外，辣椒引進後在西班牙土地及氣候培植下，產生新品種的甜椒。往後，西班牙將其煉製成紅椒粉，紅椒粉讓西班牙的香腸（chorizo）等灌腸（embutido）類食品及其他食物增色不少。另外，經由西班牙從墨西哥阿茲特克帝國引進的可可所製成的巧克力，最終在歐陸乃至全球風行。

　　西班牙飲食的另一個重大外來影響，就是西班牙所摧毀的中美洲阿茲特克文化。阿茲特克皇室的廚藝精湛，會做各式繁複的核果醬汁，擅長將辣椒、巧克力和番茄入菜。在阿茲特克的蒙提祖馬政權被西班牙人推翻後，這些烹飪方式和特產很快的被引進西班牙，和原本就很精采的西班牙飲食交匯且發展出更多的美食料理。以西班牙巧克力飲爲例，巧克力來自阿茲特克、上面灑上摩爾人帶來的肉桂，這可說是世界首見的飲食融合。當時的西班牙美食，百花齊放、萬家爭鳴，執全歐餐飲發展之牛耳。

　　十六世紀初期，歐洲人對新大陸的植物幾乎一無所知。十五世紀發現新大陸後，才從美洲引進馬鈴薯、可可、番茄、辣椒、玉米等作物。玉米是源自美洲的作物，被稱爲「新大陸的黃金」。它最早起源於中美洲，然後傳播到南、北美洲各地。印第安人將其視爲重要的日常糧食。它的高產量和適應環境能力讓它很快成爲歐洲農田的重要新作物，提供人們更多的食物來源。馬鈴薯起源於南美，尤其在秘魯和玻利維亞的高原地區。在十六世紀傳入歐洲，並迅速傳播。馬鈴薯深刻影響歐洲的飲食結構。

　　一般認爲，最先種植番茄的是秘魯人。十六到十七世紀，剛被西班牙人引進歐洲時曾被當成食物。但是，當時所食用的是葉子而非果實。由於番茄葉子中的毒素導致食用者中毒，以致於在很長的時間裡被當做觀賞植物。初期，秘魯人視番茄爲毒果子，稱爲「狼桃」。十六世紀，英國公爵見番茄外皮鮮美紅豔，帶回英國送給情人，從此，歐洲人稱其爲「愛情蘋果」。十八世紀中葉，開始有人種植，食用者都是一些需要催情者，因此禁止傳教士食用。百年後，美國人敢吃番茄了，卻須花上幾個鐘頭烹煮，認爲長時間烹煮可以消除番茄中的毒性。

　　馬鈴薯原產於安地斯山高地，曾孕育出印加文明。它原本是有毒的野生芋薯，可是當地人卻善用氣候條件製成馬鈴薯乾。橫渡大西洋到歐洲後，馬鈴薯食用性原本不受青睞，而德國是最早把馬鈴薯當成主食的歐洲國家，後來法國科學家帕門提爾（Parmentier，1737–1813）巧妙地讓馬鈴薯成爲法國家常菜。拜馬鈴薯之賜，歐洲國力蓬勃發展。馬鈴薯的產量

高，並提供穩定的熱量來源且可以預防恐怖的壞血病。因為馬鈴薯生長在
地底，所以不易被戰火摧殘。馬鈴薯成為歐洲主食後，在冬天歐洲人再也
不用吃難吃的鹽漬肉。因為馬鈴薯可以存放過冬，在冬天還能用來餵食豬
隻，讓歐洲進入真正的肉食社會。

波旁王朝入主後的飲食發展

　　1701年，波旁王朝（La Casa de Borbón）入主西班牙，為西班牙的飲
食帶來了法國風味。而且，此刻也正是西班牙帝國衰敗的開始，因此西班
牙傳統飲食漸漸萎縮或只成為居家飲食，而大餐館則逐漸開放與國際接
軌。

　　與其他地中海國家相似，對西班牙人而言中餐是最重要也是最豐盛的
一餐。中餐時家裡全員到齊，享受近一至兩小時的用餐時間。至於早餐，
因工作者的勞動量與氣候的因素而有很大的變化。通常愈熱的地區，早餐
就愈清淡。勞動量愈大則愈晚用早餐，甚至演變成「點心」這種特有的餐
點，但諷刺的是「點心」對勞動者而言是為了維持工作體力，但對主人而
言卻是為了提高午餐的胃口。由於晚餐的時間很晚，因此在午、晚餐間有
點心時間，稱作merienda。因為晚餐後與上床睡覺間隔很短，加上生活現
代化，除非參加宴席或度假期間，西班牙人的晚餐愈來愈簡約、清淡。

　　在1939年內戰前，擁有豐盛的飲食意味著社會地位也較高。高層社會
的午餐通常有三道菜：第一道是蛋及沙拉，第二、第三道則是魚和肉，最
後則是甜點。內戰期間及戰後初期，因為經濟窘困，使得西班牙人在飲食
方面更加簡樸，甚至被迫只剩一道菜。

　　目前西班牙的飲食仍以兩道菜為主且依循古老的觀念，一道在補充
能量，另一道則豐含蛋白質。同時會按照不同的場合，在前述的基礎上再
加開胃菜、沙拉、甜點等。西班牙人用餐時有飲酒的習慣，特別喜愛紅酒
（vino tinto），而且在用完甜點後，都會喝咖啡。

　　總之，西班牙的飲食融合不同民族飲食文化的影響，加上伊比利半島

生產眾多高品質且具營養的健康作物，以及用橄欖油來涼拌、煮、燉等特殊烹調方式，這讓西班牙的飲食在世界上大放異彩。

各地區的風味菜

在西班牙，隨著各地方氣候、風土環境、以及多元民族歷史背景的影響，居民的氣質也大不同，這種多樣化也反映在飲食上，各種富有特色的鄉土料理，至今仍然延續下來。如果說「飲食」就是西班牙旅行的樂趣，一點也不爲過。由於受到上述因素影響，西班牙的地方菜有很大的差異，基本上可區分爲六大料理區：北部的加利西亞與巴斯克的海鮮類相當美味，大多爲燉煮料理；中部的卡斯提亞最著名的是燒烤料理；加泰隆尼亞則是以海鮮料理與法式料理見長；地中海沿岸的瓦倫西亞由於有水田，以海鮮飯聞名；至於安達魯西亞則是油炸料理較美味。每個地方可以體驗的美食樂趣不同，是不能錯過的美食之旅。

一、北部的美食

西班牙北部的烹調因大西洋豐富的海產而聞名。此區也是西班牙的牧場及優質乳酪的供應地，終年有雨的氣候盛產新鮮蔬菜，尤其是馬鈴薯、甘藍菜和甜玉米。此外，廣大山區供應豐饒的野味、火腿及香腸，這些食材可加豆子烹調出鮮美的燉菜。著名的巴斯克美食學會及巴斯克新式烹調，能調理出全國最精緻多樣的菜餚，甚至能以美妙的醬汁使醃鱈魚呈現鮮美的滋味。阿斯圖里亞斯則以豐富的魚類和蔬菜聞名，蘋果西打更是一絕。內陸的那瓦拉以白蘆筍著稱，並製成罐頭行銷全西班牙，運銷全國各地的尖頭辣紅椒（pimiento piquillo）也是重要的特產。

此區，豆類品種繁多，是西班牙北部菜餚不可或缺的材料，其中最佳且最貴的是產於阿斯圖里亞斯的La Granja豆子，價格甚至是小羊肉的兩倍。而巴斯克的托羅莎（Tolosa）則以生產紅豆與黑豆聞名。

1. 著名菜餚

燉白豆（fabada estofada）為阿斯圖里亞斯地方菜餚，是一道混合豬肉、香腸與豆子的風味燉菜。肥美的豆子和醃豬肉、黑血腸、紅椒香腸和火腿一起以文火慢煮，以吸取肉類特別是醃豬肉的味道，有時也採用牛肉。鑲蟹肉（txangurro relleno）是以蜘蛛蟹烹調的巴斯克地方菜餚，蟹肉洗淨後填入蟹殼，撒上乾乳酪粉及麵粉烤熟即成。奶油炒蛋（revuelto）是西班牙北部沿海供應的著名菜餚，上面加明蝦及蕪菁葉食用，非常美味。

此外，加利西亞式餡餅（empanada）內填醃鱈魚或鮪魚，也可以用豬肉或蝦及蟹肉來代替。加利西亞的魚和海鮮，新鮮又美味，其烹飪方式也很有名，像加利西亞式章魚（pulpo a la gallega），章魚用水煮後只加鹽、少許紅椒粉及橄欖油，就非常鮮美；蒜味鰻魚苗（angulas）是巴斯克餐廳冬日的佳餚，放入油，大蒜和辣椒以小火烹煮而成。而巴斯克式鱈魚砂鍋（merluza a la vasca）也是一道必點的佳餚。

圖5-B　加利西亞獨特的章魚料理

圖片來源：EL MUNDO，1000 Recetas Practicas6

　　鑲紅椒（pimientos rellenos）是那瓦拉的菜餚，採用當地尖頭辣紅椒，內塞魚肉、海產或肉類。那瓦拉式鱒魚（truchas a la navarra）是在清除內臟，去骨的鱒魚內填入火腿，再加以油炸或烘烤。聖地牙哥扇貝（vieras de Santiago）將番茄和白蘭地醬汁放入象徵聖地牙哥的帶殼扇貝上，再燒烤。蕪菁燴前腿（lacón con grelos）是以煙燻豬前腿肉和香腸及蕪菁菜一起烹調的加利西亞名菜。最後是蔬菜羊肉鍋（chilindrón[1] de cordero）以當地乾燥或新鮮辣椒燉煮羊肉的菜餚。

　　至於糕餅類，包括坎達布連式的早餐海綿蛋糕（sobaos），榛果餅（carajitos）與胡桃餡餅（casadielles）。而乳酪則有阿斯圖里亞斯山區出產著名的重味藍酪（cabrales）以及picón；加利西亞以軟乳酪聞名，特別是tetilla；其他像梨形的San Simón、燻製的巴斯克idiazábal及roncal也甚受歡迎。

　　值得注意的是，歐洲最美味的海產部分來自西班牙的大西洋海岸，其特產為淡菜（mejillones）、扇貝、龍蝦、章魚，以及色黑肉白、碩長的海豬腳（percebes）。北海岸則出產蜘蛛蟹、肥碩的鯷魚以及大多製成罐頭的上等鮪魚。巴斯克鱈魚來自冰島及挪威外海，大部分魚獲經鹽醃、乾燥之後行銷至西班牙各地，即眾所周知的醃鱈魚（bacalao salado）。

二、東部地方的美食

　　幾世紀以來，西班牙東海岸的地中海料理因外來影響而更加豐富，尤其深受羅馬人和摩爾人影響，橄欖、稻米、柑橘、杏仁及番紅花常和山產海味搭配料理。加泰隆尼亞的燉魚、蝸牛及數種傳統醬料，例如以紅椒、番茄和乾辣椒製成的紅辣醬（romesco），都包含甘美與酸辣風味。高級蔬果如紐拉胡椒，栽植於瓦倫西亞及慕西亞的肥沃海岸平原，這兩區的眾多米食中以海鮮飯最知名。亞拉岡山區乾冷的氣候最適於醃製火腿，其中以特魯埃爾（Teruel）的火腿最好吃。

---

[1]　這是指用蕃茄、洋蔥和青椒等數種蔬菜，加生火腿，用砂鍋燉煮成的高湯。

　　至於柑橘是瓦倫西亞及阿利坎特的主要作物，這兩處是世界最大的柑橘輸出地，其檸檬產量占西班牙全國四分之三強，香味濃郁的瓦倫西亞柑橘主要用來榨汁；甜臍柑因為容易剝皮，通常直接食用。此外，也種植satsuma和clementina的許多柑橘品種。

　　加泰隆尼亞的香腸以山城畢克（Vic）的最有名。白香腸是以豬肉、反芻動物的胃及松果製成；黑香腸則用牲畜的血、豬肚和香料作成。這兩種都可燒烤或搭配豆子食用。本區出產多種香腸，如精緻緊實的llangonisseta、長形乾透的fuet。內餡添加紅椒、較粗糙的深紅色辛香肉腸（chorizo），在亞拉岡和慕西亞深受喜愛，可切成細片加入麵包食用，也可作為小菜，或搭配燉菜、湯一起食用。

著名菜餚

　　海鮮飯（paella）是瓦倫西亞聞名世界的美食，以大型雙柄淺鍋烹調，傳統上都在室外生火烹煮，使用西班牙梗米並以番紅花添加風味，同時加入各種配料如海產、雞肉或兔肉、番茄、香料及新鮮的乾豆，以文火慢煮而成。亞曼尼達沙拉（amanida）這道加泰隆尼亞沙拉混合蔬菜、醃肉、乳酪或者加入魚肉和貝類。海鮮燒烤（parrillada de mariscos）是一道燒烤的海產什錦，食用時沾蒜泥蛋黃醬（alioli）。蘇克特燉菜（suquet）是加泰隆尼亞著名的魚貝燉菜，材料包括番紅花、葡萄酒、番茄和馬鈴薯。

　　另外，卡酥拉麵食（fideus a la cassola）的作料包括紅椒、碎豬肉或里肌肉，以及香腸。白豆黑香腸（butifarra amb mongetes）是將燒烤黑香腸加入乾白豆的加泰隆尼亞傳統菜餚。紅燒羔羊肉（cochifrito）是一道簡單的亞拉岡農民家常菜餚，以檸檬、大蒜及紅椒合炒羔羊肉而成。蒜味嫩雞（pollo al ajillo）是用雞肉加上大蒜一起燒烤，食用時搭配白酒或雞汁雪莉醬（jerez cocinada con el jugo del pollo）。肉派餅（pastel de carne）這道慕西亞派餅源自中東，在蓬鬆的麵皮內包入絞肉和剁碎的白煮蛋。龍

圖5-C　西班牙著名海鮮飯（Paella）
圖片來源：EL MUNDO，1000 Recetas Practicas

蝦配嫩雞（langosta i pollastre）是典型的加泰隆尼亞菜餚，以番茄與榛果
醬汁烹煮龍蝦和雞肉，土司塗蕃茄醬（pan con tomate）也是一道不可錯
過的佳餚。

　　至於甜點，有加泰隆尼亞奶凍（crema catalana），這種蛋奶凍的表
層是褐金色的焦糖，宜冷藏後食用。製作蜜餞（frutas escarchadas）為
本區保存盛產水果的常見方法，在亞拉岡一帶，蜜餞常用巧克力包裹。
此外有杏仁甜食，像巴旦杏仁糖（guirlache）及脆糖杏仁（almendras
garrapiñadas）等甜食都是摩爾人引進西班牙，這種杏仁糖（turrón）主要
有兩類：一種是白色脆糖衣包裹整粒果仁，另一種是用脆果仁作成的軟
糖。

三、中部地方美食

　　馬德里的餐廳不但供應西班牙各地區的美食，還能吃到剛捕獲的新鮮
海產。野豬、野雉、鷓鴣等野味在中部地區極為豐富；艾斯特雷馬杜拉地

圖5-D　巴塞隆納傳統美食——吐司圖番茄醬（林麗涓）

區甚至連野蛙和鯉魚也上桌。卡斯提亞‧里昂、卡斯提亞‧拉曼查則保持
傳統又不失多樣化的健康家常燉菜。北部焙製上好的麵包，可搭配各種食
物，香腸和以茴香、大蒜調味的兔肉或豬肉菜餚，為典型的卡斯提亞‧拉
曼查美食，而卡斯提亞‧里昂則以大型烤箱烘焙的烤乳豬及羔羊肉聞名。
小糕點如托雷多著名的桃仁糖極受歡迎，許多修女院至今仍有製作出售。

　　此外，番紅花（azafrán）產自具有三個深紅柱頭的紫色秋番紅，這種
佐料在數世紀前由摩爾人引進，由於需要用手工篩挑，因此價格高居所有
香料之冠。拉曼查高原生產全西班牙品質最佳的番紅花，製作成絲狀後加
註日期出售。番紅花經由浸泡，搗碎或烤炙的手續，將味道與金紅色彩滲
入菜餚中。

著名菜餚

　　馬德里肉菜湯（cocido madrileño）是一道常見的菜餚，但各地區的變化不同，它混合牛肉、雞肉、火腿、豬肚、鷹嘴豆（garabanzos）、甘藍菜、臘腸及黑香腸慢火細燉，上菜的順序先喝湯，其餘的菜餚分為兩道上桌。炸馬鈴薯（patatas a la importancia）是將馬鈴薯裹蛋液油炸後，置於葡萄酒、洋蔥及番紅花混合的醬汁中煨煮而成。艾斯特雷馬杜拉嫩雞（pollo a lo Padre Pero）是將半隻嫩雞加上胡椒及番茄醬，煨煮至收汁。大蒜濃湯（sopa de ajo），這道熱湯會放進麵包以提高濃稠度，通常也加入荷包蛋及紅椒。炸麵包塊（migas）原為牧羊人的食物，通常以炒過的胡椒佐味，在艾斯特雷馬杜拉還會加入煙燻豬肉。

　　另外，巧克力鷓鴣（perdiz con chocolate）將鷓鴣油炸後加水、紅蘿蔔及洋蔥慢燉，最後澆上巧克力醬汁食用。庇斯多榨菜（pisto），這道拉曼查的最佳菜餚是西班牙式的燉蔬菜，菜中混合胡椒、番茄、洋蔥及西洋小胡瓜。油炸菜餚（el frite）源自艾斯特雷馬杜拉。羊肉先加入大蒜、洋蔥以及檸檬後油炸，再以當地的紅椒提味。

　　小牛肉燉菜（menestra de ternera）這道燉菜是在小牛肉中加入嫩紅蘿蔔及豌豆慢燉而成。至於蒜炒小羊肉（cabrito al ajillo），是將小山羊肉以蒜、香草一起炒過，這道可口的菜餚也可以加入搗碎的山羊肝。

　　艾斯特雷馬杜拉與卡斯提亞大部分的村子都製作香腸，而且風味和形狀各有不同。Guijelo和Montanchez生產的香腸品質特別優良，前者的紅椒香腸（chorizo）也不錯；火腿、捲里肌和肩胛肉同樣有名。此外，阿維拉生產的蛋黃糕（yemas）非常美味著名。

　　拉曼查高原生產的羊奶乾酪（queso manchego），一般認為是西班牙品質最佳的乳酪，在完全熟成時會變得很硬，類似脫脂乳製的義大利乾酪，其品質及味道依存放時間，例如新鮮的、13週以上或至少7個月，而有所不同。

　　此外，卡斯提亞‧里昂的高原生產形狀、大小及顏色各異的豆類。優

良的豆類價格昂貴,對於既有的名聲莫不小心維護。最有名的白豆首推阿
維拉所產的巴可(barco de Ávila)白豆,扁豆(lentejas)以La Armuña的
最有名。品質最佳的鷹嘴豆產自Fuentesauco。

四、南部地方美食

　　阿拉伯人引進米、檸檬、香橙、橄欖以及多種新奇蔬菜和香料,爲西
班牙南部美食帶來深遠的影響。今日最典型的有燒烤、小茴香或番紅花的
醬汁,以及壓碎杏仁製成的甜食。番茄和甜椒用得很多,而當地的雪莉酒
醋可拌生菜沙拉。本區的烤魚最出名,尤其是炸花枝(calamares fritos)
和烤沙丁魚。香腸採用質優的火腿和豬肉製成,山區常見的飲食有燉牛雜
或鷹嘴豆。小菜源於安達魯西亞,而今南部仍可吃到各式小菜。

　　自古羅馬時代起,橄欖與橄欖油就一直是安達魯西亞的重要農產品,
如今歐洲橄欖油有三分之一產自安達魯西亞,帶果香的綠色超級橄欖油是
巴艾納(Baena)和塞固拉山(Sierra de Segura)橄欖油坊所生產,其他
的食用橄欖包括肥厚多肉的gordales、綠色小顆的manzanillas以及鑲餡橄
欖。Aceitunas aliñadas是壓扁的醃製橄欖。

　　南部地區盛產多種水果,堪稱是歐洲的果菜園。農產品包括草莓、
梨、橙橘與檸檬,也種植熱帶水果,西班牙的哈蜜瓜很有名。無花果以
半野生方式放任生長,而格拉納達(Granada)地名則源於當地所產的石
榴。

　　西班牙風味最佳的燻製火腿產於安達魯西亞的山區,特別是哈布哥
和特列貝雷斯。烹調用的醃腸包括用紅椒調味的紅椒香腸,以及香料炮
製的黑色血腸(morcilla)。燻製的醃腸如紅椒香腸(chorizo)和大臘腸
(salchichón),通常都切片作爲小菜。

著名菜餚

　　番茄冷湯(gazpacho)是用搗碎麵包、蒜頭、番茄、小黃瓜和甜椒製

圖5-E　馬德里市場水果攤（林麗涒）

成的冰涼生蔬菜湯，並加上橄欖油，而醋則讓其清爽，通常此湯都佐以切
丁的蔬菜和油炸小麵包塊。海鮮魚湯（cachorreñas）是加地斯式魚湯，通
常加上麵包和蛤蜊，並以苦味橙皮調味。什錦炸魚（fritura de pescado）
為馬拉加和加地斯的典型美食，魷魚和鮮魚以切塊鮮檸檬提味。馬拉加式
麵食（fideos a la malagueña）由海鮮飯變化而來，用當地的義大利麵條、
貝類海鮮及甜椒烹調而成。鹽焗魚（pescado a la sal）這道烤魚通常佐以
大蒜沙拉醬或荷蘭芹醬汁。

　　至於隆達風味蠶豆（habas a la rondeña）是用扁豆和火腿烹調，相當
有名，通常被稱為「西班牙式豆子」。用牛尾、蔬菜及紅酒燜燉而成的
牛尾燜菜（rabo de toro），是採用公牛尾巴為素材的美食。朝鮮薊小牛

肉（ternera con alcachofas）是哥多華的傳統菜餚，用小牛肉和朝鮮薊心搭配蒙提亞葡萄酒。佛藍芒卡式蛋食（huevos a la flamenca）是一道簡單的吉普賽美食，將雞蛋加菜蔬放在小碟中燒烤，通常會加入紅椒香腸。而蛋黃甜食（tocino de cielo）是一道非常芳香的甜點，是以奶凍和焦糖製成。小甜餅種類有麵包圈（roscones），肉桂、杏仁口味的圓形豬油餅（mantecados）與煎過的軟餡餅（empanadillas）。

五、巴伐利亞群島地方美食

位於地中海的巴伐利亞群島的傳統美食在每座島的食物不盡相同，但其甜味及芳香、堅果與乾果的混合料理，都顯示類似加泰隆尼亞的美食風味。豬肉是主要材料，蔬菜及湯點也是典型飲食。梅諾加島（Isla Menorca）首府馬洪（Mahón）據稱為美乃滋發源地，所製作的美乃滋常搭配多汁的魚貝類食用。馬約卡島（Isla Mayorca）則為辛辣香腸與螺紋蛋糕的故鄉。

著名菜餚

醃腸煎蛋（huevos a la sollerica）是將煎蛋置於爽口的紅色辛辣香腸之上，並淋上豆醬汁。烤龍蝦（langosta a la parrilla）則將對剖的龍蝦沾食用蛋及橄欖油調製的美乃滋。鑲茄子（berenjenas rellenas）是一道在茄子內填入洋蔥、香草料及麵包等餡料的佳餚，有時亦加入番茄及豬肉。燉貝特砂鍋（Tumbet）在褐色砂鍋內放入一層層的甜椒和番茄，並混入馬鈴薯。唐普披薩（coca de Trampó）上面鋪擺新鮮的蔬菜，最常見的有洋蔥及甜椒。螺紋糕點（ensaimada）是馬約卡島的螺旋形發酵麵包，可當早餐或茶點。此外，該島的鵝蛋捲、千層餅（bizcocho）也非常有名。

六、加納利群島地方美食

雖然較難察覺，加納利群島仍不乏獨特的地方美食，其特色混合當地人的烹飪技巧及來自其他大陸的配料，如甜玉米和香蕉等。四季如

春的氣候提供豐富的蔬果；而海洋則供應多種魚類，例如紫黃色的鸚魚（vieja），此魚通常搭配「mojo」佐醬，並因使用芫荽或紅辣椒而產生不同的顏色。許多菜餚通常和在特鹹鹽水中烹煮的帶皮馬鈴薯（papas arrugadas）一起食用。由蜜甜麵團（alcuzcuz）所做的甜食gofio非常有名。此外，甜點「bienmesabe」使用杏仁、蛋黃和肉桂製成。

　　加納利特產的香蕉不大，但香甜且氣味極為芬芳。可用來作油炸餅、果餡餅，或者和米飯，雞蛋，甚至肉醬一起食用，其他有經濟效益的水果包括石榴、芒果與木瓜

著名菜餚

　　水煮半熟鸚魚（Sancocho），經常加番薯和馬鈴薯一起食用。綠醬油煎沙瑪魚（Sama frita con mojo verde）這道煎魚配合大蒜、芫荽及醋製成的醬料食用。水田芹肉湯（potaje de berros）這道濃湯的食材有水田芹、豬小排、玉米塊、馬鈴薯、豆子及小茴香子。沙摩雷哈醬兔肉（conejo al salmorejo）是以兔肉、番茄燜煮的開胃菜，加在特鹹鹽水中烹煮的帶皮馬鈴薯食用最美味。蔬菜飯（arroz con verduras）是一道混合切碎的甜椒、甜玉米及番茄的米食，顏色鮮豔。而什錦砂鍋（puchero）則是以當地番紅花提味的燉菜，材料有紅椒香腸，鷹嘴豆及馬鈴薯。

酒及其他飲料

一、西班牙葡萄酒的基本概念

　　西元前1100年左右，腓尼基人將葡萄酒帶入西班牙，之後在古羅馬時代引進葡萄的栽種技術，以加泰隆尼亞、那瓦拉為中心，開始釀造葡萄酒。源自西哥德時代的釀酒技術，到了伊斯蘭時代，即使因宗教戒律禁止飲酒，但某些特定地區仍繼續栽種葡萄，品嘗葡萄酒也在王公貴族間蔚為風尚，因此西班牙葡萄酒可說從歷史中孕育出來的產物。

　　目前，西班牙是世界上數一數二的葡萄酒產地，在酒質方面也有很

好的口碑。因為伊比利半島到處都適合栽種葡萄，其栽種面積居世界第一位，產量僅次於義大利及法國，是世界第三大葡萄酒生產國。由於地形複雜，因此孕育出種類繁多的葡萄酒。

二、具地方特色的西班牙葡萄酒

　　按地區不同，西班牙葡萄酒種類繁多，獨特的釀酒與熟成釀造出許多西班牙特有的種類，如嘉烈酒、雪莉酒，以及香檳（Cava）氣泡酒等。此外，西班牙的葡萄酒也根據法定區分為：DOC及DO等級。以政府指定的特定地區種植的葡萄釀造的葡萄酒，稱「指定地區優良葡萄酒」。DOC是「原產地特選管理」的縮寫；DO是「原產地管理」的縮寫，這兩個等級的葡萄酒大多外銷。至於餐酒（vino de mesa）是不限定葡萄產地的葡萄酒，或是由不同產地的葡萄酒調配的混合酒。以下是幾處西班牙法定產區管制委員會指定的葡萄酒產區。

　　拉里歐哈（La Rioja）是西班牙葡萄酒代表產地之一，也是西班牙境內最古老的葡萄酒產地，從西元前便已經開始栽種葡萄。儘管拉里歐哈擁有悠久的栽種傳統，但是真正嶄露頭角是在十九世紀後期以後。當時由於法國的葡萄遭受蟲害幾乎無一處可用，因此波爾多的造酒業者便紛紛遷移至此，而法國的造酒技術也因此在拉里歐哈流傳。拉里歐哈是西班牙唯一的DOC區，該區所生產的紅酒（vino tinto）最有名。

　　赫雷斯德拉佛朗德拉（Jerez de la Frontera）是雪莉酒的產地。利用一種名為索雷拉（solera）的獨特方式，以赫雷斯特有的帕蘿米諾品種的新酒混合舊酒釀造而成。雪莉酒經常在宴會中飲用，是西班牙人最容易取得的慶祝用酒。同樣位於南部安達魯西亞的蒙地雅·摩利瑞斯（Montilla-Moriles）生產與雪莉酒相近的嘉烈酒。酒質不甜但充滿果香，是上等的白酒與甜點酒。

　　佩尼第斯（Penedés）為加泰隆尼亞地方最初的葡萄酒產地。遵照傳統製法以產香檳聞名，但是也盛產紅、白酒。此外，位於卡斯提亞·里昂的斗羅河岸（Ribera del Duero），由於在低溫下進行發酵，因此保留濃厚

的葡萄風味，也生產品質優良的紅酒與玫瑰紅酒。

　　位於拉曼查南端的巴爾德佩涅斯（Valdepeñas），為傳統葡萄酒產地。它是發酵後儲存於橡木桶中的紅酒以及年輕白酒，口感淡雅清爽。而位於西北部加利西亞的百夏斯河口（Rías Baixas）自古以盛產白酒聞名。原料來自於大約在三百年前的聖地牙哥朝聖之旅中，由德國修道士帶來當作供品的阿瓦里諾品種葡萄。白酒口感清淡微酸，入喉後十分爽口。

　　此外，位於卡斯提亞‧里昂的魯維達（Rueda）其白酒原料以韋爾德賀品種的葡萄而著名，此種葡萄熟透後，果皮會散發出濃郁的香味。而那瓦拉（Navarra）造酒的原料是種植於庇里牛斯山脈到厄波羅河一帶的加爾納基品種葡萄。釀造出來的酒特別以玫瑰紅酒與紅酒最受歡迎。至於奧魯荷酒（Orujo），酒精濃度高達50%，屬於烈酒，自古以來在驅魔避邪的儀式上經常使用。它和Sangría都屬於加利西亞地區。

圖5-F　紅葡萄酒和多種水果所調製的飲料：Sangría
圖片來源：www.prensa.comactualidadhogar13

通常，紅酒、啤酒及蘋果西打都在用餐時飲用，而烈酒則在餐後用完甜點及聊天時飲用。在西班牙，男女老少都喜歡喝酒。家裡喝酒，出門在外也喝；平時喝，節日時更要喝，但西班牙人喝酒不勸酒，比較隨意。喝酒以葡萄酒和啤酒為主。

三、酒的生產及消費

西班牙每年酒的產值約220億美元，是國內生產毛額重要的部門，年產32億公升紅酒及36億多公升啤酒。僅次於法國及義大利，西班牙為全世界第三大紅酒及第八大啤酒產國，也是歐洲第三大啤酒產國。西班牙衛生暨消費部指出，該國紅酒人均消費10公升，但不要忘了西班牙有四分之一男性及半數女性不喝酒。在西班牙酒的最大消費群，年齡在十六至四十四歲，而且首次喝酒的年紀愈來愈輕。此外，目前西班牙政府也明文禁止賣酒給未滿十八歲的年輕人，年齡限制因各自治區而有所不同。此外，政府也採取措施管控電視的酒類廣告，以減少青少年飲酒。再者，最近西班牙青少年也風行於週末群聚公園或廣場，瘋狂飲用一大瓶將威士忌等烈酒加芬達或檸檬汽水調製的2公升飲料，稱為botellón。因為常在深夜喧鬧及滋事，迫使許多自治區禁止或者規定只允許在特許地方或特殊節日。

四、好酒任你選

在西班牙，葡萄酒在料理中不可或缺。酒單方面通常按照白酒、玫瑰紅酒、紅酒、氣泡酒順序排列，經過長期儲存的窖藏特級或窖藏葡萄酒大部分會另列清單。窖藏葡萄酒必須在發酵後在木桶或瓶中存放三年，其中至少有一年以上的時間必須存放在木桶中。窖藏特級葡萄酒則規定發酵後須存放於橡木桶中至少兩年、瓶中三年，並且只使用葡萄豐收年的葡萄來釀造，屬於高檔葡萄酒。此外，發酵後並未存放在木桶中的年輕葡萄酒也有專屬酒單，通常，魚類及海鮮搭配白酒，而肉類應配紅酒，不過依照自己的喜好選用也無妨。陳釀的白酒配旗魚等大型魚類料理、玫瑰紅酒配

上義大利麵或西班牙海鮮飯（paella）也相當合適。肉類方面，味濃油膩的菜色適合配上長時間窖藏的紅酒；燉鍋類等料理推薦搭配陳年窖藏葡萄酒；而鵪鶉等野味料理則應搭配陳年的窖藏特級葡萄酒。另外，清爽順口的氣泡酒作為魚貝類料理的餐前酒；而酒性較烈的雪莉酒作為肉類料理的餐前酒，與生火腿等前菜一起享用也是不錯的組合。

　　如果想選擇葡萄酒作為伴手禮，請特別看清楚標示，一般而言酒的標籤由上往下分別標示原產地名、葡萄酒名和葡萄採收年分、最下面則記載酒莊名稱。另外許多酒標上面也會印有代表傳統的圖案與徽章。

五、其他飲料

　　西班牙非酒精飲料與其他世界各地類似，如各種汽水及果汁，以及礦泉水和咖啡等。咖啡加牛奶（café con leche）是牛奶與咖啡各半的大杯飲料；奶昔咖啡（café cortado）是濃縮咖啡加少許奶昔；純咖啡（café solo）就是黑咖啡。熱巧克力常配西班牙炸油條（churro）。花茶則有銀菊（manzanilla）和青檸花（tila）。其他飲料還包括可口可樂、芬達等。

　　此外，多數西班牙城鎮和都市的自來水可生飲，而且餐廳通常免費提供壺裝自來水，但一般人情願購買無氣泡（sin gas）或有氣泡（con gas）的瓶裝礦泉水。夏天則有各種冰品及飲料，像以各種水果作的冰沙（granizado）、奶昔（batido）、荸薺漿（horchata de chufa）等。荸薺漿，是用荸薺（chufa）的球根磨碎後加入果糖、肉桂及澱粉等製成，很像豆漿，冰涼飲用，風味更佳。有氣泡的檸檬水（gaseosa）可單獨飲用或摻混其他飲料，通常加葡萄酒。鮮榨柳橙汁（zumo de naranja natural）是最佳解渴飲料。以上這些飲料大多在用餐以外的時間飲用，大部分在下午或晚上。而茶飲大多是熱飲，且隨時可以飲用。另外在西班牙北部也常飲用蘋果西打。

　　Sangría是像血般的飲料的意思。它是很清爽的混合飲料，加入紅葡萄酒、檸檬水、糖以及不同的水果丁調製而成，浸泡30分鐘讓水果丁軟

化。通常在冰鎮後飲用，入喉之後，會散發出清爽的酸味，是西班牙很受喜愛的飲料，因為好喝，稍不注意，極易喝醉。另一深受喜愛的Agua de Valencia也很爽口，是一種由香檳、橙汁、伏特加酒和杜松子酒製成的雞尾酒。而年輕人通常點用很流行的cubalibre，是可樂加蘭姆酒或琴酒。

　　十六世紀，在西班牙國王卡洛斯五世的訓令下，啤酒正式引進西班牙，不過，一直到十八世紀才廣受西班牙人歡迎，目前因價格合理，是西班班牙相當風行的飲料。西班牙啤酒多數是瓶裝淡啤酒，不過有時也可見到桶裝的。最常見的品牌包括San Miguel，Cruzcamo Mahou和Águila。到酒館叫一杯啤酒可說「una caña，un tubo，un quinto o un botellín」botellín是容量200cc的啤酒；una jarra，una mediana或un tercio容量330cc，而una litrona或un tanque則有1000cc。多數酒吧也都供應不含酒精的啤酒（cerveza sin alcohol）。

餐廳特性及小酒館文化

　　西班牙餐廳營業時間通常是13至16點與20至24點。週日、節日也照常營業。公休日則依餐廳而異。而小酒館一般來說沒有午休時間，對旅客來說相當方便。

一、餐廳種類及特徵

　　西班牙的餐廳從高級餐廳到一般餐廳都有，範圍非常廣泛。與飯店相同，以其規模、費用、設備、服務為基準，以1至5支叉子做分級，5支叉子最貴，1支叉子最便宜。菜單上面都標出是幾支叉，不過，不能只用叉子數來判斷食物是否美味或受到歡迎。即使只有1至2支叉子，也可能是當地極受好評的餐廳。如果預定前往4至5支叉子的高級餐廳用餐的話，需先預約。另外餐廳也提供當日特餐，有些像簡餐，包括湯、菜、甜食及咖啡，但主菜也可以換，並不硬性規定非吃哪個菜不可。此外，西班牙到處都有街頭咖啡座，一坐下來，哪怕只叫一杯可口可樂，哪怕坐一小時，不

會有人催你。

　　此外，在許多大城市也有許多異國風味的餐廳，值得一提的是在西班牙到處充斥中國餐廳及披薩店，也深受西班牙人喜愛。通常餐廳營業時間比小酒館短，下午一至四點為午餐時間，晚餐則從八點營業至午夜十二點。

　　而咖啡館（cafetería）不僅具時尚感，且座位較多，可以自在悠閒又可享用輕便簡餐。在設有露天座位的咖啡館中，可一邊眺望景色，一邊放鬆身心休息。另外有些咖啡館還兼具餐廳功能，有桌子的座位只提供給用餐的客人。通常座位會安排在特別獨立空間，讓客人可以安靜享用餐點。

　　此外，提供家庭風味的餐飲或具有居酒屋氣氛的餐廳在西班牙稱為「Mesón」，也有只提供下酒菜等單品料理，再搭配當地各式葡萄酒，其中有些「Mesón」是延續古老的方式經營。

　　至於要享用輕便餐點，或稍作休息，可至小酒館（bar），營業時間較長，非常方便。除了下酒菜外，早餐提供「churros」炸油條、巧克力醬或新鮮果汁都相當美味。但須注意站在櫃檯前食用和坐在餐桌前食用的價錢略有不同。另外，法國麵包做的潛艇堡，或是西班牙三明治專賣店的「bocadillería」可提供外帶服務。

二、小酒館文化

　　在西班牙，不論再小的村落總會有幾家小酒館。而且在任何大城市，幾乎大街小巷都有小酒館。西班牙到處都有小酒館，主要是西班牙人有外出喝一杯的習慣。在工作前的早餐、午餐，或是回家之前、晚餐前，不論男女老少都喜歡到小酒館稍作停留。小酒館除了是吃喝的場所，更是西班牙人和朋友見面聊天、打牌，以及一起看足球轉播的最佳場所。在好天氣的時節，小酒館大多在政府的規範下，盡可能的將桌椅擺在戶外，甚至人行道上。小酒館從一大早營業到晚上，它是西班牙少數中午不打烊的場所。

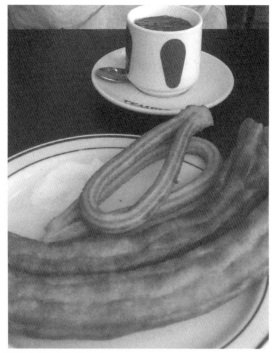

圖5-G　吉拿棒沾巧克力醬（林麗涓）

　　在小酒館中不只可喝酒或飲料，也可以吃小菜（tapa）、潛艇堡，甚至有許多小酒館也像餐廳提供全餐。小菜通常包括馬鈴薯塊、醃製橄欖，油炸物、馬鈴薯蛋餅以及魚或肉，搭配啤酒或紅酒食用。因此，當肚子不太餓不想用大餐時，品嘗幾樣可口小菜是最佳選擇。不過，通常小菜是當作午、晚餐前的開胃菜。

　　每逢周日和假期，受歡迎的小酒館擠滿一家大小共享飲食。在較大的城鎮，從這家酒館吃到那家，嘗盡所有的招牌小菜，更是蔚為風尚。一客tapa是1人份，而ración則為2或3人享用的分量。也可叫份潛艇堡「bocadillo」，其餡料跟所供應的小菜一樣。吃小菜通常是站在吧臺前，甚少坐在餐桌旁，坐在餐桌旁需額外付費。

　　在小酒館的消費價格因位置不同而異，屋內餐桌是一般收費，若在吧檯前最便宜，至於戶外則需酌加費用。若在戶外用餐，通常侍者在送菜

時也會將帳單一併送上，而其他則需在用完餐時，舉手招呼侍者埋單。一般而言，禮貌上埋單時需付在座所有朋友的消費，下次則由其他人邀請作東，這稱為輪流請客（pagar una ronda）。一般稱那些從不做東卻有吃必到的人，為白吃午餐的人（es un gorrón或va de gorra）。

在小酒館消費雖然不強制但通常會給侍者小費，小費額度視用餐的地點、侍者服務的品質以及個人的經濟能力，一般依消費金額的比例。

三、美味的三餐

標準的西班牙早餐，是一杯咖啡或巧克力加油條，油條細細、彎彎的像辮子，因此西班牙人說別人字寫得不好，就說：「你的字像churro。」

午餐是西班牙人最重視的一餐，先上湯或是冷盤，再上蛋、魚以及肉。用完正餐上甜點及水果，最後上咖啡或餐後酒。西班牙總認為吃飯不喝咖啡，似乎無法為豐盛的一餐畫下完美的句點。總之，西班牙人用餐總是慢慢的上，慢慢的吃。

西班牙菜，以調味濃郁出名。他們使用的香料等調味品，大多是來自東方。據說，以前只有大富人家才吃得起胡椒，撒胡椒是件大事，門窗緊閉，並不是怕隔壁偷香，而是怕一陣風來將胡椒粉吹走。這可從哥倫布遠涉重洋主要在尋找更多的香料來源得到印證。此外，西班牙人吃得鹹。留學期間，曾邀請西班牙朋友作客，用餐時他們總是不時地自己加佐料，不是加鹽，就是加醬油，也許他們覺得愈鹹愈好吃。因此，在西班牙常以鹹淡來批評人。他們稱愛熱鬧愛談笑的人很鹹（salada），同時稱沉默寡言的人毫無味道（sosa）。

西班牙人飯後總是喝咖啡，不太喝茶。他們的飲料是巧克力和咖啡，並認為茶淡淡的，是女人的飲料，偶爾喝茶，總是加牛奶又加糖。在感冒或腸胃不舒服時會喝些茶。他們喝咖啡總是用小小的杯子，而且大都不加糖或牛奶。

在西班牙正式宴客，總在晚上十時或以後，但真正入座時已十一點

了，吃完已過午夜，再喝飯後酒，散席時通常都已是凌晨兩點以後。這樣的作息時間，對觀光客略顯不方便。因爲中午大家都在休息，連商店也在兩點關門，要四、五點再開，在二至四點，頗有無處容身之苦。而入夜六、七點，已是晚飯時分，餐館卻雙門緊閉，還沒開始營業。初到西班牙的觀光客，常在晚上六、七點時，幾度去餐館，卻都不見動靜，等到九點半餐廳開門，大多已經呵欠連連，全無食慾了。

獨特豐富的食材及美味的小菜

一、獨特豐富的食材及料理

橄欖油與大蒜是西班牙料理的基本素材，幾乎所有的料理都會用到。但也許是因氣候相當乾燥的關係，味道並不是那麼強烈。反而因爲這兩樣的香氣而刺激食慾。此外，將紅椒曬乾後製成粉末的紅椒粉（pimentón）使用程度也相當頻繁。另外還有更多的食材，都是西班牙料理中不可或缺的。而灌腸（embutido），其種類更是不勝枚舉。

西班牙中南部到處都是橄欖樹，因此人們做菜酷愛橄欖油，有時連吃麵包也在油裡浸泡一下。此外，美國人馬丁尼酒裡的橄欖，也幾乎全都是西班牙產的。西班牙中部天乾物燥，長年雨量稀少，地勢又高，也許因爲地勢高亢，多吃油可以使體內滑潤。此外，西班牙盛產火腿，在很多飲食店，常掛滿火腿，而且他們講究切成薄片生吃。

西班牙料理很難一概而論，因爲西班牙每個地方的氣候、風土都不盡相同，材料或特色也會隨之改變。每種料理的最大共同點是大多會使用橄欖油與大蒜，以及烹調時活用食材本身的味道與特色。許多料理都比想像中清爽，頗能符合大眾口味。菜單也相當豐富，通常以魚類或肉類爲主菜，湯品、蔬菜與蛋類料理的種類也相當多，也可以享用簡餐。

西班牙語的tapas指的就是小盤料理，就像是國內的下酒小菜。主要是以傳統西班牙的家庭料理爲主，而在小酒館（bar）偶爾會用大盤子盛裝。每間小酒館的菜色不一樣，有些菜色是該店獨創，有些則是充滿地方

圖5-H　伊比利火腿（jamón ibérico）
圖片來源：EL MUNDO，1000 Recetas Practicas

特色的料理。不但具有當地的文化，更深入一般民眾的生活當中。tapas
與一般料理相同，種類會因地而異，特別是巴斯克的pinchos下酒菜最豪
華。

二、著名美味的小菜

　　通常西班牙下酒菜並沒有菜單，客人可用手指著陳列在櫃檯的食物，
再由師傅料理。每種下酒菜會裝在小盤子端給客人，需加熱的料理會經加
熱後再端出。走進一家家的小酒館，嘗遍每家的招牌小菜，可說是在西班
牙夜晚的最佳樂趣。此外，一邊品嘗小菜，一邊暢飲啤酒或葡萄酒更是一
大享受。

　　西班牙小菜是十九世紀源於安達魯西亞的小點心，用以搭配雪莉酒。
據說，最早是酒保用小碟或蓋子（tapa）覆蓋於杯口上以防蒼蠅，後來演

變在盤裡放塊乳酪、幾顆橄欖下酒。當初是免費的，現在則是要付錢的開胃小菜。從冷盤如肉食和乳酪，到精心烹調的熱食如海鮮、肉類或蔬菜，種類繁多。

　　火腿（jamón serrano）這種鹽漬火腿是在山區的冷空氣中風乾的，可切厚片（tacos）或薄片（lonchas）直接食用，是西班牙最基本且常見的小菜，通常搭配麵包食用。烤明蝦（cambas a la plancha）是很簡單而可口的小菜，明蝦連殼放在架上烤熟。西班牙馬鈴薯蛋餅（tortilla de patatas a la española）是到處可見的西班牙式厚片蛋餅，洋蔥和馬鈴薯加入調味蛋汁油煎，食用時切成楔形或小方塊。淡菜湯（mejillones a la marinera）把新鮮淡菜放在炒過的洋蔥、大蒜、白酒、橄欖油、檸檬汁和荷蘭芹等燒成的美味湯汁中煮熟。

圖5-I　馬鈴薯蛋餅（林麗涓）

　　再者，由於西班牙許多地方都有杏仁樹，因此炸鹹合仁（almendras fritas）就成了常見的小吃零食。另外有開心果（pistachos），鹹花

生（cacahuetes）和葵花子（pipas）等可搭配飲料。炸魚（fritura de pescado）混合各種炸魚和海鮮，包括紅鯔魚，烏賊和小鱈魚，或其他現成鮮魚，以檸檬提味，也是一道熱門小菜，可沾香氣撲鼻的番茄醬汁食用。蒜味雞（pollo al ajillo）是到處吃得到的小菜，先用油將雞翅或雞腿煎至焦黃，然後放入香濃開胃的蒜味汁液中慢火燉煮。

　　此外，有用牙籤將鹹味小菜串在一起的開胃小菜串（banderillas），最受人喜愛的材料包括浸泡滷汁的魚和蔬菜、白煮蛋、明蝦、醃小黃瓜和橄欖，串好之後馬上食用以便所有的味道能夠融合。俄式沙拉（ensaladilla rusa），這道冷盤用鮪魚、明蝦、馬鈴薯、胡蘿蔔和青豆仁，加上沙拉醬拌成，也可以點綴甜椒或白煮蛋。紅椒香腸（chorizo）是用大蒜和紅椒調味的臘腸，很受喜愛，通常是冷盤，有時也油炸當熱食。辣味馬鈴薯（patatas bravas）為辛辣的菜餚，將油炸過的馬鈴薯裹上一層香辣的番茄調味汁，再用洋蔥、大蒜、白酒、荷蘭芹和紅椒燒煮，一口一塊，美味又可口。

　　最後是常見的橄欖小菜（aceituna），它有幾種不同的風味，gordal是肥碩的塞維亞橄欖（manzanilla）去核後可塞入鯷魚、杏仁或青辣椒，有些橄欖用香草、油或醋醃過。至於海鮮沙拉（salpicón de mariscos）是一道豪華的沙拉冷盤，內含龍蝦、螃蟹和明蝦等什錦海鮮，並加入番茄丁，摻入以洋蔥、紅椒和醋調和的醬汁。炸小卷（calamares fritos）是切成圈狀的小卷裹上麵粉，放進橄欖油或葵花油中炸，上桌前裝飾切片檸檬，是一道相當普遍及美味的小菜。紅甜椒沙拉（ensalada de pimientos rojos）是一道顏色鮮美的冷盤沙拉，用烤熟的紅甜椒和番茄做成，烤出的汁液混合橄欖油和醋，成為拌食的美味調味汁。拉曼查地區所產的綿羊乳乾酪（queso manchego）是西班牙最受喜愛的乳酪，配麵包吃的有兩種不同風味，軟和半軟的semicurado及陳年而味濃的curado。

第四篇

豐富的藝術

第六章
音樂與舞蹈

音樂

一、簡史

1.深受地理及歷史因素影響

　　西班牙位於伊比利半島，終年積雪的庇里牛斯山，曾長時期阻隔與歐洲大陸文化的交流。不過，或許因此西班牙未受到歐陸音樂思潮的重大衝擊，得以從容地發展並鞏固其民族音樂。其次，境內地形複雜，山脈交錯，交通不便，加上氣候變化多端，民間音樂具有地區特色。再者，它位於地中海西岸，是歐、非交通樞紐。歷史上，西班牙曾受到希臘、羅馬、基督教、阿拉伯以及吉普賽文化的影響，這都讓西班牙的音樂更加豐富多采，並帶有濃厚的東方色彩且熱情奔放。不難發現，不論南方或北方，海濱或偏鄉，其歌謠與舞蹈，永遠像分不開的孿生兄弟，「有歌即舞，舞起必歌」。總之，西班牙音樂非常令人振奮且帶有戲劇性。

　　西班牙人能歌善舞，不少民間舞曲都被歐洲音樂吸收採用，如恰孔（Chacón）、凡丹戈（Fadango）、博略羅（Bolero）等。西班牙的民間樂器主要是源自阿拉伯的吉他類的撥絃樂器，以及鈴鼓、響板等打擊樂器，還有與吉普賽人有關的小鈴及各種管樂器。

　　八世紀後，西班牙音樂受阿拉伯人的影響深遠，但不僅是西班牙，全歐洲也都受到阿拉伯音樂的影響。而阿拉伯音樂，則大致是繼承拜占庭文化的遺產。

2.國寶級樂器 —— 吉他

　　西班牙音樂與吉他密不可分，吉他在西班牙音樂中，扮演重要角色。

在吉他名聞遐邇前，它已是典型的西班牙樂器。吉他有各種大小和形狀，皆源自東方。

711至1492年阿拉伯人統治西班牙時，引入新的樂器，包括阿拉伯的魯特琴（Laúd）和響板。從魯特琴演化出吉他的前身，中古提琴。當時，特別是在文藝復興時期，爲這種樂器譜寫許多作品。經過長年演化，吉他終於在十七世紀成爲六弦的主流樂器，擷取西班牙民間風格的精華，在安達魯西亞民間音樂扮演重要角色，並成爲吉普賽人音樂的重要元素。

在十六世紀，六弦琴是西班牙民族樂器之一，安達魯西亞的古謠和佛朗明哥曲調所包括的幾十種舞曲，都是用六弦琴伴奏。從此，六弦琴逐漸成爲世界性的樂器，最後它成爲藝術創作裡的主奏樂器，日益受到重視。雖然，六弦琴是阿拉伯人帶來的樂器，但如果沒有西班牙人的改良和創作樂曲，它可能已經走入歷史。

隨後，多位作曲家及演奏家創新吉他的技巧水準，並爲之作曲，帶動吉他經典曲目的增長。在1870年左右，陶瑞斯（Torres）重新評估吉他的設計，確立現代古典吉他的形狀和大小。塔瑞加（Francisco Tarrega）也創作許多曲子，擴大吉他的影響。

3.中世紀前的發展

西班牙爲文明古國，樂風極盛。也許因爲伊比利半島與法國有庇里牛斯山的阻隔，而且與北非僅直布羅陀海峽一水之隔，因此其音樂與德、法、義諸國的主流樂風不同。文藝復興末期，留學義大利的宗教音樂家維多利亞（Tomás Luis de Victoria）將義大利的宗教音樂帶回西班牙，但只是曇花一現。

中世紀前，西班牙音樂專屬於宗教界及宮廷貴族，但後來逐漸成爲民間寵兒，大致分成兩類：一類發展成西班牙的民俗音樂，例如chacona及fandango。其中fandango流傳更廣，並發展成不同形式，如jota，受阿拉伯文化影響很大；另一類只流傳於吉普賽人圈內。由於吉普賽人遭迫害，所

以此類音樂主題以抒發其苦悶爲主，常見的主題爲飢餓、囚禁及死亡。然而，西班牙傳統民間舞蹈以歡愉的氣氛爲主，常在節慶時於戶外表演；吉普賽人的音樂則悲傷，常以擊掌、彈指伴奏。

Fandango是西班牙熱烈的愛情舞蹈，伴有歌唱。這種民間舞蹈已有一千多年歷史，據稱最早起源於摩爾人，在十八世紀時極爲流行，年輕人尤其喜愛。二十世紀成爲民間舞蹈在西班牙、葡萄牙、法國南部和拉丁美洲廣爲流傳。

此舞蹈最大的特點是，由男女舞伴成對表演，開始很慢，由響板伴奏，並用捻指和跺腳來表示節奏，然後速度逐漸加快，音樂爲四分之三或八分之六拍，偶爾在音樂中突然停頓，舞者隨之站得筆直，一動也不動，直到音樂重新響起。Fandango舞自始至終充滿激情和熱烈的表情，男女舞伴運用各種舞步和手勢彼此挑逗和追逐，最後達到高潮。

4. 西班牙統一後的發展

中世紀後的三百年間，西班牙沒有國際知名的作曲家，但民間音樂卻受到北非的影響，發展出從西歐主流看來很有「異國情調」的風格，例如節奏熱烈的佛朗明哥舞曲，輕歌劇Zarzuela、吉他音樂等。

十六世紀，由於西班牙的對外戰爭耗損國力，導致十七世紀西班牙的音樂發展受阻。不過，前一代大師創下的教會複音音樂的傳統，仍繼續在宗教音樂家維護下，緩緩發展。然而，十七世紀西班牙世俗音樂，卻沒有遲滯不前的現象，反而產生自己的小歌劇，而且立即受到西班牙人的狂熱愛好，並流傳至今。這是一種有對白、類似法國喜歌劇（Opera Comique）形式的作品，它具有很強烈的民族性。因爲最初是在馬德里近郊的王室官邸薩爾瑞拉宮（La Zarzuela）的節日上演，因此沿用薩爾瑞拉做爲它的總稱。十七世紀，西班牙許多作曲家，就曾默默地爲西班牙的國民歌謠奠定基礎。

十八世紀時，西班牙往非洲發展，塞維亞成爲伊比利半島最大的黑奴

市場，非洲黑人音樂在某種程度可能影響到安達魯西亞的民間音樂。來自西班牙各地的水手，帶來各地的音樂，同時，水手從美洲帶回的音樂也影響安達魯西亞的音樂。

十九世紀，當義大利的歌劇與德、奧等國的樂器音樂主導整個歐洲音樂發展時，其他歐洲國家開始對其本國音樂自覺與自省，並漸漸形成國民樂派。從十九世紀下半葉，在音樂上西班牙開始出現強烈的民族意識，首先是十七世紀興起的輕歌劇Zarzuela經過一段時間的沉寂再度復甦。繼之，作曲家兼音樂理論家佩德瑞爾（Felipe Pedrell），提出西班牙國民樂派的具體構想，以融合西班牙的傳統與民間音樂為理念，積極推展。佩德瑞爾是西班牙民族音樂之父，也是音樂學者和作曲家。他沒有受過正式的音樂教育，無師自通，其成功屬於自學。他蒐集並整理西班牙古典音樂，開啟西班牙傳統音樂的復興機運，此外，他把民歌的要素大膽應用於歌劇作品中；同時，他又在馬德里音樂院講學，引導後來的阿爾貝尼茲、法雅等大師，並在他的基礎上，建造西班牙民族音樂巍峨的殿堂。

然而，十九世紀西班牙最有名的音樂作品，卻出自法國人，如比才的歌劇「卡門」、夏伯烈（Emmamuel Chabrier）的「西班牙狂想曲」等。

5.西班牙音樂大放異彩

二十世紀，西班牙出現許多國際級的作曲家，他們是西班牙國民樂派最具代表性的作曲家阿爾貝尼茲（Isaac Albeniz）及法雅（Manuel de Falla）。阿爾貝尼茲最有名的曲目是西班牙風格的鋼琴曲，特別是晚年的作品「西班牙組曲」。另外，三歲即失明，1999年才過世的羅德里格（Joaquín Rodrigo），著有吉他協奏名曲「阿蘭胡埃斯協奏曲」（Concierto de Aranjüez）。

阿爾貝尼茲（1860-1906）從佩德雷爾學得祖國西班牙音樂的本質，於是後半生就放棄鋼琴演奏而創作民族音樂，他曾是十九世紀末世界第一流的鋼琴演奏家李斯特的學生，在作曲上他曾和法國人學習，完成兩百首

以上的鋼琴曲。「伊比利亞」是阿爾貝尼茲描寫南西班牙風光的組曲，受到世界樂壇的認可，可見阿爾貝尼茲對於安達魯西亞民間音樂的熱愛。繼起的天才作曲家法雅（1876-1946），在阿爾貝尼茲和格拉拿道斯的鋼琴音樂之外，又以管弦樂的形式向世界展現西班牙音樂的技巧。

　　在二十世紀，法雅的音樂獨占鰲頭。在他年輕時代，西班牙音樂還停留在國民歌劇的階段，直到1916年他發表鋼琴和管弦樂的交響詩「西班牙庭園之夜」（Noches en los jardines de España），以及1926年發表大鍵琴對五件樂器的協奏後，西班牙較具規模的作品才正式超越國境，晉升世界音樂之林。

　　自1950年，法雅發表歌劇「短暫人生」（La vida breve）嶄露頭角後，之後陸續完成音樂舞劇「愛是魔術師」（El amor brujo, 1915）、「三角帽」（El sombrero de tres picos, 1919）和歌曲集「七個西班牙民歌」，樂思泉湧，因此成爲世界著名的音樂家。

　　薩爾瑞拉劇（Zarzuela）是西班牙獨有的說唱劇，最早出現於十七世紀。它源自農村的民間說唱，集詼諧、喜劇於一身。據說，當時的菲利普國王喜歡打獵，又酷愛看戲，因此經常在馬德里的薩爾瑞拉宮召集從事這種說唱的演員表演。從此，它由民間戲劇變爲宮廷戲劇，因爲在薩爾瑞拉宮演出，所以稱爲薩爾瑞拉劇。

　　該劇的最大特點是說和唱交替進行，歌詞令人費解，每當情節達到高潮時才出現音樂和唱段，這也是與誕生於義大利並流傳歐洲的歌劇不同的地方。薩劇採用民間歌舞，其韻律和節奏受到宮廷和民衆普遍接受，故能流傳至今。由於在表演時必須擺放專門的說詞唱本，該劇受到一定限制，僅流傳於西班牙及講西語的拉美國家。據說現在西班牙的年經人不太愛看這種戲劇，正如臺灣的年輕人不愛看歌仔戲。

　　塔瑞加（1854-1909）是馬德里音樂學院的教授，他改革六弦琴的演奏法，使現代六弦琴演奏家集結成爲塔瑞加派。他的影響遍及全歐及南美，也因此刺激當代作曲家，創作更多的六弦琴曲目。總之，這一切都可

以說是爲西班牙民族音樂時代的來臨，點燃預備的火炬，並由佩德瑞爾（1841-1922）匯合，造就西班牙民族音樂的蓬勃發展。

二、各地區音樂特色

1. 卡斯提亞‧里昂（**Castilla y León**）：此地晴朗的氣候，造就明朗而華麗的Seguidilla舞曲。根據塞凡提斯的名著《吉軻德先生》，這是十六世紀就存在的三拍子舞曲；在十八世紀中葉，它曾在南方劇場盛大流行，在塞維亞等城市中，成爲民眾最喜愛的舞蹈音樂；十九世紀，法國歌劇作曲家比才的作品「卡門」，是著名的女聲詠嘆調，也是使用Seguidilla的名稱和節奏。

2. 卡斯提亞‧拉曼查（**Castilla La Mancha**）：此地的民歌中，有一種叫做「年輕人的歌」，是青年在戀人窗下或朋友家的窗下縱聲高唱的「小夜曲」，在此歌曲的末尾，他們常常唱出似乎從尖叫的高音逐漸滑低的笑聲。這奇異的音樂創造，據說是古代的凱爾特遺留的習俗；在北部的巴斯克，也可以發現這樣詼諧風趣的尾聲。

   這裡的輪舞曲（La rueada）是由小鼓伴奏的民間舞曲，在曲調上非常接近東北部阿拉貢著名的霍塔舞曲（Jota）。從西班牙民間音樂的異同之間，可以看出各地方相互模仿與融合的痕跡。

3. 埃斯特雷馬杜拉（**Extremadura**）：它是鄰近葡萄牙的自治區，民間音樂因地勢高亢荒僻，比不上其他區域蓬勃。但它那用長笛及小鼓伴奏的節日舞曲「救恩聖母」（La Virgen de la Salud），也和薩拉曼加的農村歌曲一樣，曾受過東方音樂的浸潤，至於它的古謠、童謠和讚主曲，也都與北部的里昂和中部的卡斯提亞等地區具有相同的性質。

4. 加利西亞（**Galicia**）：它位於半島的西北部，著名的聖地雅哥修道院，在中世紀因全歐洲天主教徒絡繹不絕來此朝聖，使它保存最早的多聲音樂聖樂，讓西班牙宗教音樂大放異彩。這些古代的音樂文獻，是研究西班牙古歌、古詩最珍貴的經典著作。

雖然加利西亞的民間音樂缺少輝煌成就，但是，它用土語及葡萄牙語演唱的晨歌（Alborada）足以代表此區域的風土音樂。這種用雙簧類的管樂器和小鼓伴奏的民歌，據說是十二、十三世紀遊唱詩人所流傳下來。

5. 阿斯圖里亞斯（**Asturias**）：它位於加利西以東，靠近比斯開灣，此地區保存具有兩千年歷史的原始舞曲（Danza Prima）。這裡的人也因為有這種以男女伴唱而起舞的通俗古歌，而自詡為最文明的民族。此外，在此地區我們還可以欣賞到載歌載舞的Giraldilla，它很像卡斯提亞的輪舞曲。

6. 阿拉貢（**Aragón**）：西班牙的霍塔舞曲（Jota），以東北部的阿拉貢所跳的最為出色，它是快速的三拍子舞曲。相傳十二世紀時，阿拉伯遊唱詩人阿本・厚（Aben Jot）首創此舞。因此，這種以六弦琴伴奏的舞曲，就以阿本・厚的字音改稱為Jota。

7. 巴斯克（**PaísVasco**）：此地區被庇里牛斯山脈分割為分屬法、西兩國的區域，有其自成一系的音樂傳統。它的Zorcico舞曲，有兩個特點，即不規則的節奏和古風的旋律，以及由世俗的民間音樂和莊嚴的宗教音樂交織而成的趣味。

巴斯克地區的音樂，大致上是接受歐洲的哺育。它的音階，可能就是從中古教會曲調演進而成。它的音樂介於法、西兩國間的性格。純巴斯克民間舞曲，以具有現代形式的Aurreskn為典型，它的題材和音樂都充分反映巴斯克堅強勇敢的民族個性。

8. 加泰隆尼亞（**Cataluña**）：十二世紀，在法國南部靠近西班牙的普羅旺斯地方，成為遊唱詩人的搖籃。普羅旺斯附近和西班牙東北部的加泰隆尼亞，都曾在這一群熱情豪爽的民間音樂家的培育下，綻放美麗的花朵。同時，拜占庭的音樂特點，也灌溉加泰隆尼亞的音樂花圃。

中世紀阿拉伯人的短暫入侵，甚少影響此地的音樂形態。這裡的民歌特徵，是不論大小調，都時常出現臨時升降音，它的轉調，也充分表

現地方的特性。這裡有嚴肅而和平的古風敘事曲，也有恬靜而神祕的薩爾達納（Sardana）舞曲。此舞曲沒有西班牙安達魯西亞舞曲的狂躁、自我陶醉，或顯示專門技巧的舞步；薩爾達納舞曲男女老幼都可參加、可大可小的簡單輪舞形式，是對民族的讚歌。

9. **瓦倫西亞（Valencia）**：位於加泰隆尼亞南方濱海區的瓦倫西亞，由於交通發達的優越條件，使它吸收並融合各地區不同的音樂。例如它有與阿拉貢地方齊名的霍塔舞曲，但其旋律較阿拉貢的霍塔更為自由而輕曼。它的民歌拂曉之歌（Albas），也與加利西亞的晨歌同源同義。

10. **巴伐利亞群島（Islas Baleares）**：巴伐利亞群島位於地中海上，其豐富的民間音樂，堪與義大利的西西里島遙相媲美。它受到加泰隆尼亞音樂傳統較多的影響，但也同時注入南方的沙灘與陽光，因此島上的民歌舞樂，正是北方形式與南方精神的混血。總之，這裡的音樂活潑豐富，但缺乏創新。

11. **安達魯西亞（Andalucía）**：從西班牙音樂乃至世界音樂來說，西班牙南部安達魯西亞的貢獻最多也最大。它具有如詩畫的風景，又匯集全西班牙民間音樂的精華。於是，此地音樂就自然成為西班牙近代民族音樂運動裡強有力的支柱。

　　此地，所有的音樂都充滿著阿拉伯人帶來的東方情調，也夾雜著猶太人和吉普賽人的氣息。它表現此地區大眾情感的佛朗明哥歌調（Cante Flamenco），豐富與複雜的內容，幾乎包括西班牙民間音樂的各種風格，更進一步刺激西班牙樂壇，在它的陶熔下形成安達魯西亞樂派。

　　盛產美女的塞維亞城，也在佛朗明哥曲調系統中，產生四分之三拍子的塞維亞舞曲（Sevillana）。它是十八世紀後，從中部的塞吉底亞（Seguidilla）舞曲蛻變而成，曳地的吉普賽人長裙，加上活潑清脆的響板伴奏，讓塞維亞舞曲憑添幾分異域情調。

　　此外，西班牙人也曾從殖民地古巴帶回來兩種著名的舞曲：哈巴涅拉舞曲（Habanera）以及另一種有著倫巴舞曲節奏特性的瓜席拉舞曲

（Guajira）。這兩種舞曲都在安達魯西亞滋長繁衍，成為佛朗明哥的曲調。再者，佛朗明哥舞曲中最美麗動人的，莫過於表現喜悅和滿足的阿雷格里亞斯舞曲（Alegrías）。它演唱時用六弦琴伴奏，永遠使用三拍子、朝氣蓬勃的大音階曲調。

　　屬於佛朗明哥曲調的還有四拍子小調的法魯卡舞曲（Farruca），它是熱情又稍有東方憂鬱感的曲調，法雅的舞劇「三角帽」中磨房之舞那一段，就是成功運用法魯卡舞曲編製。此外，著名的佛朗明哥舞曲還包括：阿拉伯人留下的摩爾風舞曲（Zamora）、靴舞（Zapateado）、帕蘭達舞曲（Parranda）等。

　　至於，位於安達魯西亞、大西洋岸臨海的港城加地斯（Cadiz），是西班牙音樂大師法雅的誕生地，更是世界聞名的波萊露舞曲（Bolero）的故鄉，這種執拗而單純的律動，讓多少作曲家湧起新的樂思，比才的「西班牙小夜曲」就是運用波萊露的節奏。

三、流行與民族音樂

　　西班牙與音樂共舞，不只因為有佛朗明哥（Flamenco）。西班牙是音樂無處不在的國度，熱情的音樂常讓遊客留下強烈深刻的印象。搖滾、流行和電子音樂，儘管並非天生狂野或在西班牙有很大的成就，但與其他歐洲國家比較，仍舊熱鬧非凡、充滿活力，並且擁有大批的追隨者。同時，最具有西班牙風情的佛朗明哥音樂正處於發展的黃金時代，其影響更是深入所有風格的西班牙音樂中。

1.流行音樂

　　每年夏天，西班牙都會產生一首席捲全國的超級舞曲，有的歌曲甚至傳遍整個拉丁美洲。在眾多不朽的歌手中，Alejandro Sanz是西班牙流行音樂的翹楚。他於1968年出生於馬德里，為自己和其他歌手寫了無數的好歌。他的歌總是充滿對感情的渴望，且能夠深深打動人心。

　　來自安達魯西亞的Kiko Venero，是另一位多才的娛樂型作曲家兼演奏家。早在一九七〇年代，他就已經是資深的音樂人。他將日常生活的點滴，巧妙地融合並以搖滾、藍調、非洲和佛朗明哥音樂展現，同時結合幽默、和諧的歌詞，推出幾張暢銷的專輯。至於民謠搖滾製作人Joaquín Sabina，則是另一位來自安達魯西亞的長青樹。他是多產的新潮音樂人，多年來一直不斷堅持反抗的主題。他曾經宣告「我將永遠反對那些當權者！」

　　在一九九〇年代，來自薩拉戈薩的Enrique Bunbury因為是Héroes del Silencio樂團的主唱而成名，後來，事業進一步發展，單飛成為優秀多才的藝術家，他融合八〇年代風格的音樂與拉丁音樂。

　　Canto del Loco是流行搖滾樂團。他們的現場演出場面壯觀、熱力四射，其專輯Zapatillas是2005-2006年度的成功專輯。擅長現場演出的樂團還有巴塞隆納的迷幻搖滾樂團Sidonie，他們將古典與搖滾結合，融入到旋律優美的西塔琴和電子音樂中，非常值得一聽。而馬德里的四人組合Dover現場演出也非常震撼。這兩個樂團主要是用英語演唱。

　　在電子音樂方面，José de Padilla製作Café del Mar，推出專輯Man Ray，他是將伊比薩島推向世界舞曲之都地位的西班牙DJ之一。另外還值得一聽的是二人組OBK的電子流行音樂，他們於一九八〇年代出道，直到2006年才憑藉《我不酷》（Yo no soy cool）獲得西班牙國家音樂最佳電子音樂唱片獎。

　　此外，在西班牙歌曲領域，Pasión Vega是當之無愧的後起之秀，她的歌曲旋律優美、洋溢著羅曼蒂克的氣氛，且聲音充滿誘惑，在老一輩的人群中廣為流行。Pasión Vega廣泛地吸收各種風格的音樂，包括佛朗明哥、流行、藍調、葡萄牙民歌（fado）、爵士和波薩洛瓦（Bosa Nova）。

　　爵士樂也有大批的追隨者。曾在西班牙最受歡迎的爵士音樂家是素有「閃亮手指」之稱的九十多歲的古巴鋼琴家Bebo Valdés。自從他成功地與佛朗明哥歌手Diego El Cigala在專輯《黑色眼淚》（Lágrimas Negras，

2003）中合作後，幾乎被西班牙接納爲自己人了。

2.民族音樂

　　儘管西班牙好幾個地區都有民族音樂演奏團體，但民族音樂的眞正發源地是加利西亞。加利西亞地區民族音樂傳統豐富，與西班牙其他地區的佛朗明哥音樂大相逕庭，代表性音樂gaita是加利西亞版的風笛。加利西亞年輕一代將gaita與其他風格相結合，增強gaita的音樂吸引力。

　　而Carlos Núñez是加利西亞的首席風笛手，不僅擅長gaita還有其他管樂器，是一位非常多才多藝的演奏家。他常在演出中靈活自如地使用小提琴、打擊樂器、吉他和笛子等，並邀請很多嘉賓一起演出。其他加利西亞風笛手包括Susana Seivane、和Xosé Manuel Budiño。而Mercedes Peón則依照民族風格的方式將管樂和其他樂器以及自己的聲音相互融合。

　　加利西亞最成功的gaita組合是Milladoiro，其他組合還包括Berrogüetto、Luar Na Lubre和Fía Na Roca。而Uxía則是一位精力充沛、充滿活力的女歌手。

3.古典音樂

　　幾乎所有西班牙的城市都擁有活躍的古典音樂場景，較大的城市還有很多的古典音樂活動，但大部分在音樂會上演奏的音樂，都並非西班牙作曲家的作品。外國音樂家創作很多節奏感強烈、充滿活力的西班牙音樂，其數量可以與西班牙木土音樂人創作的音樂相媲美，像歌劇《卡門》（Carmen），其女主角卡門展現安達魯西亞女人火熱激情與閃耀美麗的典型形象。法國作曲家喬治・比才（Georges Bizet，1838-1875）被西班牙南部音樂的美妙旋律所迷惑。克勞德・德布西（Claude Debussy，1862-1918）也同樣如此，他的《Iberia》顯示出他對伊比利半島濃厚的偏愛傾向。另一位法國人Maurice Ravel（1875-1937）於1927年創作的波麗露舞曲（Bolero）更掀起一股熱潮。俄羅斯人也同樣被西班牙音樂所征服。

Mikhail Glinka（1804-1857）於1845年到達西班牙的格拉那達，被吉普賽歌曲和吉他魅力所吸引，回國後掀起一股新的俄羅斯民族音樂運動。

四、名曲賞析

鬥牛士之歌（El Relicario），是西班牙作曲家馬爾基那（Pascual Marquina）所作，極富民族地方獨特色彩的名曲。作曲家用音樂生動地描繪西班牙鬥牛的場景，英俊的鬥牛士、凶猛的野牛、狂熱的觀眾、響亮的號角聲等等。音樂採用西班牙民間舞曲音調和響板特有的快速節奏為基礎寫成，而馬拉加舞曲（Malaguena），是西班牙安達魯西亞馬拉加（Málaga）最流行的三拍子音樂。Malaguena是一種調名，以此為名的有四首不同的歌，這裡所選最知名、最流行的是古巴作曲家雷庫歐納（Ernesto Lecuona）所做西班牙組曲「安達魯西亞」，樂曲一開始便以極短的動機，急促的音型，一步一步的導入情境，充滿力感的節奏是這首舞曲的強烈表徵。

至於格拉納達（Granada），這是阿爾貝尼茲於1886年所做的包括八首鋼琴小曲「西班牙組曲」的第一曲，但在此改編為管絃樂曲。格拉納達是西班牙南部的小鎮，也是阿拉伯人在西班牙最後的據點。這首曲子充滿浪漫的氣息，是一首悲哀的小夜曲。樂曲採用三部曲式，一開始即出現的琶音和弦帶有西班牙吉他的音響特點，輕輕的樂曲充滿憧憬和幻想的色彩，經過多次反覆，樂曲轉為降A大調，呈現出纏綿的主題。這一主題帶有凝思默想的特徵，表現作者對格拉納達古城的悠悠思念之情。小白鴿（La paloma）是伊拉迪爾（Sebastián Yradier）所做的相當有名的西班牙歌曲，這首歌曲在西班牙、中南美各國廣為流傳，因此被當作民謠。

阿爾罕布拉宮的回憶（Recuerdos de Alhambra）是「近代吉他音樂之祖」的塔瑞加最廣為人知、最優美動人的作品。阿爾罕布拉宮是阿拉伯人在西班牙所遺留的中世紀王宮。全曲始終在顫音中表現出情緒豐富的旋律，令人回想起往昔宮殿內華麗的壁雕，玲瓏剔透般的模樣，風雅的古都

彷彿海市蜃樓般矗立於眼前。阿斯圖里亞斯，是阿爾貝尼茲「西班牙組曲」第一卷的第五首，已成為吉他樂手當然的演奏名曲。

　　愛是魔術師（El amor brujo）是西班牙作曲家法雅的芭蕾舞音樂，也是早就家喻戶曉的名曲。這首曲子是根據西班牙南部安達魯西亞的吉普賽傳說寫成，共一幕兩場，阿蘭胡埃斯協奏曲，這是作曲家羅德里格在1939年開始譜寫，作品大部分在巴黎完成，1940年由巴塞隆納愛樂首演。這首曲子的第二章是長達11分鐘慢板，它由節拍緩慢的弦樂和木管樂開始，然後加入吉他，最後整個樂團把全曲推向高潮。這首曲子替吉他在古典樂器中贏得崇高的地位，顯示吉他完美的表現力。

五、歌壇、樂壇明星

　　西班牙在歌壇樂壇明星燦爛，人才濟濟，產生世界上第一流的歌唱家、作曲家和演奏家，替西班牙人民贏得榮譽。

1. 著名歌唱家

⑴「金嗓子」普拉西多・多明哥（Plácido Domingo）

　　他是西班牙著名男高音，1941年出生在馬德里民族歌劇演員的家庭。1950年，隨父母到墨西哥定居後，進入席德音樂學院學習。多明哥從小喜愛體育，長大後想當足球明星或鬥牛士。但他天生一副好嗓子，在父母潛移默化的影響下，最後走上從事音樂和歌劇的道路。

　　多明哥不僅藝術功夫紮實，聲音豐滿渾厚，具有強烈的藝術感染力，而且臺風瀟灑英俊，和帕華洛帝一樣，是男高音中的佼佼者。在三十多年的藝術生涯中，多明哥共演出兩千多場，先後成功地扮演80多種抒情劇型的各類不同角色，尤其是氣概不凡的悲劇角色，如奧賽羅、拉達美斯等。他每扮演一個角色，都把這個角色演得有聲有色，有血有肉，為廣大觀眾所傾倒。除了演唱，多明哥還接觸指揮和劇院管理工作，1996年至2011年擔任美國華盛頓國家歌劇院總監。

⑵**卡瑞拉斯**（José Carreras Coll）

　　卡瑞拉斯出生於西班牙的巴塞隆納，自幼便開始展現音樂天賦。他的首次公開表演是在八歲那年，在西班牙國立電臺演唱著名詠嘆調《善變的女人》（La Donna è Mobile）。十一歲時，卡瑞拉斯便在里西奧大劇院擔任童聲高音，曾出演《波希米亞人》第二幕中的小頑童和法雅所作的《彼得羅先生的木偶戲》（El retablo de maese Pedro）中的旁白。

　　其後，他就讀里西奧高等音樂學院（Conservatori Superior de Música del Liceu），並在畢業後於里西奧大劇院的首演中，擔任《諾爾瑪》中的男主角。他的首演獲得和他同場獻藝的當紅女高音蒙特賽拉特‧卡芭葉的垂青。隨後，卡芭葉邀請卡瑞拉斯主唱董尼采第的《魯克蕾齊亞‧波吉亞》（Lucrezia Borgia），此機會成為卡瑞拉斯事業上的首次突破。二十四歲時，卡瑞拉斯首次在倫敦登臺，與卡芭葉同臺在《瑪麗亞‧斯圖亞達》（Maria Stuarda）的歌劇中演唱。此後，他們兩人共同主唱超過15部歌劇。

　　1972年，卡瑞拉斯第一次在美國演出，劇目為《蝴蝶夫人》；1974年，他分別在歐洲幾個大歌劇院的排演劇目中首次登臺主唱，包括維也納國立歌劇院的《弄臣》、倫敦皇家歌劇院的《茶花女》和紐約大都會歌劇院的《托斯卡》。次年，他在米蘭斯卡拉大劇院首次亮相，主唱《假面舞會》。此時二十八歲的卡瑞拉斯，已經擔綱主唱過24部歌劇。

　　1987年，正當卡瑞拉斯的事業攀上高峰時，卻被診斷罹患血癌，據說只有十分之一的生存機會。經過一年多的化療和放射性治療，最終他靠骨髓移植得以痊癒，重回歌劇界。自此，卡瑞拉斯更加關注血癌病人的權益。1988年，他成立荷西‧卡瑞拉斯國際血癌基金會。自1995年起，他每年都在德國萊比錫為血癌患者舉行慈善音樂會。

　　1990年羅馬世界盃足球賽期間，他和帕華洛帝、多明哥舉行首場「三大男高音演唱會」。原本音樂會是為卡瑞拉斯的血癌基金會募款，也是帕、多兩人歡迎卡氏回到舞臺的專場。最後，數以億計的人透過各種媒體

欣賞這場音樂會。2016年2月，宣告展開爲期一年的告別演唱會。

(3)卡巴葉（Montserrat Caballé）

　　她是世界著名的女高音之一，於1933年出生於西班牙加泰隆尼亞的巴塞隆納，其後在里西奧音樂學院師從尤赫娜‧科米尼（Eugenia Kemeny），學習聲樂。1954年首次在巴塞隆納的音樂會登臺，1956年加入巴塞爾歌劇院，同年在巴塞爾首次登臺，演出莫札特的《魔笛》中的第一侍女。不久她又在德國薩爾布呂肯歌劇院演唱。1959年至1962年，她受聘於德國不萊梅州立劇院。1960年首次在義大利米蘭斯卡拉大劇院登臺。1962年首次在美洲的墨西哥城登臺。

　　1965年，是卡巴葉事業成功的轉捩點。在紐約卡耐基大廳音樂會中，她頂替身體不適的瑪麗蓮‧霍恩，演出半場多尼采蒂的《魯克蕾齊亞‧波吉亞（Lucrezia Borgia）》，獲得觀眾長達25分鐘起立鼓掌。演出次日，獲《紐約時報》撰文讚揚。同年，卡芭葉便分別在紐約大都會歌劇院和英國格林德包恩歌劇院首次登臺。1972年，首次在倫敦皇家歌劇院登臺。生涯中，卡巴葉曾經演出威爾第、羅西尼、普契尼、柴可夫斯基等歌劇作家劇中的角色。

　　此外，卡芭葉也是少數曾和搖滾音樂人合作過的聲樂家。1988年，她就曾和皇后樂隊主唱佛萊迪‧摩克瑞合作出過二重唱唱片《巴塞隆納》。該唱片中的《巴塞隆納》一曲，更成爲1992年夏季奧林匹克運動會主題曲之一。此後，卡芭葉只在音樂會演出，很少演出整套歌劇，但在2007年4月曾於維也納國立歌劇院出演《連隊之花（La fille du régiment）》中的純對白角色，卡拉肯托公爵夫人（La duchesse de Krakenthorp）。

(4)情歌大師胡利奧‧伊格萊西亞斯（Julio Iglesias）

　　胡利奧是世界歌壇巨星，他與著名聲樂家多明哥及卡瑞拉斯，都是西班牙人民引以爲榮的人物。他的歌聲那麼委婉、動聽、質樸，帶有濃厚的

地中海氣息，聽後令人難以忘懷。伊格萊西亞斯被譽爲「情歌大師」。

　　1943年9月23日，伊格萊西亞斯生於馬德里富有的名醫之家，他從小受到良好的教育，立志長大後要當外交官，但長大後偏偏愛上足球，成爲皇家馬德里的守門員，有「美洲豹」之稱。然而，在他二十歲時，一場不幸的車禍幾乎奪去他的生命。之後，他頑強地與疾病抗爭，同時以堅忍不拔的毅力學習吉他和作曲等專業訓練。

　　後來，他去英國劍橋大學攻讀法律，並取得律師資格。旅居英國期間，開始演唱自己創作的第一首歌《生活照常進行》。1968年，伊格萊西亞斯以同一首歌在西班牙奪得貝尼多姆歌曲大賽首獎。在西班牙本土唱紅後，他進軍中南美洲這塊「新大陸」。其深沉、含蓄、獨特的嗓音，略帶一絲憂鬱和孤獨感，催人淚下的歌聲贏得眾多觀眾聆賞。南美洲之行使他的事業步入輝煌時期。

　　他在藝術上執著追求、勇於開拓進取便是他成功的祕訣。他說，我的成功並不是因爲天賦，而是不停的努力。在短短的幾年中征服了義大利、法國、德國、英國、美國等國的聽眾。每到一國，他就用那個國家的語言演唱，與當地的觀眾融爲一體。他很快蜚聲世界歌壇，名利雙收。

　　伊格萊西亞斯身高180公分，英俊瀟灑，臺風嚴肅，舉止文雅。1971年，他與菲律賓出生的漂亮女子依莎貝‧普雷斯勒結婚，婚後生有兩個兒子和一個女兒，但七年後因感情不睦分手。從此，儘管伊格萊西亞斯沒有再婚，但每天身邊美女如雲。其中一個兒子安立奎，繼承他的天賦也成爲享譽國際的歌手。

　　伊格萊西亞斯嗓音優美、甜潤，充滿浪漫主義情調，因而很適合演唱愛情主題的歌曲，也極能打動人心。他曾說：「我的歌像朋友們在馬路上交談，無需成熟的韻律和咬文嚼字，這也許就是我成功的原因。」正因爲如此，他擁有廣大的聽眾。早在1985年前，他已在69個國家做70多次電視錄影，舉辦兩千多場音樂會。他也曾多次到臺灣演出，爲廣大臺灣聽眾所喜愛。

舞蹈

提到西班牙，一般人大概馬上聯想到佛朗明哥及鬥牛。但是西班牙的舞蹈並不只有佛朗明哥。西班牙舞蹈受歷史、民族、地理等因素的影響，全國的舞蹈可區分為四大類：⑴地區舞蹈（danzas regionales）。例如巴斯克的fandango和aurresku舞、馬拉加的verdiales舞、巴塞隆納的sardana舞、薩拉曼加的harrada picada舞、阿拉貢的jota舞等；⑵波萊露部門舞蹈（Escuela Bolera）。如塞維亞的sevillana bolera、馬拉加的malaguena舞、卡斯提亞的Olé de la Curra舞等，各地區都有它的波萊露舞蹈；⑶佛朗明哥舞蹈（Flamenco）。例如soleares、bulería、alegría、caracoles、seguidilla、guajira、zapateado等20多種舞蹈。其發源地是西班牙南部的安達魯西亞；⑷古典西班牙舞蹈（clásico español）。如Córdoba、Polo Gitano、Andaluza舞等。此類舞蹈繁多，最主要以近代音樂家所做的音樂為題材。

一、簡史

早在西元前三萬年到一萬年前的石器時代，西班牙就出現宗教儀式性的舞蹈，之後，腓尼基人、希臘人、羅馬人、西哥德人及阿拉伯人統治時間，舞蹈也不斷的演變、發展。到文藝復興時期，天主教國王統一西班牙，舞蹈在各種藝術中最早得到保護，因此假面具舞會和節日慶典活動中的舞蹈盛行。

十八世紀是西班牙舞蹈黃金時期的開始，產生牧歌式的風格。宮廷的節日慶典活動開始走向民間，民間的舞蹈受到高雅的貴婦、紳士喜愛，新型的編舞學派也應運而生。十八世紀末，西班牙城市的舞蹈幾乎被Bolero和Seguidilla舞所壟斷。

十九世紀初，西班牙舞蹈已在西班牙劇場中紮根，頻繁的舞臺表演不僅造就一些舞蹈藝術家，更重要的是藉著在國際舞臺的表演，迅速發展為國際性的藝術形式。到了二十世紀，佛朗明歌舞出現在西班牙的音樂廳，

引起大眾的喜愛，愛好民間舞蹈的藝術家，開始將這種獨特風格的民間舞蹈，加入他們的創作中，因而產生新型舞蹈。

　　總之，西班牙舞蹈在發展之初較爲大眾化，並以吉他、歌謠搭配簡單的動作，在任何地方、任何時間都可以跳。後來，逐漸走向表演性，而且比較注重舞者的裝扮，表演地點也從廣場走向咖啡廳、音樂廳及酒店，最後登上舞臺。而且，西班牙很多舞蹈在型態、主題、步伐及音樂上都有希臘、羅馬、特別是阿拉伯的背景，舞者之間很多甚至沒有肢體上的接觸，然而總會有一種彼此都感覺得到的熱情及溝通。

二、服裝

　　西班牙傳統舞蹈服裝源遠流長，與西班牙的歷史文化密不可分。早期的舞蹈服裝受到摩爾人文化的影響，後來在文藝復興時期得到進一步發展和演變。舞蹈服裝的設計項目和樣式多樣化，反映不同歷史時期和地區的特色與風情。

　　首先是設計特點，西班牙傳統舞蹈服裝的設計特點獨具一格，突顯西班牙的熱情和奔放。常見的特點包括：披肩設計、寬鬆的上衣與緊身裙、複雜的花紋刺繡、豐富的裝飾和配飾等，這些設計讓西班牙舞蹈服裝在舞臺上更具視覺衝擊力和藝術感染力。

　　其次是服飾組成，西班牙傳統舞蹈服裝由許多部分組成，每個部分都有各自的特色和用途。常見的服飾組成包括：背心、裙子、披肩、髮飾、鞋子等，這些服飾透過不同的組合和搭配，展現出西班牙舞蹈中的獨特魅力和個性。

　　第三是色彩的搭配，色彩搭配在西班牙傳統舞蹈服裝中發揮重要的作用，與西班牙獨特的文化和氛圍相契合。常見的色彩搭配有：紅色與黑色、白色與金色、藍色與白色等，這些色彩的選擇不僅突出服裝的絢麗與華麗感，更能傳遞出舞蹈中所表達的情感和主題。

　　隨著時間的推移，西班牙傳統舞蹈服裝也不斷發展和演變。在現代，

舞蹈服裝的設計更加多樣化和創新，融入更多的時尚元素與流行趨勢。同時，舞蹈表演的場合也更爲廣泛，從傳統的舞蹈節日到現代舞臺的演出，舞蹈服裝在不同場合中不斷煥發出新的魅力。

　　總之，西班牙是歐洲地區舞蹈及服裝最多樣的地方，北部山區服裝簡樸而南部則濃豔明亮，但每個地方的裙子都是寬鬆且打褶，充分給舞者動作自由的空間。大多數地區都有披肩，也都有一種很堅固及附帶特殊鞋跟的舞鞋。頭飾則爲簡樸的白色方巾，但使用各種花結在髮網或是帽子上，也有人只是頭上帶朵花。至於男子的服裝則極爲樸素，而且有戲劇風格，主要是長及膝蓋的短褲，在膝蓋上縛緊或是穿在白色襯褲外面，以及穿著有袖或無袖的短外衣及寬大的飾帶。

三、舞蹈介紹

　　西班牙舞蹈種類很多，各種舞蹈又因地方分布，民族的風格而不同，其特徵是使用響板、吉他等道具及優美的音樂和美麗的傳統服飾，其中，吉他與佛朗明哥舞更成爲西班牙的圖騰與外界對西班牙的第一印象，因此值得特別介紹。

1. 佛朗明哥

(1) 簡史

　　佛朗明哥舞蹈的起源說法很多，雖然無法確切知道佛朗明哥的眞正起源，但大多數的人認爲是吉普賽人融合阿拉伯、希伯來、拜占庭及印度的音樂而形成。雖然有人認爲它來自印度，或來自阿拉伯，但確定的是它與吉普賽人關係密切。至於Flamenco一詞出自何處，說法很多，但普遍認爲來自阿拉伯文「felag」（農夫）及「mengu」（逃難者）的組合。

　　歷史記載，首批佛朗明哥歌手出現在十八世紀末，但其起源可追朔到十四世紀。其實，在十八世紀中葉，佛朗明哥已經在安達魯西亞風行，但上流社會仍然拒絕它。到十九世紀，佛朗明哥舞蹈非常注重舞步形式。男性舞者強調舞步綜合動作，以腳跟及腳尖的踏擊，快速而帶節拍的模式稱

為zapateado舞；女性舞者則更注重手、腕、臂、腰、臀的動作，展現出流暢及優美的線條，稱為alegría舞。不過到二十世紀，女性也開始將踩腳納入動作中。

　　初期，佛朗明哥是民間即興的舞蹈，但隨著時間，商業性的表演日增。到二十世紀初，佛朗明哥出現在西班牙的音樂廳。1920年演出第一部佛朗明哥舞劇，1922年在格拉納達舉行著名的佛朗明哥比賽，但隨後此門藝術就漸趨衰微。直到1956年在哥多華（Córdoba）舉行佛朗明哥比賽，1957年在赫雷茲（Jerez）建立佛朗明哥學校，這種藝術才得到復興和發展。

　　佛朗明哥在南部的安達魯西亞非常盛行，在其他地方也有眾多的愛好者，這和1936至1939內戰後，成千上萬的安達魯西亞人移居至馬德里、巴斯克、加泰隆尼亞及瓦倫西亞等大都會及工業區關係密切，然而，大眾媒體的強烈放送也功不可沒。總之，目前在西班牙各地都有佛朗明哥的表演場所，不但吸引大批的西班牙民眾，更是西班牙吸引外國觀光客的重要資源。

　　至於佛朗明哥界最著名的人士包括：舞者，Antonio Gades, Carmen Amaya及Joaquín Cortés；而歌手則有Camarón de la Isla, Niña de la Puebla, Niña Pastori, Pepe Marchena及José Mercé；著名吉他手有Paco de Lucía與Tomatito等人。

(2)調子、腳法、手勢及常用道具

　　所謂的佛朗明哥是由cante（歌、調）、baile（舞）及toque（吉他）三部分組成，佛朗明哥的調子分為：

① 大調（cante jondo或稱cante grande），旋律深沉、悲傷、緩慢，如soleares音樂。

② 中調（cante intermedio），旋律明朗、流暢、不緩不急，如peteneras音樂。

③ 小調（cante chico），旋律活潑亮麗、快速，如bulerías音樂。

佛朗明哥有planta（前半腳掌）、tacón（腳跟）、punta（腳尖）及golpe（全腳掌）等四種腳法。每支佛朗明歌舞都有一段表現踏腳技巧叫escobilla，若踏出來的音色紮實、清脆、音質乾淨俐落、音感準確則顯示舞者功夫高。佛朗明哥的手勢，沒有片刻靜止，它藉手腕的轉動，使手指一根根的向外撩轉，並運行雙臂以配合身體的姿勢，表達內在的感情。響板（castañuelas）是佛朗明哥重要的伴奏道具，但不是每支佛朗明歌舞都要使用響板，會依照舞蹈的需要而定。另外，據說以前人們窮，沒錢買吉他，只好用擊掌來打拍子，流傳至今也成為此舞的特色。另一特色，使用枴杖（bastón）跳舞，據說是被壓迫的人逃到山區常遭殺害且法律禁止他們帶刀，所以出門就隨手帶拐杖防身。

吉他是佛朗明哥音樂中最通用的伴奏樂器，亦能獨奏。佛朗明哥的歌與舞都隨著吉他的節奏表演，吉他手用指尖、指節敲打琴身並靠彈撥與手指的配合動作，來模仿跺腳聲，以增強舞蹈氣氛。另外，佛朗明歌吉他的弦非常靠近樂器頸部，彈撥時即能發生一種刺耳的共鳴聲與歌者沙啞的嗓音非常相似。

綜合上述，佛朗明哥有以下的特徵：

(1) 開始時都以敲擊聲作為伴奏。例如拍掌、敲擊（包括後腳跟的敲擊或木棍的敲擊）、捻指、響板等。

(2) 激動時伴以無拘束的喊叫和喝采。吉普賽人的「olé」（意為很好！）通常是大聲而刺耳的，其目的都是為讚許和鼓勵舞者。

(3) 響板的使用：使用響板是近代的事，男舞者覺得使用響板太女人味，因此不會使用。

(4) 佛朗明哥舞蹈並無固定形式，而是在音樂基礎上產生的即興舞蹈動作。

(5) 吉他伴奏的特色：用指尖、指節敲打琴身，靠彈撥與手指的配合動作，來模仿跺腳聲，以增強舞蹈氣氛。

⑹舞者的臉部呈現悲傷、豔麗、喜樂、妒恨、熱情等種種豐富的表情。

⑺男舞者注重腳底動作，用腳掌、腳跟、腳尖等不同部位踏擊出複雜的節奏，這種豐富多變的腳步技巧稱爲「zapateado」，表現出力量和男子氣概；女舞者則注重手、腕、臂及軀幹的動作表現，手過耳後時，要與挺直的後背成半橢圓形，要充滿激情，某些動作與印度的一些古典舞十分相似。

⑻表演佛朗明歌舞蹈時，常在吉他的伴奏下即興創作，舞蹈節奏多變，舞者內心的情感亦隨著音樂和舞步而變換。

⑼舞者通常雙膝合屈，手腕向內側彎。

在佛朗明哥演出中，我們常看見歌手緊皺眉頭，面部表情憂鬱、憤怒，歌聲嘶啞，這是在其他演出很少見的場景。事實上，佛朗明哥反映吉普賽人貧窮、悲慘的命運和處境，並通過歌曲、音樂和舞蹈來抒發。

2. 其他地方舞蹈

西班牙17個自治區都各有其獨特的音樂與舞蹈，這些多采多姿的音樂與舞蹈，讓西班牙的文化更加豐富多彩。

⑴ 霍塔舞（Jota）：史料記載霍塔舞源自於十七世紀末，初期只是一種多元題材且即興的歌曲。隨後，歌唱開始配上吉他音樂並成爲一種求偶的雙人舞，是廣泛流行於西班牙全國的民間舞蹈。它是以對舞爲基礎的集體舞，音樂爲四分之三拍。舞者手執響板，雙臂圓曲舉起，邊舞邊擊打響板，並伴有唱詩。這種舞蹈節奏輕快，以多變的腿部動作爲特點，雙臂與身軀的舞姿變化很少。舞蹈隊形以舞者互相穿插繞行變化爲主。

霍塔舞特別流行於西班牙北部，也是一種傳統的求愛舞蹈，並以那瓦拉和阿拉貢地區最爲著名，人們喜歡在節日裡表演。傳說這種舞蹈是被放逐的摩爾詩人霍塔從安達魯西亞傳到北方的，因而

與凡丹戈舞十分相近。隨著時間，霍塔舞已不只局限於年輕人之間的求愛，已是北方農村廣大地區慶祝豐收的舞蹈。

(2) 薩爾達納（Sardana）：源自古代的出征舞和原始的太陽祭禮，1552年已經出現在史料中。它是西班牙加泰隆尼亞地區最有代表性的民間舞蹈，是一種輪舞形式的集體舞，音樂為四分之四拍子。跳舞時男女各半，最少兩人以上，男女相間拉手圍成圈。舞蹈節奏緩慢、平和、穩重，舞步比較簡單，舞者不執響板，通常以鼓及吹奏樂器伴奏。

(3) 佩里科特（Pelikete）：西班牙阿圖里亞斯地區的民間舞蹈。舞者將響板套於中指，擊重拍以伴奏。舞蹈中男子動作粗獷有力，做各種跳躍；女子優雅地小步移動，舞姿柔美。

(4) 穆伊涅拉（Muinera）：西班牙加利西亞地區的民間舞蹈。音樂為八分之六拍，跳舞時男女舞伴成對陸續上場，男女各站成一橫排，相對而舞。舞者將響板套於中指，擊重拍。穆伊涅拉節奏性很強，旋轉動作較多，並有鼓、風笛等伴奏。

(5) 塞吉迪亞（Seguidilla）：流行於西班牙中部偏南地區的民間舞蹈。根據地區的不同分為塞吉迪亞－曼切加、塞吉迪亞－博萊羅、塞吉迪亞－希塔納等。這種舞雖然大多表現女性對男性的誘惑，但不同地區的風格有顯著區別。如塞吉迪亞－曼切加，特點是以肩的動作為主，邊舞邊打響板，舞步悠閒自如，富有誘惑力；而塞吉迪亞　博萊羅則顯出高傲、端莊，帶有貴婦人氣質。

(6) 塞維亞納（Sevillana）：這是西班牙南部安達魯西亞地區的民間舞蹈。普遍流行於全國各地，深受群眾喜愛。這是以對舞為基礎的集體舞，人數不限，音樂為四分之三拍。舞蹈根據音樂分段，有一定程序。舞者手執響板，邊舞邊打，以民歌和吉他伴奏，情緒十分歡快，充滿活力。舞步快速多變，加以旋轉和換位，展現西班牙人熱情洋溢的天性。

⑺博萊羅（Bolero）：它是安達魯西亞、卡斯提亞及馬約卡
（Mallorca）地區特有的民間舞蹈，起源於1780年。音樂爲穩重
的四分之三拍子，男女對舞，手執響板敲擊。它是一種熱鬧的舞
蹈，節奏鮮明且舞步繁複。快速舞步與慢節奏交錯，通常以吉
他、鼓或響板伴奏。十八世紀以來，經幾代專業舞蹈家加工改編
而享有盛名，獲准在皇家舞臺演出。舞臺演出的博萊羅一般以古
典芭蕾爲基礎。

第七章

美術與建築

美術

　　西班牙早期大多數的藝術作品，都由教會、宮廷和上流社會階層所有，並只供西班牙貴族階級欣賞。作品的內容是基督教的主題，不外聖徒的生活、祈禱或基督的神蹟。此外，也有上層人士的畫像，其中最常描述教會的無上神權。在任何世界級的收藏中，西班牙藝術品都有極高評價。

一、西班牙藝術史分期

1. 原始壁畫

　　約一百多年前在西班牙洞穴中發現史前壁畫（Cuevas de Altamira），以及隱藏在西班牙各處教堂白牆後的中世紀壁畫。洞穴中的壁畫大多描繪鮮麗的野牛、馴鹿和其他動物，以祈求狩獵能夠豐收。這些壁畫深刻影響畢卡索（Pablo Picasso）和米羅（Juan Miró）。

　　中世紀時，朝聖者絡繹不絕以及貿易路線的擴展，為西班牙的宗教畫，帶來法國、義大利、荷蘭、德國、近東和北非等地的藝術風格。當時，外國畫風影響教會贊助的畫家。最令人驚訝的中世紀壁畫，是在奧維耶多（Oviedo）的小教堂發現。

2. 十一至十三世紀

　　由北非入侵西班牙的阿拉伯人，為西班牙藝術增添平滑、多線條，以及色彩明亮等風格。另外，加泰隆尼亞的羅馬式藝術（Arte romano），深受拜占庭風格的影響，例如墨守成規的外型、毫無表情的人物畫主角。

羅馬式藝術反映封建城市文化藝術的崛起，它為迎接哥德式藝術（Arte
gótico）奠定基礎，是中世紀藝術臻於成熟的第一階段。

3. 十四至十五世紀

在十四至十五世紀，即中世紀末期和文藝復興（Renacimiento）初
期，隨著西班牙人光復國土，區域性的西班牙畫派逐漸發展。其作品樸
實，也具有鄉土氣息，但無法與義大利等商業中心的藝術家完全斷絕關
係。另外，這時期西班牙也興起「祭壇畫」（retablo），就是在木板上著
色、雕刻或作畫。「祭壇畫」是西班牙光復時期藝術家最重要的表現方
式。它是祭壇後面的裝飾畫，上端直抵天花版，後面由牆支撐，高掛在典
型的西班牙教堂東端。

4. 十五至十六世紀：文藝復興時期

西班牙法蘭德斯（Flandes）藝術風格，在天主教國王時代達到顛
峰，此時期也是西班牙愛好收藏藝術的時代。西班牙的文藝復興和義大利
略有不同，義大利城市資本勢力較雄厚，而西班牙封建王權高於一切，宗
教勢力強大且常干涉人文藝術的發展。因此，在當時藝術品中，很少看到
女性裸體的描繪，因為西班牙藝術帶有較濃厚的宮廷及尊僧主義。十六世
紀上半葉，卡洛斯一世（Carlos I）提倡向義大利學習美術並興起收藏外
國繪畫的熱潮，這一方面讓西班牙繪畫喪失鄉土風格，但也創造繪畫的另
一顛峰。十六世紀下半葉，菲利普二世（Felipe II）時，西班牙宮廷藝術
由開放轉向保守。十六世紀末，出現畫家葛雷柯（El Greco），其作品富
含深刻的哲理和人文思想，不同於其他宮廷畫家，他擅長人物肖像和宗教
畫。十六至十七世紀，是西班牙流浪漢小說盛行時期，在美術上也開始出
現描繪世俗生活和市井人物的繪畫。

5. 十七至十八世紀

　　十七世紀，西班牙的政治、經濟更加衰落，但在藝術上卻走向成熟的黃金時代即寫實主義（Realismo）。此時期，西班牙藝術人才輩出。西班牙畫派的繁榮與當時文學的蓬勃發展關係密切。雖然這時期西班牙藝術家大多服務於宮廷，但有些作品卻不受宮廷約束。此外，肖像畫很出色，尤其為下層人民所畫的肖像，充分表現人物嚴肅、剛毅、堅定的表情，這在別的國家少見。里貝拉（Ribera）、維拉斯蓋茲（Velázquez）、慕里歐（Murillo）及蘇巴朗（Zurbarán）是十七世紀上半葉、西班牙美術黃金時期的代表人物。他們將西班牙美麗的靜物滲入大型的敘述畫中，讓畫面呈現較柔和的感覺。敘述畫的特色是較不具感情，純粹以寫實手法來表現。因接近下層人民生活，維拉斯蓋茲的肖像畫展現他剛正不阿的品德以及對下層人民的熱愛與同情。

　　十八世紀是西班牙藝術的低潮期，直到十八世紀末因出現哥雅，才打破美術界沉悶的局面。哥雅前期的畫作受啟蒙運動（Ilustración）的影響。

6. 十九至二十世紀

　　進入十九世紀且在法國影響下，西班牙興起古典主義（Clasicismo）。經過幾世紀的努力，到十九世紀，西班牙繪畫已具高度的影響力。哥雅等宮廷畫家細膩的寫實主義畫風，讓法國印象派畫家驚羨不已。哥雅利用寫實主義手法將「噩夢」繪入畫中，因此被視為現代藝術的祖師。

　　十九世紀末、二十世紀初，在法國的影響下，西班牙興起印象主義（Impresionismo）、新印象主義和後印象主義。至於二十世紀可謂流派紛呈的時代，畢卡索是立體主義（Cubismo）派的代表人物。另一派則是表現主義（Expresionismo），它帶有較濃厚的地方色彩，這一派畫家很多，影響也比較大。而超寫實主義（Surrealismo）起源於一九二○年代，米羅、達利等是最著名的代表。

　　1936至1939西班牙內戰期間，出現獻身革命的藝術家，像畢卡索控訴法西斯罪行的「格爾尼卡」（El Guernica）就是其中的代表作。在一九五〇至一九六〇年代西班牙興起社會寫實派，主張具象藝術。1957年後，出現馬德里的進步派、哥多華（Córdoba）的57之旅及瓦倫西亞的帕爾巴約派等三個比較有影響的藝術派別。

二、著名畫家及畫作介紹賞析

　　普拉多美術館（El Museo de Prado）位於馬德里市中心是西班牙也是世界級的藝術殿堂，三萬多件的館藏中，有三分之一是西班牙畫派的作品，包括哥雅約一百件作品，維拉斯蓋茲、里貝拉各約五十件，葛雷柯、慕里約各約二十件。

　　該館的成立可溯自卡洛斯三世（Carlos III），但初期，該館設立目的並不明確，直到1762年才確立是美術館兼自然博物館。1816至1818年間，因女王伊莎貝二世（Isabel II）協助才進入完工階段。1819年11月9日，該館正式啟用。原名為「皇家普拉多繪畫美術館」，1868年伊莎貝二世流亡海外時，更名為「國立普拉多美術館」。1912年6月7日，設立營運委員會，隨後不斷擴大展館面積。

　　蘇菲亞皇后國立美術館（Centro Nacional de Arte Reina Sofía）也位於馬德里，1990年由醫院改設而成。該館受到巴黎龐畢度中心的啟發，是馬德里最精緻的當代藝術中心，收藏二十世紀西班牙藝術作品，並以珍藏十九世紀西班牙繪畫及畢卡索名作「格爾尼卡」而聞名。展出作品包括立體、超現實、寫實、形式主義等各流派作品，其他空間則陳列短期的展覽作品。

1.葛雷柯（El Greco）

　　本名Domenikos Theotocopulos，葛雷柯（1541年–1614年4月7日）在西班牙語意為希臘人，因為他具有希臘血統。他是西班牙文藝復興時期的畫家、雕塑家與建築家。

　　葛雷柯出生於後拜占庭藝術時期的希臘克里特，當時由威尼斯共和國治理。他原接受傳統繪畫教育，二十六歲時，和許多希臘藝術家一樣，前往威尼斯旅行後畫風丕變。1570年，葛雷柯遷居羅馬，在當地經營工作坊、創作系列的作品。期間，他受到威尼斯文藝復興的薰染，在畫風中融入矯飾主義（manierismo）。1577年，他前往托雷多發展，直到逝世。

　　在西班牙時期，大多住在托雷多（Toledo），許多重要作品也在此完成。他融合各家之長，形成極端個人化的矯飾主義風格。其繪畫，用色陰沉尖銳，常用強烈對比的紅、綠、青和生動的粉紫色，而且，畫中人物肢體刻意拉長，呈現神經質似的緊張感，讓其作品具有高度的個人色彩。西洋美術史上，他是首位嘗試變形的畫家，著名的畫作有《歐爾加斯伯爵的葬禮》（Entierro del Conde de Orgaz）、《把手放在胸前的紳士》（El caballero de la mano al pecho）、《托雷多景色》（Vista de Toledo）等。其中伯爵的葬禮是1520至1600間矯飾主義時期的作品，其特色是以人物為主題，用誇張的透視法，將人物扭曲、拉長，造成畫面的動感，光線明暗對比強烈，色彩明亮，注重想像，強調細節的修飾。此外，作品隱藏不安且退縮的情緒，可能是受到當時政治及社會混亂局面的影響。

　　葛雷柯兼具戲劇性與表現主義的畫風在當時並不受青睞，但在二十世紀獲得肯定。他被公認是表現主義及立體主義先驅，現代學者認為他不屬任何傳統流派，非常與眾不同且具高度個人色彩的藝術家。其畫作以彎曲瘦長的身形為特色，用色怪誕且變幻無常，融合拜占庭傳統與西方繪畫風格。

2. 維拉斯蓋茲（Diego de Silva y Velázquez）

　　維拉斯蓋茲是文藝復興後期西班牙偉大的畫家，對後來的畫家特別是對印象派的影響很大，哥雅認為維拉斯蓋茲是自己的「偉大教師之一」。

　　1599年6月，維拉斯蓋茲生於塞維亞（Sevilla）。1624年，成為西班牙國王菲利普四世（Felipe IV）的宮廷畫家，直到去世。菲利普四世平庸

懶惰，可是愛好藝術，他很快發現維拉斯蓋茲的才華，並宣布他是自己專屬的肖像畫家。自此，菲利普四世始終是維拉斯蓋茲的保護人和朋友。

雖然，當時的宮廷規定國王不能在皇后面前用餐，也不能參加兒女的洗禮，但是，國王卻經常造訪維拉斯蓋茲位於宮中的畫室，並常帶他一起旅行。他雖然只是畫家，卻能在錯綜複雜的宮廷中，屢獲拔擢晉升。

他是寫實主義畫家，通常只畫所見到的事物，所畫的人物，栩栩如生，幾乎能走出畫布。他也畫宗教畫，人物充滿緊張和痛苦的表情；他畫的馬和狗充滿活力。他大部分的作品原來都收藏在馬德里的普拉多博物館中且默默無聞，在1810年法國入侵西班牙的戰爭中，才逐漸被外界了解。當時法國占領軍為了讓公眾欣賞，並沒有破壞和盜走這些畫作。雖然美術史學家將他的作品分為三個時期，但其作品很少註明日期，只能從繪畫風格上區分。

早期，維拉斯蓋茲創作系列靜物畫和風俗畫，《煎雞蛋的婦人》、《提水人》、《早餐》、《水販》和一些宗教畫《基督和艾瑪的朝聖》、《沙漠中的聖約翰》等。此期，他大量使用暖色調以展現升斗小民的日常。此外，他將聖約翰畫得像年輕的農民。此期，其畫風變得更為細膩。

1629年，菲利普四世批准維拉斯蓋茲遊歷義大利，並完成《布雷達的投降》（La rendición de Breda）及《火神法爾坎的鍛鐵爐》（La Fragua de Vulcano）等曠世名作。1631年回國後，國王有他畫室的鑰匙，每天都在其畫室「站上幾個鐘頭」。這時，維拉斯蓋茲完成大量的肖像畫，並陪國王到處旅行。現存的國王肖像大約有40多幅，他還為皇后、王子、公主畫了許多肖像，其肖像畫，注重人物內心的刻畫並突顯其性格特徵。

1648年，他第二次訪問義大利，奉命為國王收購藝術品。他受到教宗的款待，為了答謝，他畫《教皇英諾森十世》肖像（El Papa Inocente X）。據說，有主教從這幅畫的旁邊走過時，回頭小聲對同伴說：「小聲點，教宗已在這兒了」，可見其逼真程度。

1651年，回國後立即被晉升為「宮廷總管」，並創作《鏡前的維

納斯》（Venus al espejo）。這幅畫是十七世紀西班牙宗教嚴厲時期少有的裸體畫像，也是維拉斯蓋茲現存作品中唯一的裸體畫。1656年，他創作兩幅最著名的作品《仕女圖》（Las merinas）和《紡紗女》（Las hilanderas），《紡紗女》的構圖和光色明暗對比曾影響印象派的畫家克勞德‧莫內等人。

晚年時，他因忙於宮廷瑣事，沒有大幅的創作。1660年，他為西班牙公主和法國國王路易十四世在法、西邊界的河中小島籌備婚禮，以及王室成員全部旅途事宜，馬德里人謠傳他被累死。最後，他在家人的驚喜中疲憊地返回馬德里，但仍得伺候國王7月31日的祭宴，回家後即臥病不起，8月6日與世長辭。

維拉斯蓋茲從未創立過畫派，他去世後，西班牙王國很快就沒落了，直到兩百年後，人們才重新發現他的偉大。

3. 哥雅（Francisco de Goya）

哥雅（1746年3月30日-1828年4月15日），是十八世紀末、十九世紀初西班牙浪漫主義畫派畫家，也是舉世聞名的大畫家。他的畫風奇異多變，從早期巴洛克式畫風到後期類似表現主義的作品。一生中，他總是在改變。雖然，從沒有建立自己的門派，但對後世的現實主義畫派、浪漫主義畫派和印象派都有很大的影響。總之，他是一位承先啟後的人物。

1746年，哥雅出生於西班牙東北部阿拉貢自治區的首府薩拉戈薩附近的小村莊，父親是農民，家境貧寒。十四歲時，教士發現他的繪畫才能，鼓勵其父親將他送往薩拉戈薩學習。

因為《基督受難圖》，他被遴聘為聖費南多皇家美術院成員，並於1785年成為副院長。1789年，國王任命他為宮廷畫師，期間他畫了許多宮廷成員及貴族的畫像，畫風明顯受到維拉斯蓋茲的影響。當時西班牙是宗教法嚴厲的國家，禁止描繪裸體，他卻敢畫《裸體的瑪哈》。由於當時社會輿論對該畫作強烈不滿，他拒絕修改原畫，又繪製表情、姿態一模一樣

的《著衣的瑪哈》。一九八○年代，西班牙將《裸體的瑪哈》印成郵票，成為集郵界熱門的收藏品。

　　1792年，哥雅因病失聰辭去美術院職務，開始創作蝕版畫，以風俗畫諷刺教會和國家。1803年，他完成《狂想曲》系列版畫，以各種稀奇古怪的人物進行諷刺。1799年，他被任命為宮廷首席畫師。1800年，卡洛斯四世讓他為自己全家畫肖像，此群像畫作受到國王讚賞。但後人根據國王家族的姿態表情，將該畫戲稱為「剛剛中彩券大獎的雜貨商和其家人」。

　　1808年拿破崙入侵西班牙後，他於1814年創作《1808年5月2日》和《1808年5月3日》兩幅油畫，用色尖酸刻薄，一反以前和諧的顏色。後來，又畫許多關於戰爭、死亡、疾病的主題。他的畫作《農神吞噬其子》，描繪羅馬神話中農神為了防止子女推翻自己的統治，將孩子陸續吃掉的故事。

　　1824年，他辭去宮廷畫師職務。這時妻子已去世，因此孤獨的在法國波爾多療養，但卻持續作畫，創作《波爾多賣牛奶的姑娘》。1828年4月15日，哥雅於波爾多去世，遺體於1900年運回西班牙，安葬在馬德里近郊的弗羅里達的聖安東尼教堂（Real Ermita de San Antonio de la Florida），此教堂的壁畫都是他的創作。其許多作品收藏在馬德里的普拉多美術館。

　　總之，哥雅的作品題材豐富，風格多變，技巧不斷翻新。他的許多作品，以批判的眼光和心理分析的手法，反映個人生活或社會政治生活中發生的事件。哥雅的人生區分為兩階段：在1792年大病之前，哥雅是個活潑、好嬉戲的社交人士。因此，這時期的作品有他個人特有的觀察力，充滿後期洛可可（rococó）風格，以及明亮、和平的色調，並以描述民眾歡樂的生活為主。主要作品有：《河邊群舞》、《河邊野餐》、《打傘的人》、《放風箏》、《鞦韆》、《葡萄豐收》、《布偶遊戲》、《捉迷藏》等。

　　1792年，哥雅因病失聰，且當時社會遭逢巨變、王室對他的猜忌，以及法國拿破崙入侵西班牙等影響，性格大變，幾近冷酷的洞悉力取代原

本明亮的畫風。換言之，這是不拘於華麗外表，而深入挖掘畫中人性的表達，此時期的創作才是後世美術史家所讚賞的哥雅。主要作品有：《卡洛斯四世家族》（La Familia de Carlos IV），這是哥雅生病後的顛峰之作，哥雅毫不保留地將皇后瑪麗亞露易莎（María Luisa）內心的傲慢、醜陋，以及卡洛斯四世的無能表露無遺；《裸體的瑪哈》（Maja desnuda）及《著衣的瑪哈》（Maja vestida），在教律嚴格的天主教國家西班牙，此畫為難得一見的裸體畫。後來因法國入侵，哥雅創作系列描繪戰爭悲慘景象的《戰爭的浩劫》（Los desastres de la guerra），如《1808年5月2日》（El 2 de mayo de 1808）及《1808年5月3日的槍殺》（El fusilamiento de 1808），分別描述對法戰爭及市民被捕從容就義的情景。

　　晚年，哥雅臥病在床，甚至失聰，而且至親好友非死即逃往國外，且其個人追求自由思想的立場又不見容於當局。因此，哥雅創作系列的「黑色畫」（Pinturas Negras），如《巫婆的安息日》、《用餐的老人》、《食子的農神》、《波爾多賣牛奶的女郎》（La lechera de Burdeos）等都是超越當時繪畫概念的作品。

4. 畢卡索（**Pablo Picasso**）

　　1881年，畢卡索生於西班牙安達魯西亞自治區的馬拉加市。年輕時就飛黃騰達，直至九十一歲高齡辭世，一直走在美術世界前端。他是二十世紀現代藝術的主要代表人物之一，遺世的作品達兩萬多件，包括油畫、素描、雕塑、拼貼、陶瓷等作品，畢卡索是少數能在生前「名利雙收」的畫家之一。

　　小時候，畢卡索就展現對繪畫的熱情與能力。1897年，十六歲的畢卡索首次獨自前往馬德里。然而，註冊後，畢卡索卻因沒辦法接受正式、規規矩矩的教育而輟學。畢卡索轉而到馬德里的普拉多美術館欣賞可敬的藝術家，像是維拉斯蓋茲、哥雅等人的作品。葛雷柯的繪畫特色，像是拉長的肢體、醒目的顏色、神祕的面容，都深深影響畢卡索的畫風。

　　1900年，在馬德里進修後，畢卡索前往歐洲藝術首府巴黎旅行。他在巴黎遇見當地記者兼詩人馬克思‧雅各。雅各幫助人生地不熟的畢卡索了解、學習當地的語言與文學作品，成為畢卡索的首位巴黎友人。

　　二十世紀初，畢卡索往來巴塞隆納與巴黎工作。1904年，在一場暴風雨中，畢卡索遇見波希米亞的模特兒費爾南德‧奧利弗並相戀，因此，畢卡索開創玫瑰時期，並有多幅關於她的畫作。在獲得聲望與機會後，費爾南德因相處不睦離開畢卡索。由於愛情挫折，加上父親過世，讓畢卡索非常沮喪。不過，此時他認識新愛人伊娃‧谷維。在立體派時期，畢卡索創作許多對伊娃表示愛意的作品，然而，1915年，伊娃不幸病逝，因此畢卡索傷心欲絕。

　　1918年夏季，畢卡索迎娶謝爾蓋‧達基列夫劇團的芭蕾舞女演員歐嘉‧科克洛瓦。畢卡索在羅馬為劇團設計芭蕾舞劇Parade的服裝時結識歐嘉，婚後兩人到比亞里茨附近的別墅度蜜月，並生下兒子保羅。

　　1936年7月，西班牙發生內戰，畢卡索畫《佛朗哥之夢》來批評佛朗哥。1937年，佛朗哥等軍閥轟炸格爾尼卡，畢卡索畫巨幅大作《格爾尼卡》，展示於巴黎舉行的萬國博覽會。1949年，作品《白鴿》被選為國際和平會議的海報。

　　二次大戰時，畢卡索主要居住在巴黎，巴黎收復後則加入法國共產黨。1973年4月8日，畢卡索在法國慕景市過世。當時，他與妻子賈桂琳正招待友人前來晚餐，畢卡索過世前所說的最後一句話是：「為我乾杯吧！為我的健康乾杯，你知道我已經沒辦法再喝了。」死後，畢卡索葬在法國南部的沃夫納格斯堡的庭園，賈桂琳阻止畢卡索的兒女克勞德與帕洛瑪出席葬禮。

　　總之，畢卡索是多產且風格多變的藝術家。1900到1907年間，因為畫作皆使用藍色或粉紅色，而稱為「藍色」（Periodo azul）及「粉紅色」時期（Periodo rosa）。畢卡索因受到在西班牙孤單的旅行與他的朋友卡薩吉馬斯的自殺影響，使得藍色時期（1901年－1904年）期間的畫作常顯

現出陰鬱的感覺。此時期的畫作以藍與藍綠的色調爲主，極少使用溫暖的顏色。期間，畢卡索創作許多描繪骨瘦如柴的母親與孩子的作品，用色陰暗，有時並以娼妓與乞丐作爲主題。在卡薩吉馬斯逝世後，1901年秋季，畢卡索畫了幾幅他的畫像，並於1903年完成生平最憂鬱的作品《生命》（La Vie）。憂鬱的情緒並蔓延到知名的蝕刻作品《儉樸的一餐》（The Frugal Repast，1904年）。在藍色時期，畢卡索常使用「失明」這個題材，像是《盲人的晚餐》（The Blindman's Meal，）、《賽樂絲汀娜》（Celestina，1903年）等都是藍色時期的代表。

1904年，畢卡索在巴黎遇見爲雕塑家及藝術家工作的模特兒奧利弗（Fernanda Olivier），並墜入愛河，而開啓玫瑰時期（又名粉紅色時期，1904年－1906年）。畢卡索受到與奧利弗之間的甜蜜關係影響，而大量使用鮮明、樂觀的橘、粉紅色系。題材多描繪馬戲團的人們、雜技表演者與丑角，這成爲畢卡索的個人特色之一。1904年，被視爲是藍色時期與玫瑰時期間的過渡期。

1906年，畢卡索初次看到黑人的雕刻，受到莫大的感動。黑人原始、大膽、強烈的造型，給畢卡索很大的刺激。在1907年創作的「亞維農姑娘」（Las señoritas de Aviñón）是畢卡索具象與抽象化的分水嶺。在這幅畫中，他藉著立方體、圓柱體及圓錐體等幾何圖形來呈現人物，使得在同一畫面上可同時呈現畫中人物的不同面向，這幅畫也顯示出深受非洲及歐洲原住民藝術的影響。畢卡索的立體派，基本上不是純美學的，而是走向理性的、抽象的，並將物體重新構成、組合，帶給人更新、更深刻的感受。

1924年後到晚年，畢卡索的創作風格仍不斷變化，像超寫實主義、表現主義等。至於1937年完成的「格爾尼卡」則是其追求及表達自由的傑作，現在收藏於馬德里蘇菲亞皇后藝術中心。畢卡索不但是著名的畫家，也是傑出的雕塑家、陶瓷家及版畫家。

5.米羅（**Juan Miró**）

　　1893年，米羅出生於西班牙的巴塞隆納，父親是金匠和珠寶商。十四歲時，米羅進入巴塞隆納的**St. Luke**藝術學院學習，早年接觸過許多前衛藝術家，如梵谷、馬蒂斯、畢卡索、盧梭等人的作品，也嘗試過野獸派、立體派、達達派的表現手法，之後逐步形成完全屬於自己的藝術風格。1919年，他前往巴黎，畫風爲之一變，成爲超寫實主義的開山始祖之一。他的代表作爲1957年到1959年創作的兩項陶壁作品《太陽和月亮之壁》。米羅的作品充滿孩童天眞浪漫的氣息。他喜歡使用明亮的色彩，其運用色彩的特殊技巧已成爲現今巴塞隆納，甚至西班牙的象徵。代表作有《月下童顏》等。

　　米羅是二十世紀繪畫大師、超現實主義繪畫的偉大天才之一。米羅藝術的卓越之處，並不在於他的肖像畫或繪畫結構，而是他的作品有幻想的幽默。另一特點是，米羅的空想世界非常生動。他的有機物和野獸，甚至那無生命的物體，都有熱情與活力，讓人覺得比日常所見的更爲眞實。

　　米羅非常多產，畫風始終如一而又多樣變化。早期作品受塞尙、梵谷和畢卡索及野獸派畫家的影響，作品或帶有極爲精雅的色彩和線條的運動，或具有立體主義的作風。1928年，他訪問荷蘭，受到荷蘭少有的幾個大師的影響，他製作系列的繪畫，題名爲《荷蘭的室內》，那是從眞實到幻想變形的實例。

　　《加泰隆風景》中的幻想，雖然神祕但很生動。在畫中，黃色和橙黃的兩塊平面，相交於一條曲線。獵人和獵物都畫成幾何的線條和形狀，一些不可思議的物體散置在大地上，有些可以辨認，有些好像暗示海上的生物或顯微鏡下的生物。

　　更令人激賞的作品是《靜物和舊鞋》，顯示這位非政治的藝術家，爲反對西班牙內戰的法西斯分子而做出的深切反應。此作品形象明確，有舊鞋、酒瓶、插進叉子的蘋果，還有一端變成頭蓋骨的切開麵包。這一切都安排在捉摸不定的空間裡，色彩、黑色和凶險的形狀令人厭惡。這件作

品並不是特別的象徵，而是反映米羅對發生在他熱愛的西班牙事變的痛感和厭惡之情。他以物體、色彩和形狀來聲討腐朽、災難和死亡。在這個時期，米羅畫了自畫像，瞪大的眼睛和緊縮的嘴唇，反映他的恐怖感覺。嚴酷的繪圖和催人入眠的正面化形象，標誌著他繼承自己早期的風格。

6. 達利（**Salvador Dalí**）

1904年5月11日，達利出生於西班牙加泰隆尼亞的費格雷斯（Figures）。是著名的加泰羅尼亞畫家，也因他的超現實主義作品而聞名於世。1922年，達利前往馬德里的聖費南多藝術學院，住在學生宿舍，認識不少志同道合的好友，如著名詩人洛爾卡（García Lorca）與名導演布努埃爾（Luis Buñuel）等，之後與他們過從甚密並一起創作許多作品。

早期，達利曾接受最嚴格的學院派繪畫的訓練，且對此從未完全拋棄，但他的興趣在先鋒派（La Vanguardia）繪畫。在巴黎期間，他加入超寫實主義畫派，但因經常「離經叛道」，不久即被開除。其作品可分為三期：早年進入馬德里美術學校到1928年為第一期，此時作品是寫實主義風格；1929到1937年到義大利旅行是第二階段，已跳脫寫實主義，走向印象派的風格；他也有以西班牙內戰為題的作品，表現荒涼、廢墟、無力的吶喊。

1940年，達利定居美國加州，美國人對於達利怪異的打扮行為大為激賞，讓他成為記者追逐的對象。這時期，他創作系列以原子物理學觀念來解釋世界的作品。此外，他也開始探索「神祕主義色彩的新境界」。代表作有：《吉普賽人》、《窗邊》、《海邊風景》、《記憶的延續》、《西班牙》等。

達利在美國住了十五年，1955年回到西班牙。在美國期間，他的大部分精力用在自我宣傳上。他在1965年出版《一個天才的日記》。據西方報刊，晚年的達利，聲譽欠佳，因為他允許別人冒名出產偽作。

1982年，西班牙國王卡洛斯一世封他為普波爾侯爵。達利於1989年1

月23日逝世，享年八十五歲。

達利是具有非凡才能和想像力的藝術家。他以令人驚奇地方式混合怪異夢境的形象與卓越的繪畫技術和受文藝復興大師影響的技巧。他酷愛以怪異荒誕的事物引起他人注意，並影響其公眾藝術形象，這讓藝術愛好者與評論家非常苦惱。

達利承認自己表現「由弗洛伊德所揭示的個人夢境與幻覺」，為了尋找此超現實幻覺，他常探索精神病患的意識，認為他們的言論與行動往往是潛意識世界的真實反映。因此，達利的許多作品，總是把具體的細節任意地誇張、變形、省略與象徵等手段結合，創造介於現實與臆想、具體與抽象間的「超現實境界」。

雖然達利曾嘗試各種不同的風格，但他在超現實主義繪畫中的影響最大，持續的時間也最長。不僅他的畫，還有他的文章、口才、行動以及他的打扮，都在宣傳他的「超現實境界」。

建築

一、公共建築

西班牙的建築，像其歷史一樣多采多姿，不同的外來民族造訪西班牙所留下來的遺跡，讓西班牙的建築呈現多樣的風格與面貌，幾乎所有歐洲建築的風格，都可在西班牙一覽無遺。

1.古代西班牙建築

塞爾特──伊比利人（Celtíberos）是居住在伊比利半島的最早部落，留下大量的遺跡。Castro是他們最普遍的生活建築，它是由石牆圍成的村落，並散布著圓形石屋。有幾處已經保存下來，最著名的分布在拉瓜迪亞（La Guardia）、加利西亞南海岸以及阿斯圖里亞斯的卡納（Caña）附近。至於希臘人和迦太基人很少深入西班牙內陸，加泰隆尼亞的Empúries遺跡，是希臘人曾在此生活的重要證明。

　　羅馬人留下的生活線索相對較多，其中最壯觀的有塞哥維亞的渠水道、阿爾坎塔拉（Alcántara）的石拱橋以及盧戈（Lugo）的矮城牆。西元前218年，羅馬人登陸伊比利半島後，在此展開羅馬化，並持續近五世紀。其間羅馬人在此興建無數的建築物，如凱旋門（arco de triunfo）、劇場、半圓形劇場（anfiteatro）、圓形競技場（circo）、道路、橋梁、公共浴池及渠水道（acueducto）等。甚至傳言，十九世紀西班牙境內的橋梁幾乎都是源自古羅馬時期，其建築物最大的特徵就是多數都具有實用的價值。羅馬人鋪路、造橋，還建造生活中不可或缺的圓型劇場與圓形競技場等。

圖7-A　塞哥維亞的羅馬渠水道（陳怡君）

　　位於西部的埃斯特雷馬杜拉的梅里達，具有「西班牙的羅馬」之稱，加泰隆尼亞的塔拉戈納等地，也都留有大量的劇場、水道橋等羅馬遺跡。

在卡斯提亞‧里昂的塞哥維亞目前留有全長728公尺、高28公尺的羅馬水道橋，這都證明羅馬人的技術高超。此外，令人驚訝的是此水道橋一直使用至二十世紀中葉。現今伊比利半島的大半風貌，大都在此時形成。

隨後入侵的西哥德人，大致上承襲羅馬人的風格，建築上較特殊的是使用馬蹄型拱門（arco de herradura）。西哥德人採用的建築方式較為樸實但更具吸引力，留下一些規模較小的教堂，保存最為完好的是建造於七世紀的Ermita de Santa María de Lara，位於布爾戈斯省（Burgos）的金塔尼利亞‧達拉斯維納斯（Quintanilla de las Viñas），這種獨一無二的建築風格，也可以在西班牙的其他城市（包括托雷多）的建築中看到。

另外，基督教徒在這時候建立許多西哥德式的教堂。Baños de Cerrato的聖胡安教堂（Basílica de San Juan）修建於七世紀，據說是西班牙最古老的教堂，而在帕倫西亞（Palencia）附近的大教堂地下室卻帶有西哥德風格。教堂的馬蹄型拱門，雖然後來由阿拉伯人修建完善，但也是遵循西

圖7-B　Cáceres的羅馬劇場遺跡（陳怡君）

哥德的審美特徵。

　　不過，這些建築被後來入侵的伊斯蘭教徒所破壞，留下的遺址不多，較具代表的是661年建造的聖胡安巴紐斯教堂（Iglesia de San Juan de Baños），其特徵爲石砌的圓形屋頂、馬蹄型拱門與方形的祭室等。

　　711年，西班牙受到穆斯林的入侵、攻陷，只有北部地方的阿斯圖里亞斯、坎達布連以及巴斯克的部分地區倖免於難。九世紀，這片遠離歐洲基督教世界的綠色角落，出現全新的建築方式。在阿斯圖里亞斯零散分布30多座前羅馬式建築，最完好的有奧維耶多（Oviedo）的納蘭科聖瑪利亞宮（Palacio de Santa María del Naranco）和聖米蓋爾德利約教堂（Iglesia de San Miguel de Lillo）。這些建築預示羅馬式風格的來臨。

2. 伊斯蘭教建築的影響

　　因爲長期受到伊斯蘭教徒的統治與支配，西班牙建築與其他歐洲諸國不同，受到伊斯蘭教風格深刻的影響。711年，伊斯蘭教軍團入侵並以迅雷不及掩耳之勢占領伊比利半島。此後，隨著基督教徒的國土光復運動，伊斯蘭教徒領土逐漸縮小。1492年格拉納達淪陷前，伊斯蘭教王國以安達魯西亞爲中心持續建造伊斯蘭教建築，其建築以眾多的城堡（alcázar）、清眞寺（mezquita）與王宮爲主。阿拉伯建築的特色就是堅固、外型簡樸，但內部卻善用大量的花草圖案與幾何圖形的磁磚或雕花來裝飾。

　　此外，在西班牙經商的敘利亞人帶來流行於大馬士革的建築理念和經驗，這很快就被應用到格拉納達（Granada）的皇宮及哥多華清眞寺的建築，並在西班牙的伊斯蘭教徒中獲得極大的尊崇和推廣。馬蹄形和葉型拱門、多爲文字和花卉圖案的精緻的磚瓦裝飾、繁複的灰泥粉飾、安和平靜的內院和鐘乳石天花板裝飾，都帶著濃厚的大馬士革懷舊風格。雖然很多恢弘的建築典範都已經消逝在歷史的荒煙中，但西班牙仍然保留大量此類伊斯蘭風格建築的遺跡。北部地方最有名的伊斯蘭建築是塞拉戈薩（Zaragoza）的阿爾哈菲利亞宮（Aljafería）。

　　統治半島的阿拉伯三大王朝，在興盛期各自建造富有特色的建築物。代表哈里發美術的是哥多華的清眞寺，林立的大柱、紅白相間的拱門是典型清眞寺的建築。其次，代表姆瓦希德王朝美術風格的是塞維亞的希拉達塔（Giralda de Sevilla），它具有簡樸的美感。而上述兩棟建築在往後經過改建成爲基督教大教堂的一部分。伊斯蘭教與基督教文化相互混合所呈現的建築風格，可以代表西班牙的特殊性。最後，納斯爾王朝在格拉納達的阿爾罕布拉王宮（Palacio de la Alhambra），該宮建造於十三至十五世紀，是伊斯蘭教建築藝術的極致也是伊斯蘭教王國在西班牙最完美的創作。

圖7-C　塞維亞的Giralda塔（陳怡君）

在基督教化的過程中，殘留的伊斯蘭教徒被稱爲穆德哈爾（mudéjar）；隨著國土光復運動，穆德哈爾建築風格也逐漸流行。其繼承伊斯蘭教建築的特色，並重大影響之後的西班牙建築師。使用磚塊是穆德哈爾建築最突出的貢獻，整個伊比利半島的城堡、教堂和公寓都使用這種材質修建。該建築以紅磚、馬蹄型拱門、格狀木質頂棚爲特色。塞維亞的阿爾卡沙皇宮（Alcázar de Sevilla）是其代表。九世紀後半至十一世紀初，在摩爾人統治下，西班牙基督徒發展出特有的莫薩拉貝（mozárabe）建築風格，它以擁有許多伊斯蘭教式的馬蹄型拱門爲其特徵。

3.羅馬式與哥德式建築

正當伊斯蘭潮流走向沒落，國土光復運動（Reconquista）方興未艾時，西班牙開始推動源於義大利和法國的中世紀歐洲首場建築設計運動。從十一世紀左右開始，羅馬式風格的教堂、修道院、橋梁、朝聖寄宿區以及其他建築，在西班牙北部迅速成長。

羅馬風格的基本特徵：通常外部建築很少裝飾，趨向簡單樸素以及多角建築架構，此外，樣式簡單，牆厚窗小，半圓形拱門入口和內部陰暗具神祕氣氛，是該建築的特色。教堂建築表現尤爲突出，教堂的弧形部分是圓柱形的環形殿，有的配有三個環形殿。最引人注目的裝飾元素是半圓拱、優美的大門、迴廊和中央廣場。此外，聖地牙哥朝聖之路（Camino de Santiago）沿線也有很多羅馬式的傑出建築，包括聖多明哥修道院（Monasterio de Santo Domingo de Silos）、拉斯烏埃爾加斯修道院（Monasterio de las Huelgas）的迴廊，以及聖馬丁教堂（Iglesia de San Martín）。

十二世紀，以羅馬風格爲基礎的修繕風格開始變得明顯，各式各樣的尖頂和肋架拱頂顯示哥德式時代的來臨。十三至十四世紀，法國流行的哥德式教堂也在西班牙全國各地蓬勃發展。然而，西班牙哥德式在架構上的主要創新是星形拱頂，這是屋頂重疊分布，肋架拱頂從一連串的中心點出

發向四周散開。西班牙最著名的三座哥德式大教堂爲建造於十三世紀的布爾戈斯、里昂和托雷多大教堂。

此外，加泰隆尼亞興起的加泰隆尼亞哥德式是該風格的變體，與當時法國和北歐地區流行的尖頂和其他裝飾性風格大相逕庭。加泰隆尼亞建築的頂部較寬，並透過建造無梁拱頂來增加合理的寬度極限，讓人感到很不可思議。他們很少使用飛扶壁做房屋支柱。

由於有向外突出的大梁支撐，讓哥德式教堂嵌裝更大更寬的玻璃工程能夠實現，也促進玫瑰窗與彩色玻璃等裝飾用品的發展。在西班牙進行國土光復時，基督教扮演極重要的角色，而教堂則是基督教中非常重要的建築。哥德式藝術（arte gótico）建築，以複雜的十字拱頂、尖拱、尖塔、彩繪玻璃，火焰式裝飾爲特色，建築本身比例勻稱，整座建築洋溢向上飛昇的氣勢。此時，穆德哈爾風格仍然持續影響，尤其是在磚瓦而非石頭的使用上。托雷多與阿拉貢地區，特別是薩拉戈薩、特魯埃爾〔Teruel〕，有很多混合哥德式與穆德哈爾風格的獨特建築。

1480至1510年，費南多與伊莎貝夫婦當政時，誕生西班牙特有的伊莎貝（Isabelina）建築風格，以正門講壇正對中堂入口，且雕鑿精細的祭壇畫爲特色。它是後起的風格，從伊斯蘭設計中汲取曲線藝術，且可以被看作是帶複雜花葉形狀裝飾風格的前身。托雷多的聖胡安教堂（San Juan de los Reyes）是其代表

十六世紀，經歷哥德式風格的復興，薩拉曼卡新式教堂可能是最完美的作品。儘管塞哥維亞大教堂（Catedral de Segovia）修建時間最晚，但它可能是西班牙最純正的哥德式宗教建築。事實上，不僅宗教建築興盛繁榮，鄉間的大量城堡也於此時興建。因很多城堡從未經歷戰火，且修建目的也非用於戰事，例如坐落在科卡（Coca）境內的穆德哈爾城堡，是此地區頂級的典範建築。巴塞隆納有很多漂亮的哥德式民宅值得一看，包括哥德區（Barrio Gótico）昔日宮殿內的蒂內爾廳（Saló del Tinell）以及Reials Drassanes（海洋博物館），後者曾是規模宏大的造船廠。

4. 象徵黃金時代的西班牙文藝復興風格

　　文藝復興藝術講究左右對稱，冷靜理性，但傳入西班牙後，人文主義色彩不濃，但帶有濃厚的宮廷主義和尊僧主義。

　　十六世紀，也就是後哥德時期的建築傾向精雕細琢，這種工夫細緻的風格稱為銀匠風格（Plateresco）。遊覽薩拉曼卡大學便能集中欣賞到這種建築風格的傑出作品。以半身雕像、圓形浮雕以及繁複的花卉圖案為特徵的建築外部立面是值得一提的藝術傑作。與之不相上下的是聖埃斯特班修道院（Convento de San Esteban）的建築正面。

　　相較於過分強調裝飾的銀匠式風格，十六世紀後半葉，則出現由艾雷拉（Juan de Herrera）鼓吹運用直線條、簡單但宏偉的艾雷拉式（herreriano）建築風格。其代表性建築物為聖羅倫索修道院（Convento de San Lorenzo），該建築的特徵是幾何式建構、裝飾簡單但氣勢磅礡。此外，艾雷拉還建造集合修道院、王宮與陵寢的艾斯科里亞（El Escorial）修道院，是由菲利普二世下令興建。

5. 華麗的巴洛克建築風格

　　十七世紀中葉，西班牙興起巴洛克（barroco）建築風格。其特色為：自由奔放、運用曲線與精美圖形為裝飾，造型繁複、富於變化，且建築裝飾過於複雜華麗，聖地牙哥大教堂的正面為其代表。該浮誇式的建築風格在西班牙隨處可見，但通常作為裝飾而非完整的建築。

　　晚期，巴洛克風格回歸銀匠式建築風格，形成西班牙特有的丘里格雷斯柯（Churrigueresco）。該風格的建築表面密布裝飾，並布滿斷續的三角形裝飾、波浪形檐口、逆向漩渦綴飾、粉飾貝殼和花環。其特點是有盤旋的鍍金圓柱，上面帶有各式各樣的天使和聖徒圖案。托雷多大教堂內的透明甕為代表作。此外，十八世紀曾大規模整修的阿蘭菲斯王宮（Palacio de Aranjuez），以洛可可（Rococó）優雅風格為其特徵。

　　十八世紀中葉後，受啟蒙運動影響，崇尚古希臘羅馬文化，形成新古

典主義（neoclasicismo），是對巴洛克、洛可可風格的反動。在卡洛斯三世時，西班牙新古典主義達到顛峰，代表作有馬德里的阿卡拉門（Puerta de Alcalá）、普拉多美術館、天文臺（Observatorio Astronómico）等。

6. 傳達十九世紀末氣息的現代藝術

當時歐洲各國流行的樣式如文藝復興、以及之後的巴洛克、洛可可等，也同樣存在西班牙。然而，以西班牙風格樣式崛起的是，十九世紀末到二十世紀初以巴塞隆納為中心風行於加泰隆尼亞地區的現代藝術樣式。由於多使用優雅的曲線來裝飾建築，因此經常被稱為西班牙版的新藝術派。事實上，西班牙是受到穆德哈爾式的影響而獨自發展出十九世紀末的建築樣式。此建築樣式的先驅高第（Gaudí）等人的早期作品中，可以明

圖7-D　壯麗又肅穆的聖家堂（陳怡君）

顯感受到穆德哈爾式的影子，此後，許多建築家也積極地利用磁磚等物品，探索新的表現手法。

　　眾所周知，高第研究阿爾罕布拉王宮等建築，並將其成果呈現於奎爾別墅的設計上。最終，高第向自然的造型學習，利用獨特的流暢曲線，確立自己的建築風格。天才建築家高第在西班牙建築史占有重要的地位，他擅長以優美的曲線作為建築物的結構，其重要作品大多集中在巴塞隆納，如聖家堂（Sagrada Familia）、奎爾公園（Parque Güel）、巴由之家（Casa Batlló）、米拉之家（Casa Milá）等。

圖7-E　巴塞隆納米拉之家（陳怡君）

7.建構未來

　　如果將巴塞隆納看作現代主義中心，那麼馬德里就是西班牙裝飾藝術

的首府。一九二○年代，新建的格蘭大道（Gran Vía）為新建工程提供絕佳機會，於那個時代產生的大量裝飾藝術作品至今仍陳列於此大道上。最負盛名，同時也是最具爭議的是西貝萊斯廣場（Plaza de Cibeles）旁的郵政大樓（Palacio de Comunicaciones）。

傲然矗立的建築和城市再發展專案，使得城市風貌不斷發生變化。例如1992年在巴塞隆納舉行的奧運會，大幅刺激新建工程和城市更新，在昔日的El Raval貧民地區建立起的Macba藝術博物館煥發耀眼的光輝，而像小黃瓜形狀的阿格霸大廈（Torre Agbar），也成為獨特的城市風景。

位於更南方的瓦倫西亞藝術科學城（Ciudad de las Artes y las Ciencias）融合卡拉特拉瓦（Santiago Calatrava）的未來派風格，此外，位於西班牙北部的古根漢美術館是西班牙現代建築的典型代表。該館外牆採用鈦金屬，北立面形狀像花蕊，參差高低不一的藝廊像向外盛開的鮮花，塑造出的「大狗」與美術館相互輝映。弗斯特爵士（Sir Norman Foster）也毫不落人後，設計新的城市地鐵系統。羅傑斯爵士（Sir Richard Rogers）在馬德里巴拉哈斯機場（aeropuerto de Barajas）修建夢幻般波瀾起伏的新第四航廈。

總之，西班牙兩千多年的歷史都顯現在建築中。西班牙有多達21處的建築與歷史古蹟已被聯合國教科文組織列為世界文化遺產。這些遺產遍布西班牙各地，如古羅馬渠水道、哥多華的清真寺、阿爾罕布拉宮、艾雷斯科里亞宮等。這些建築與古蹟每年吸引眾多觀光客，是西班牙觀光事業與經濟發展的重要資產。

8. 古蹟的保存

阿豐索二世從摩爾人手中奪回特魯埃爾城後，准許摩爾人在城內待到十五世紀，他們在此地將穆德哈爾風格發揮到極致。因此，至今你仍可以感覺處在阿拉伯的環境中，雖然特魯埃爾不同於格拉那達或哥多華，也與薩拉戈薩的阿哈斐利亞宮不同。在特魯埃爾，哥德式和羅馬式建築混合形

成另一傳統，保存在看似脆弱的磚砌工程當中。西班牙人以獨特的方式，小心翼翼地保護他們的遺產，保存的項目不僅擴及教宗印璽、憲章、城垛和修道院迴廊，還包括金棺內展示的乾枯聖膝、頭、手等驚悚奇觀。

二、民間建築風貌

在西班牙馬德里、巴塞隆納、塞維亞等大城市，通常區分為新舊城區。舊城區位於市中心，以宮殿、教堂、城堡、宅院等古典式建築為主體，是整個城市建築的基本風格。廣場上雕塑林立，古色古香。徘徊在舊城區，彷彿回到遠古時代。新城區則圍繞舊城區而建，如同扇子，向周圍擴展，其建築風格以現代派為主體，線條流暢、明快、清晰。銀行、酒店、辦公大樓大多相當高聳。居民的住宅區則是各有千秋的低層樓。街區花木掩映，景色優美。

西班牙的鄉村風貌與城市鮮明對比。在山坡海邊，平原水旁的農舍和村莊，以古樸的野趣，淳厚的民風以及和諧的色調，讓人留下難忘的印象。由於民族、歷史與文化背景不同，西班牙鄉村建築風格各異，建材也不相同。整體而言，房屋的設計造型受阿拉伯人的影響較深，基本上採用石塊瓦片，屋頂非紅即黑，十分堅固。此外，也有不少「茅草房」式的民宅，尖屋頂，牆壁四周全被茅草遮掩，但內部裝潢考究，冬暖夏涼。

在西班牙南部，安達魯西亞的「白屋村」是民宅最具代表性的景觀。這些白色小村，都用石頭堆砌而成，據說都是五百年前被驅離格拉那達古城的阿拉伯難民建造的棲身之地。雪白的外觀加上紅花綠葉盆景與陶瓦瓶罐等裝飾品吊掛在窗旁、牆壁上，洋溢著濃烈的安達魯西亞風情。

文學

被視為現代小說之祖的《吉軻德先生》（*Don Quijote*）是最知名的西班牙文學作品；在過去兩千年間，西班牙也產生不少重要著作。古羅馬時代作家如塞尼加（Seneca）、盧坎（Lucan）和馬提亞爾（Martial）都出

生於西班牙；摩爾人也發展出蓬勃的文學，惟今已不受重視。雖然西班牙語是國語，但許多不朽之作卻以加利西亞、加泰隆尼亞等語言寫成，仍屬口語傳承的巴斯克文學晚近逐漸發展。外國作家如大仲馬、海明威和捷克的恰彼克（Karel Capek）都寫過西班牙的旅遊見聞。

一、中世紀時期

羅馬帝國瓦解後，拉丁語衍生為好幾種羅馬語。西班牙最早的非拉丁語文學源自十世紀前，以莫沙拉伯語（Mozarabe）寫成的「jarchas」情詩片段，莫沙拉伯語是摩爾人統治下的基督徒所使用的羅馬語。

十二世紀，首見卡斯提亞語詩作，其後三百年中發展出兩大詩派，吟遊詩人作品最著稱的是無名氏的史詩「席德之歌」（El Cantar del Mío Cid），敘述席德於再征服時期的英勇事蹟；神職人員的作品如貝爾塞奧（Conzalo de Berceo）描寫聖母生平的「聖母神蹟」（Milagros de Nuestra Señora），帶有道德訓示。

十三世紀時，「智者」阿豐索十世以卡斯提亞──羅馬語（即後來的西班牙語）代替拉丁文成為官方語文。他指導一群由猶太人、基督徒和阿拉伯人所組成的團隊編寫學術論文，這位詩人國王則以加利西亞──羅馬語寫作。

西班牙最早的散文鉅作出現於十四、十五世紀，神職人員魯伊斯（Juan Luiz）的詩集「虔誠之愛」（El libro de Buen Amor），敘述一名教士的愛情生活與其他故事。羅哈斯（Fernando de Rojas）在「拉皮條的女人」（La Celestina）中純熟地塑造角色，描述兩名貴族的戀愛悲劇與掮客的詭計多端。此時，騎士故事亦十分受歡迎。

二、黃金時代

在哈布斯堡王朝歷代國王的統治下，西班牙文學於十六世紀達到巔峰，為西班牙文學的黃金時代。此時，國內紛爭不斷，流浪漢小說體現此

一現象：這類作品源於無名氏反映導盲者不幸的《小癩子》（El Lazarrillo de Tormes）。

1543年，詩人維加（Garcilaso de la Vega）出版田園詩，以義大利詩句風格改造西班牙的詩歌。此外，在嚴肅的反宗改革氣氛下，屬靈派作家群起。聖若望十世的《靈性讚美詩》（Cántico Espiritual）受到東方情色詩作和聖經「雅歌」的影響。巴洛克詩人龔哥拉（Luis de Góngora）及奎維多（Francisco de Quevedo）風格對比強烈：龔哥拉的文體豐富華麗，而奎維多則枯燥乏味、尖酸又悲觀。

劇作家方面，西班牙國家劇院的創辦人維加（Lope de Vega）共寫下一千五百部很受歡迎的劇作、詩及小說；卡德隆‧巴爾卡（Calderón de la Barca）則以他饒富哲學的劇本著稱。

十七世紀則出現更傑出的文學天才：1605年，塞凡提斯出版《吉軻德先生》，其一生及作品的影響橫跨黃金時代的兩個世紀。這本描繪迷惑的理想主義者挑戰殘酷現實的故事，出版後即成為暢銷書，至今仍深深打動全球讀者的心。

三、十八至十九世紀

受到法國啟蒙運動的影響，十八世紀的西班牙文學被視為教化工具，莫拉丁（Leandro Fernández de Moratín）的喜劇《女孩的承諾》（El Sí de las Niñas）即是佳例。此時，新聞寫作開始發展，隨筆亦初萌成為文體。浪漫主義出現得晚，且曇花一現；索里亞（José Zorrilla y Moral）撰述的《唐璜》（Don Juan Tenorio）是最著名的浪漫主義戲劇。

十九世紀初，諷刺小品作家拉臘（Mariano José de Larra）脫穎而出。十九世紀末，小說成為描繪西班牙社會的寫實工具，貝雷茲‧加爾多斯（Benito Pérez Galdós）被視為繼塞凡提斯後最偉大的小說家；其《民族演義》（Episodios Nacionales）對人性有深入的研究。克拉林（Clarín）的《庭長夫人》（La Regenta）其女主角因為小城反動主義者的偏見而墮落。

四、二十世紀

1898年美西戰爭失利，結束西班牙成為國際強權的意圖。當時國內的作家及知識分子，包括烏納穆諾（Miguel de Unamuno）、馬查多（Antonio Machado）及巴葉英克蘭（R. M. del Valle Inclán）等號稱「98世代作家」（Generación de 98）發表聲明指出，西班牙必須放棄成為世界霸權的夢想，以利進行新的、現代化的路線。他們的作品大多描述西班牙落後於其他歐洲國家的題材。諾貝爾文學獎得主希梅晶茲（J. Ramón Jiménez）則致力於純淨的詩作。

而「27世代」（Generación del 27）則是結合歐洲實驗藝術和西班牙傳統文學主題和形式；最知名的是詩人兼劇作家加西亞・羅卡（F. Carcía Lorca），1936年遭法西斯黨槍決；他將家鄉安達魯西亞的民間傳說，表現在其詩作和戲劇中，例如《葉瑪》（Yerma）。

內戰迫使許多支持共和體制的知識份子流亡國外。佛朗哥政權雖意圖自創其政宣文化，但這時期最出色的作品卻在漠視政治環境下產生。賽拉（Camilo José Cela）所寫的《蜂巢》（La colmena）敘述戰後馬德里飢荒的生活，其社會寫實主義氛圍啟發其他作家，他於1989年榮獲諾貝爾文學獎。

一九六〇年代以降，隨著哥提索洛（J. Goytisolo）、貝內特（Joan Benet）、亞馬薩雷斯（J. Liamazares）、穆紐茲・莫利納（A. Muñoz Molina）、卡巴葉羅・博納德（J. M. Caballero Bonald）及馬爾塞（J. Marsé）的出現，西班牙小說再現生機。

二十世紀，西班牙文學發展傲人。上半期出現三位諾貝爾文學獎得主——José Echegaray（1904）、Jacinto Benavente（1922）及Juan Ramón Jiménez（1956）；下半期，再出現Vicente Aleixandre（1977）及Camilo José Cela（1989）。

第八章
著名節慶、運動及手工藝品

著名節慶

　　西班牙的國定假日一年約7至9天，而每個自治區與城市也各自有假日。另外，每個城市也都有守護神（patrón o patrona）的慶典。守護神就是宗教信仰中的聖人（santo o santa），據說他們會保佑城鎮的居民。因此，西班牙一整年到處都有慶典。再者，西班牙是熱愛盛大慶典的民族，因此常舉辦慶典，而且因為信奉天主教，不少節慶與宗教有關。節慶時，全城居民都會通宵達旦，狂歡作樂。西班牙各地節慶慶祝方式不盡相同，各具特色，既反映其悠久歷史和燦爛文化，也展示其熱情奔放的民族性格和豐富多彩的生活方式。因此，如果有幸躬逢盛會，不妨將自己融入，一起盡情歡樂。

　　在聖人的生日來臨時，相關城鎮就舉行盛大慶典。節慶當天，城鎮都裝飾得美輪美奐，旋轉木馬（tiovivo）、摩天轉輪（noria）、碰碰車（autos de coches）等遊樂及摸彩活動齊聚一堂。民眾吃吃喝喝、唱唱跳跳，一直玩到夜幕低垂，再看看壓軸的煙火。大部分的節慶在夏天舉行，一般都有鬥牛（corridas de toro）、奔牛（encierros）或鬥小牛（vaquilla）等節目。有些節慶會出現以木板或紙板作成的巨型人像或大頭像等，且都以西班牙歷史或當代人物為依據。以下概述幾項在西班牙甚至全球知名的節慶活動：

一、元旦鐘聲

　　每當元旦來臨，西班牙全國喜氣洋洋，共同慶祝。馬德里的慶祝活動

主要是在除夕的夜間，當夜幕降臨，華燈初上，家家戶戶，扶老攜幼，從各地湧向市中心的太陽門廣場，歡度舊年的最後時刻。人們在敲12響鐘聲時吃12顆葡萄，以祈求來年諸事順利。

二、喧騰的三王節

元旦後，就是元月六日的三王節。西班牙人對三王節的重視程度，不亞於元旦。其慶祝的盛況，也是一年諸多的節日中少見。

三王節的由來，傳說在這天從東方來了三位國王，分別是黑臉、黃臉及白臉。他們到西班牙後，給人們帶來幸福和歡樂，從此安居樂業，平平安安。因此，幾百年來，為了紀念這三位東方國王，西班牙人在這天舉行隆重的慶祝活動。此節日主要是孩童的節日，也是西班牙的兒童節。這天後，結束漫長的聖誕及年假。

三、浪漫的情人節

2月14日，是西班牙乃至全世界的情人節。實際上，這個節日原來是聖瓦倫丁節。它怎麼演變成現在的情人節呢？

據記載，古羅馬時代有位瓦倫丁的殉教者，他不顧羅馬皇帝的禁令，祕密地為青年人舉行婚禮，結果遭到監禁，並於271年2月14日在獄中去世。為了紀念他，人們將這天訂為牧神節，也就是聖瓦倫丁節。當天，年輕人聚在一起，女孩們把自己表達愛情的祝詞放在籤筒裡，讓年輕男孩依次抽籤，抽到哪位小姐的祝詞，那位姑娘就成為他的戀人。

四、溫馨的聖荷西節

3月9日，是西班牙全國的重要宗教節日，即聖荷西節。不知從何時開始，這個節日慢慢演變成現在的父親節。也許《聖經》裡聖荷西在西班牙的心目中是個慈悲和有責任感的男子漢的緣故吧！

五、熱烈的法雅節

在全國眾多的節日中，3月19日的法雅節恐怕是較隆重，也最具吸引力和魅力。法雅是拉丁語火的意思。法雅節在地中海沿岸城市瓦倫西亞盛大舉行，當地人把這個節日稱做法雅節，實際上是玩偶節。法雅節和其他節日截然不同，節日的主要活動是建造、展覽和火燒各種造型的法雅。

這個節日的由來眾說紛紜，有人說這種拜火式的狂歡是阿拉伯人的遺風，有的說3月19日是木匠的節日，這天原是紀念耶穌的父親聖荷西，因為他是木匠，所以這天也是木匠的節日，大家都以燃燒木頭來紀念。但西班牙人普遍人認為，燃燒玩偶是為了告別嚴寒的冬天，迎接美好的春天。

六、獨特的烹調節

此節日在每年三月舉行，是西班牙人的口福節。各地的慶祝方式不同，內容也不完全一樣，時間有長有短。西部、南部農村比較重視，有許多傳統的作法。一般而言，在烹調節時，每年以一種野味為主菜，如蝸牛、野豬、山兔等。大家大飽口福，盡情享用美味佳餚。

七、復活節

在四月春分月圓後的第一個星期日是復活節。起初對日期有爭議，直到325年，教士會議才決定統一日期。西班牙人重視該節日的程度，僅次於聖誕節，因此全國放假三天，以示慶祝。

復活節是紀念耶穌復活的重大日子。據說，耶穌被猶大告發後釘死在十字架上，此時正值耶路撒冷猶太教的逾越節日子，因受難而死，故死後復活升天。耶穌復活之日，正是古代伊比利亞半島居民慶祝大地回春的太陽節，因此帶有幾分欣慰和歡樂的氣氛。

復活節時，有不少傳統的慶祝活動，既有天主教的儀式，也有異教流傳下來的習俗。主要的活動是化妝遊行和集會，並焚燒猶大的肖像。同時，蛋是復活節最典型的象徵。這是因為古人把蛋視為孕育新生命和復活

的象徵。因此，復活節期間，人們常把蛋染成紅色，代表耶穌受難時流的鮮血，同時也象徵復活後的快樂。西班牙慶祝復活節，以塞維亞最盛大也吸引最多觀光客參加。

八、四月春會（Feria de Abril）

聖週過後，塞維亞人就開始積極籌備四月春會，春會從禮拜天復活節後的第三個星期二子夜12點開始，約每年的4月23至28日。

塞維亞的四月春會最初僅是單純的牲畜交易市集，後來才漸漸演變為西班牙最生動、活潑有趣的慶典活動。據說，在1847年Narcio Bonaplata及Ibarra兩位伯爵聯合奏請當時伊莎貝二世（Isabel II）女王准許設置「牲口市集」。在獲准後，於1847年4月18日舉辦第一屆牲口市集，歷時三天，後來延長為六天，由週二至週日。當時塞維亞的牲口數量比農產量還大，牲口交易期間或許為了慶祝交易成功，遂加入歌舞活動，後來歌舞伴著飲酒文化竟取代牲口交易，喧賓奪主，成為慶典的主角。最初在Prado de San Sebastián設置會場，目前改至Los Remedios舉行。

四月下旬在塞維亞的Los Remedios會場點亮30多萬顆燈泡揭開春會序幕。主要的慶祝活動是馬車隊及佛朗明哥與Sevillana舞蹈的表演。會場到處可見五彩繽紛的帳篷、花圈及紙燈籠，與天空輝映，非常美麗。慶典時間，有許多穿著佛朗明哥及Sevillana服飾的美麗小姐，不時穿梭會場，偶而聞香下馬，吃點小吃，喝點菊花茶、啤酒或紅酒，再繼續繞場。整個節慶活動在Maestraza鬥牛場舉行的鬥牛活動中告一段落。

九、奔牛節（San Fermín de Pamplona）

這是西班牙北部那瓦拉（Navarra）自治區的潘普洛納市（Pamplona）的特殊節慶，從7月6日中午到14日，以紀念聖佛明（San Fermín）保護神。這是舉世聞名的節日，下午時，參與奔牛的牛隻就在鬥牛場中表演。本來奔牛只是聖佛明節日的活動之一，但由於大文豪海明威

在作品「妾似朝陽又照君」（The Sun Also Rises）裡，對此活動描述得生動無比，使得這個城市及活動聲名大噪。

在十六世紀時，這項活動原在10月舉行，後來為配合天氣等因素改為夏天。奔牛的起因是要把準備參賽的鬥牛由養牛場送到比賽場地。要把這批充滿鬥志的牛裝上車運送很不容易，於是就讓它們自行到達目的地；而且因為大部分巷道十分狹窄，只須把某些缺口圍起來，就自然形成單一通道，在群眾的吆喝驅趕下，牛群從通道狂奔到鬥牛場。

目前，奔牛已不同於往昔，長約九百公尺的通道兩旁，有些地方用雙重棚架隔開，以供被牛追趕的人在危急時躲避。7月6日中午12時整，由市長點燃沖天炮，眾人就開始「與牛共舞」，往鬥牛場狂奔，歷時約三分鐘。參與奔牛不要半途停下來，那樣不只會被牛撞到更會危及他人。此外，如果摔倒就趴在地上，不要試圖爬起來，免得被刺中要害。7月14日晚上，眾人高唱「Pobre de mí」，結束為期八天七夜的活動。

十、飄香的葡萄節

葡萄節是羅馬人、西哥德人、阿拉伯人、猶太人和吉普賽人留下來的最古老的傳統節日之一。盛產葡萄的里奧哈地區的葡萄節最有名。這個節慶實際上是狂歡節，有點像泰國的潑水節。不過他們潑的不是水，而是葡萄酒。這天人們湧上街頭，穿上白色的衣衫，每人捧著盛滿葡萄酒的罈子，沿街見人就潑，直到衣衫濕透。潑在大街上的葡萄酒，經太陽一曬，散發出誘人的香味，預示著該地區的吉祥和美好。這種習俗已延續上千年，以慶祝葡萄的豐收、感謝上帝的恩賜以及顯示西班牙人的豪放和富有。

十一、感傷的萬聖節

11月2日是萬聖節，至今已有上千年的歷史。據傳，很早以前每逢這個日子，基督徒就為死亡和黑暗之神舉行紀念活動，同時祭祀去世的親人

和好友。他們相信，這天晚上死去的亡魂會從墳墓出來吃供品，因此事先要準備許多美味佳餚，讓鬼魂享用。經常年沿襲，成為今天的鬼節，很像我們的清明節。

現在西班牙萬聖節與古代的鬼節已有很大區別，但有些紀念方式延續至今，如在死者墳頭點燃蠟燭，獻上鮮花等。有些偏遠地區還使用供品，並在夜晚降臨時，於墳墓旁生火，以驅趕邪魔。

芸、難忘的聖誕夜

對西班牙來說，每年12月25日的聖誕節是一年中最為隆重的節日，全國沉浸在喜氣洋洋的節日氣氛中。這天，全家人要相互送禮，特別是要給子女們購買禮品，如玩具等。在聖誕節來臨前，家家戶戶準備聖誕樹，張燈結綵，十分熱鬧。朋友也相互贈送禮品，禮品一般以酒、糖果居多。晚餐很豐盛，其中有鱒魚、羊腿、烤牛排，還有火雞等美味佳餚。而火雞一般都只在聖誕節晚上才吃。此外，據說除夕夜喝蒜瓣湯可以年年吉祥，萬事如意。

個人及家庭重要慶典

西班牙人有許多世俗的慶祝活動，如生日、結婚紀念日、畢業、工作升遷等；然而也有不少宗教性的慶祝活動，像受洗、首次領聖體（primera comunión）、喪禮等。

一、家庭及個人慶祝活動

1. 生日

在西班牙生日對小孩尤其重要，特別是十八歲，它是成年的重要日子。當天通常會邀請朋友或家人吃午餐、喝下午茶或共進晚餐，而來賓通常會帶禮物。比較特殊的是，生日時有拉壽星耳朵的習俗，例如十歲生日，就親切地拉耳朵10次。通常，可以毫無忌諱地問他人出生日期，但一般不會直接問年齡。

2.慶祝畢業

在西班牙，完成任何階段的學業，通常會有各式各樣的慶祝活動。隨著年歲增長，學生們會籌畫畢業旅行。但因大多數學生沒有經濟能力，因此會藉由賣聖誕彩券、辦活動等方式籌募畢旅基金。此外，他們也會和同學吃飯慶祝。

3.與工作有關的慶祝

許多西班牙人會在獲得第一份工作時，邀請至親好友慶祝。工作一段時間後，若又找到更好的工作，或是重要職務升遷，通常會找伴侶、家人或同事、朋友用餐慶祝。退休時，同事會贈送鋼筆、錶或紀念牌匾給退休同仁，有時也會辦退休茶會或餐會。此外，西班牙人也會在認為重要的日子，如生小孩、公司開業時，邀請朋友分享他們的喜悅與成就。再者，買房子喬遷時也會邀請家人或朋友吃飯，同時藉機讓受邀者認識自己的新居。

二、婚禮

西班牙結婚有公正及天主教婚禮兩種。公證通常在法院或市政廳舉行，由法官或市長見證；若在教堂，則由神父主持。公證結婚通常行政程序簡便，而且通常需有兩位成年人見證並簽名。而天主教婚禮儀式通常較嚴謹，而且新人在結婚前須完成系列的婚姻課程。

1.求婚

當男孩子想要與交往的女孩結婚，必須由父母陪同至女方家正式求婚。通常會在用餐中適時向女方家長要求同意，若獲得首肯就代表求婚成功，男女雙方互戴戒指。目前，求婚儀式已日漸式微，特別是在大城市中；而男孩子至女方家主要不是徵求對方父母同意，而是為了認識對方家人。

2.婚禮的準備

如同往常，目前仍盛行寄帖子邀請賓客，雖然有時也會打電話寒暄並

確認對方是否參加。此外，比較特殊的是會在邀請卡中附上新人所需的禮物清單，賓客可從清單中選購禮品致贈。不過，目前愈來愈盛行新人在銀行開戶，接受賓客匯寄禮金。此外，新娘會購買而非租用白紗禮服。婚禮時只有少數新娘會戴頭紗及白手套，但是幾乎所有人都會拿捧花。新郎則會依季節穿著淺色或深色禮服。

3. 婚禮及婚宴儀式

若在教堂結婚，首先是新郎挽著媽媽的手進場，接著是新娘的父親牽著新娘的手進場，最後是賓客入場。男方的親友坐在右方的前排座位，而左邊則是女方至親好友。若是公證結婚則省去許多繁文縟節，新人與親友、來賓同時進入法院或市政府大廳等待法官或市長蒞臨。儀式中新人相互戴戒指代表永結同心。步出教堂時，親友會向新人撒米，表示多子多孫，並大聲道喜。

婚禮後，通常在餐廳舉行婚宴，喜宴的質量視新人及其雙親的經濟能力。婚宴內容有前菜、主菜及甜點，並在最後切結婚蛋糕及喝香檳慶祝，而且也會提供咖啡、白蘭地、雪茄及香菸等以饗賓客。在喜宴中賓客會高呼新人萬歲、新娘的父母親萬歲或新郎的兄弟姊妹萬歲等，而且也不免俗地高喊親吻，直到新人接吻。此外，婚宴最後會將新郎的領帶及新娘的吊帶剪成小段，隨桌分給賓客，而賓客則須拿出一定數額的禮金。

至於喜宴開銷，傳統上依男女雙方各自邀請賓客的人數分攤，然而，愈來愈多的新人自己承擔大部分的費用。婚禮結束後新人會蜜月旅行，通常有兩個星期的婚假。

三、宗教儀式

目前，在西班牙只有部分人士固定上教堂望彌撒，然而天主教仍根植於西班牙的傳統及日常生活中。因此，許多父母親隨然沒有經常望彌撒，但會帶小孩至教堂受洗或參加首次領聖體的儀式。

1.受洗

受洗（bautizo）讓小孩成為教徒並獲得聖名。當嬰兒出生滿三個月，通常會在住家附近教堂受洗。此時，小孩的父母親或祖父母具名邀請親友，特別會為孩子尋找教父、教母。受洗時，由母親抱著小孩，並由神父用水清洗小孩頭部，代表小孩已經成為教徒。儀式後，有小茶會或午宴，賓客則帶小徽章或手環當作禮物。

2.首次領聖體

首次領聖體仍是西班牙人一生中重要的活動，代表他們對天主教信仰的堅定。通常在小孩七歲左右且在每年的5月分集體舉行，而之前小孩必須參加領聖體的相關課程。每個家庭都很重視這項活動，也花很多錢為小孩做漂亮的衣服，盛大慶祝。親友則會從各地來參加此盛會，甚至比參加婚禮還踴躍。受邀參加的賓客會帶小珠寶，或是玫瑰經的珠鍊等具有宗教意義的小禮物給小孩。而這時賓客的衣著和行為須端莊有禮，以符合慶典的氣氛。從前，小女孩會像新娘般穿白色禮服，而小男孩則穿特別的白色服裝或水手服，現在則不一定如此。首次領聖體大都在早上舉行，結束後父母會請親友用餐，而賓客則致贈禮物。此外，家屬會將小孩領聖體的照片、小孩的名字及舉行的時間和地點，印製在精美的卡片上送給親友紀念。

3.喪禮

西班牙法律規定埋葬或火化，必須在死者去世24小時後及三天內完成。不過除非碰上節日或週末，西班牙人都會盡快地舉行喪禮。以前規定喪家須穿黑色或深色服裝，且嚴禁喪家在幾個月內聽收音機或看電視，現在則相對自由。傳統上，家人會在棺木旁守夜（velatorio），不論停棺家中或教堂中，親朋好友會電話慰問或陪他們守夜，愈是近親陪伴的時間愈久。至於喪禮彌撒，在加泰隆尼亞通常於下葬前舉行，而安達魯西亞等其他地方則在喪禮後幾天舉行。另外，逝世周年也會舉行彌撒紀念。整體而言，西班牙的喪禮通常都很莊嚴肅穆。不過，他們會在喪禮過程中對值得

圖8-A　位於王宮對面的大教堂（陳怡君）

尊敬的死者鼓掌，這點與我們的習俗迥異。至於11月2日萬聖節，依傳統
家屬會於當天清掃親人墓園或布置鮮花致意。

運動

　　近年來，由於西班牙人愈來愈重視外表及身體健康，因此運動更加風
行。多年來，足球一直是最多西班牙人從事及關注的的運動。隨著運動風
氣的增加，西班牙媒體特別關注運動，也提供更大的篇幅報導，甚至有幾
家是專門的運動報。

一、熱門運動

　　西班牙從事運動的人口日益增加，通常男人比女人常運動，年輕人勝
過老年人，而且教育程度高者更常運動。由於運動風氣提升、現代社會靜
態工作愈來愈多，以及人們日益重視外表，因此在西班牙全國各地，健身

中心如雨後春筍蓬勃發展。此外，柔道、跆拳道、空手道等武術愛好者也明顯增加。最後，源自東方且行之有年的瑜珈也廣受歡迎。最近，太極拳則特別引起廣泛的關注。

二、足球運動

　　足球是西班牙人最常從事的運動，其各項賽事也引起最多民眾關注，因此被稱爲運動之王。足球比賽通常在週末舉行，如此民眾有閒到球場觀賽或是聽收音機及看電視轉播。若是舉行聯盟盃決賽等重要賽事，全國各行各業幾乎停擺，全盯著電視轉播，嚴重影響電影、歌劇及音樂會的票房。此外，足球的經濟效益數以億計，包括球員的簽約金及獎勵金動則數億歐元；足球運動彩券、運動報以及入場券也收入豐厚。甚至有些著名球隊會販售球衣、圍巾、鑰匙圈及其他各式紀念品。

三、著名的傳統運動

　　除了上述的運動，西班牙各自治區有特殊的運動，其中有些只在特定節日展現。首先是加利西亞等地的擲石塊比賽；另外有舉起一百公斤穀物袋或舉水甕等比賽。巴斯克的回力球（pelota-vasca），它使用像網球的實心硬球，參與人數不一，有各式球場，此運動是將球用手擊向對方或牆壁。至於卡斯提亞里昂有踩高蹺的競賽（carreras con zancos），參加者比速度及距離，有時也有接力賽；而加泰隆尼亞及亞拉岡等地則有疊羅漢（castillos humanos）的傳統運動，可以一個人或兩個人一層，最多九層。也可能底層很多人，然後逐步遞減，直到最高層，最上層通常是小孩；爬竿取物（cucañas），類似國內中元普渡搶孤活動，它是西班牙許多自治區的民俗運動。其中一種是直立式的木柱，上面掛著酒及火腿等獎品，它的難度在於木柱塗上肥皂或油，因此很滑不容易爬。另一種是橫放的木柱，參賽者必須到另一端取物。若滑下來會掉在水坑，這是參賽的樂趣之一。

　　散步幾乎是西班牙的全民運動，尤其是城市居民。據調查，七成的西班牙人表示每天散步，一成的人每週兩至三次，另外一成的人表示只有週末才散步，而其他一成的人表示偶爾散步。此外，老年人比年輕人常散步，而且婦女也比男性常散步。

著名手工藝品

　　淵源流長久的歷史及古老的傳統，造就西班牙眾多美麗、精巧且獨特的手工藝品。西班牙每個地區都有獨領風騷的藝品，包括：從簡單的皮製品，到設計精細的皮件；從精緻的刺繡製品到大件的地毯（alfombra）及壁毯（tapices）；從仿古的陶瓷到現代美觀雅緻的瓷器。這些包羅萬象的手工藝品，每年吸引成千上萬的觀光客造訪及採購。

　　長久以來，西班牙皮件的品質及設計在國際上享有盛名。像LOEWE皮件及Camper皮鞋都是知名品牌。安達魯西亞、地中海沿岸地區、巴伐利亞群島是西班牙盛產著名皮衣、皮包及皮鞋的地區。

　　在西班牙很容易買到便宜又美麗、精緻的繡花衣服（ropa bordada）、桌布（mantel）、床單（sábanas）、毛巾（toallas）或靠墊（cojines）等；這些產品以加利西亞、阿斯圖里亞斯、加納利群島及那瓦拉所產的最具代表。而托雷多則以生產地毯等大件家用的編織而聞名；至於馬德里則以生產精細的流蘇（pasamanería）及皇家工廠所生產的壁毯有名。另外，像佛朗明哥及Sevillana舞蹈的服飾及相關繡花配件也很值得購買。

　　此外，因為西班牙曾受眾多外族統治，留下許多製陶的技術與藝術遺風，西班牙因盛產陶瓷作品，因此形成所謂的「陶瓷之路」（Ruta de la cerámica）。西班牙的陶瓷包含從仿新石器時代到現代精緻的作品，迎合不同顧客的品味。在地中海岸的Alcora生產仿古的陶瓷作品，而瓦倫西亞Manises的產品則是今、古合璧；巴塞隆納則有La Bisbal的著名陶瓷。另外，像加利西亞的Sargadelos、Talavera de la Reina的「藍色瓷器」也都享有盛名。至於外銷的瓷器大多出自Talavera，而Teruel的「綠瓷」、格拉納

達「藍綠瓷」則酷似阿拉伯風格。

　　在西哥德人所建的古都托雷多，遊客可以買到金屬所鑄的劍、戰士的盔甲和槍等紀念品，Albacete所生產的刀也格外有名。另外，用黃金薄片打造的各式紀念品，也值得觀光客購買及收藏。

第五篇
政治與經貿

第九章
政治組織及業餘愛好

　　依據1978年12月6日全民公投通過的憲法，西班牙是君主議會制（Monarquía parlamentaria）或君主立憲制（Monarquía constitucional）國家。此憲法由1977年選出的制憲議會代表所制定，到目前沒有做過任何修訂。此憲法，確立王室（la Corona）以及行政（el Ejecutivo）、立法（el Legislativo）及司法（el Judicial）三權分立的基本架構，同時也釐清縣市及自治區政府及議會，以及中央政府各部門間的關係。

　　憲法也規定人民可透過普選，參與公共事務，同時承認政黨（Partidos políticos）及工會（Sindicatos）可組織民眾參與政治及社會相關事務。同時，憲法規定成立憲法法庭（Tribunal Constitucional）以保證落實憲法的各項規定。首先，該組織監督國會制定的各項法律都能合憲；其次，裁定中央政府及自治區政府職權上的衝突；最後則做為維護人民權利的最終保障。1978年的憲法讓西班牙免於政治的不穩定，以及避免軍隊與天主教干政。

　　西班牙每四年舉行國會大選、自治區選舉及縣市議會選舉。此外，每五年舉行歐洲議會議員選舉。所有選舉都採普選制度。西班牙各項選舉的投票率約80%，不過只有10%的民眾參加政黨。

　　在歐洲，西班牙是新興的民主國家。目前參與的國際組織包括：1955年加入聯合國、1961年加入經濟合作暨發展組織、1982年加入北大西洋公約組織、1986年加入歐洲共同體等。

西班牙的國名、國旗、國徽、國歌和國花

一、國名

　　西班牙國名的由來，眾說紛紜，莫衷一是。一說是野兔國，因古代迦太基人在此殖民時發現伊比利半島野兔很多，一說意為礦產或邊疆、海洋，因地理、特產而命名。另外是西班牙國名源自羅馬人統治時期。當時，羅馬人從南部沿海入侵西班牙，今日南部名城塞維亞當時稱伊斯巴利斯。羅馬人入侵後，首先占據該城。後來由閃米特人改成塞維亞。於是後人在伊斯巴利斯加上閃米特人的詞根，成為今天西班牙的英文國名。

二、國旗

　　西班牙國旗為紅、黃兩色，中間為黃色帶有國徽，兩邊為紅色，紅色寬度相當於中間黃色的寬度。紅、黃是西班牙人喜愛的顏色，代表組成西班牙的四個古老王國。紅、黃兩色主要源自當年西班牙名將阿豐索遠征義大利時用的旗幟。另外則認為，西班牙是鬥牛之鄉，紅黃兩色分別代表鮮血及沙土。鬥牛時血濺沙場，紅黃兩色相融，代表西班牙人具有不畏強暴、壓倒一切的英雄主義氣概。

　　歷史上，西班牙曾出現許多王朝，其國旗也各不相同。但在眾多的地方旗幟中以紅、黃兩色居多。因此，1785年5月21日，西班牙卡洛斯三世國王把紅、黃兩色定為國旗的顏色。1843年10月13日，當時的西班牙政府在參照卡斯提亞、阿拉貢、加泰隆尼亞和那瓦拉地方的旗幟，正式宣布現行國旗的樣式。它表明不同身分、不同信仰、自由的西班牙人民統一在共同的文化和疆域內。

三、國徽

　　西班牙初期的國徽產生於1500年，即國王卡洛斯一世登基後在原有的基礎上重新確定。1938年內戰期間，調整和修改原國徽圖案成為現在的國徽。

國徽繪有盾牌，盾牌上有六個大小不一的圖案，其中兩組為紅地黃色城堡和白地直立的戴王冠的獅子，這是古西班牙卡斯提亞·里昂的象徵。中心藍地橢圓形中有三朵百合花，代表幸福生活、萬古長青；下方有紅色石榴，因石榴花是西班牙的國花，是富貴吉祥的象徵。國徽上有光彩奪目的王冠，說明西班牙是君主立憲的國家；盾牌左右兩旁各豎立頂天立地的白色柱子，並以紅色紐帶緊密相連，飾帶上寫著「海外還有大陸」，代表自由與民主和各民族的團結。

四、國歌與國花

西班牙國歌與眾不同，雖至今已有兩百多年的歷史，但只有樂曲，沒有歌詞，這是歷史因素造成。

1761年，西班牙國王卡洛斯三世向普魯士大公費德里戈二世派遣軍事使團，以表明兩國關係密切。費德里戈二世接見西班牙使團並回贈西班牙格拉納達軍隊進行曲樂譜，卡洛斯三世見到這樂譜後馬上讓皇家樂隊演奏。這首樂曲曲調明快、雄壯、節奏感強，卡洛斯三世非常喜歡，馬上命名為「西班牙軍隊進行曲」，後來又稱「西班牙榮譽進行曲」和「皇家進行曲」，最後逐漸變成「西班牙國歌」。雖然後來曾嘗試做詞與譜新曲，但都未能超越過往水準。因此，西班牙國歌就只有樂譜，沒有歌詞，並延續至今。

石榴花是西班牙國花。西班牙人認為，石榴花不僅色彩鮮豔，美麗多姿，而且芳香四溢，象徵富貴吉祥，繁榮昌盛。

政治機構與媒體

西班牙的民主化道路開始較晚，總共只有四十多年的時間，但其民主進程較快，也較平穩和成功。西班牙國王胡安·卡洛斯一世發揮關鍵的作用。

自1975年佛朗哥逝世後，剛登基的卡洛斯一世馬上引導西班牙向西方

議會民主政治過渡，並實施空前的政治改革。1976年9月，西班牙政府制定緩解社會矛盾的政治改革法，並在同年底舉行公投批准該法案。政治改革法終結佛朗哥獨裁時期的一黨制，承認包括共產黨等各政黨和工會的合法性，制定新憲法，決定於次年6月舉行議會普選，實行立法、司法和行政三權分立。從此，西班牙經濟迅速發展、社會安定、人民安居樂業，同時生活水準日益提高。

1978年12月29日，西班牙通過新憲法。該憲法是經過一年多廣泛政治協商的產物，堪稱是西班牙史上「內容最詳實、最豐富和最完善」的憲法。關於政治權力的分配，憲法吸收二次大戰後歐洲其他民主體制國家憲法的精華，至於議會中政府首腦的選舉及彈劾則特別參考1947年義大利憲法，並以1949年聯邦德國憲法和1958年法國憲法為藍本，體現憲法的權威性和科學性。

一、王室

西班牙憲法第一條規定「主權在民」，但緊接著明訂西班牙的政治體制是「君主議會制」。憲法規定，國王為國家元首和軍隊最高統帥，並對外代表國家，是國家統一和存在的象徵。憲法也賦予國王做為各機關間仲裁者的角色。王位由胡安・卡洛斯一世的直系後代世襲，不經選舉產生。

國王有權批准和頒布各項法律；在憲法規定下召集和解散議會並舉行選舉；推薦政府總理候選人，並依憲予以任命或停職；根據總理的建議，任命或解職部會首長；行使赦免權，但不能批准大赦；有權任命大使和其他外交代表；接受外國使節遞交到任國書。憲法還賦予國王宣戰與媾和的權力。然而，實際的政治權力落在國會（el Parlamento）及政府（el Gobierno）。此外，國王雖然是三軍統帥，但事實上軍隊是受政府，特別是國防部長的指揮。

2014年6月2日，當時的總理拉霍伊宣布卡洛斯一世向他表達退位意願，並傳位給兒子菲利普王子。隨後卡洛斯在電視講話中宣布退位，並於

十九日簽署詔書正式退位，結束三十九年的統治。當時西班牙的法律並沒有給退位國王的主權豁免，但國會修法讓退位國王享有此一權利。

目前國王是波旁王朝的菲利普六世（FelipeVI），於2014年6月19日宣誓繼位。國王官邸位於馬德理市郊的La Zarzuela。皇后為萊蒂西雅（Leticia），他們於2004年5月結婚，並育有兩女。

新國王菲利普六世深得西班牙人的喜愛，最新民調顯示，至少有七成的西班牙人認為他會是好國王。在漫長的王子生涯中，他一直保持低調，遠離是非，遠離媒體，遠離所有醜聞，並與他的豪華奢侈的父王保持一定距離。雖然迎娶布衣身世、甚至離過婚的電視記者為妻，西班牙民眾反而因此更加喜歡他。

西班牙公主蕾歐諾（Leonor）在2023年10月31日滿十八歲時，在國王夫婦、妹妹及文武百官見證下，宣誓效忠西班牙憲法，正式成為王室繼承人。這也代表若菲利普六世「沒有男嗣」，蕾歐諾將成為下任的西班牙國家元首與武裝部隊總司令。

根據2022年的民調顯示，五成的西班牙人希望國家成為共和國；三成四的人支持君主立憲制，但2021年的另份民調則顯示王室支持度超過五成。蕾歐諾公主曾在威爾斯求學，2023年8月，開始在西班牙薩拉戈薩（Zaragoza）的軍事綜合學院接受三年的軍事訓練。

二、政府

西班牙的行政權在政府身上，也是最高的行政機構，而總理（Presidente）是政府的首領（Jefe del Gobierno）。按慣例，總理是由國會多數黨的領袖經由國會多數議員的選舉並經國王正式任命後出任，隨後總理向國王建議內閣閣員，由國王任命組成內閣政府。憲法也規定經國會半數以上議員同意就可倒閣（moción de censura），但總理也有權解散國會，唯任內只有一次機會。

西班牙政府設有一定的部會，可隨時調整。總理、副總理及各部會

首長組成內閣會議（Consejo de Ministros）議決國家大政方針。唯憲法規定公務員應不分黨派客觀、公正，依法行事。西班牙於1978年行憲後，已經歷多次政黨輪替。2011年12月，民眾黨組閣。然而，2015年12月底大選後，沒有任何黨派在國會獲得過半席次，組閣困難重重，總理拉霍伊（Mariano Rajoy）擔任364天西班牙最長的看守內閣。2016年10月30日，拉霍伊再次組閣。2018年6月1日，國會通過不信任案，拉霍伊成為西班牙史上首位被彈劾罷免的總理。在通過不信任案後，社會勞工黨主席桑切斯（Pedro Sánchez Pérez-Castejón）表明採取溫和及親歐盟政策。2019年，再次出現籌組政府僵局，導致看守政府時間僅次於上一任，2020年終，社會勞工黨與極左的聯合我們能（Unidos Podemos, UP）組聯合政府，並經歷新冠病毒疫情大爆發。總理府及官邸位於馬德理西邊的Palacio de la Moncloa。

三、國會

　　西班牙國會採兩院制：眾議院（Cámara de Diputados o Cámara Baja）及參議院（el Senado o Cámara Alta）；議員經由普選、直接、無記名投票產生。國會代表民意，行使立法權，審議國家法律、國際條約及財政預算，監督政府工作以及與其它國家議會進行交流等。雖然是兩院制，但很明顯的眾議院的職權大於參議院。參議院雖有權否決或修正眾議院提案，但最後許多國家大事和重要的法律文件眾議院都可自行拍板決定。

　　眾議院由350名議員組成，經由各自治區（Comunidades Autónomas）依政黨比例選舉產生，任期四年，他們絕大多數是各政黨的成員，但也有少數是無黨派著名人士。眾議員行使任命總理的同意權、政治辯論、質詢及組成調查委員會等職權，眾議院設議長及三名副議長。議長下設主席團、發言人委員會、全會和各事務委員會等。

　　參議院有266席議員，其中208席由省依多數決各選出四名，另外58席由各自治區議會選舉任命。原則上國會議員任期四年，但政府有權解散國

會，提前改選。眾議院位於Plaza de las Cortes，而參議院則位於Plaza de la Marina。

四、選舉制度

按照西班牙《選舉法》，全國大選原則上每隔四年舉行一次，但也可能提前舉行，是否提前大選由總理提出。凡取得合法地位的政黨都有權參加選舉，選舉前需向全國選舉委員會提出申請登記。目前，西班牙黨派林立，參加競選的政黨很多。全國性最大的政黨有社會勞工黨、民眾黨、聯合我們能（Unidos Podemos，UP）、公民黨（Ciudadanos）、呼聲（Vox）等。

凡滿十八歲的西班牙公民均有投票權。大選主要採取比例制。由於註冊登記的政黨很多，規定得不到3%選票的政黨無權進入議會。在議會350席中，獲得多數的政黨有權組閣。

依據歷屆西班牙全國大選，此比例制對大黨或黨員集中的地方政黨較有利，如地方政黨加泰羅尼亞民主匯合黨在1993年6月大選中得票率只有4.97%，議席卻高達17席；而全國第三大黨的聯合左翼得票率幾乎高出一倍，達9.56%，但只多一席為18席。

五、司法權

司法權是西班牙憲法規定的三權之一，其職責為確保所有人事物依循法律、同時保障所有人民權利、自由及所有合法的利益。憲法也保障法官獨立及免遭撤職的權利，只受其最高機構Consejo General del Poder Judicial內規規範。此機構有20位成員，經由國會議員五分之三同意任命。自治區、省、縣都有不同等級的法院。高等法院（Audiencia Nacional）及最高法院（Tribunal Supremo）都設在馬德里。最高法院是訴訟的最高、最後的裁判機構，但有關人民基本權利及憲法保證的相關事宜，則由憲法法庭審理、裁決。憲法法庭由12名法官組成，由國王任命，任期九年。與人多

數國家一樣，西班牙司法機構的行政效率及法官審判的獨立性，遭到大部
分民眾及媒體的質疑與責難。

六、軍隊

　　西班牙軍隊由正規軍（陸、海、空三軍）和國家安全部隊組成，國王
為最高統帥。軍隊最高指揮機構是三軍參謀長聯席會議。國防部負責政府
的防務政策並領導國防工業。國防委員會是國防事務最高諮詢機構，國王
為當然主席，但通常由總理主持，成員有副總理、國防部長、外交部長、
內政部長、國防參謀長、三軍參謀長。自1984年起，西班牙實行義務役兵
制，凡滿十八歲的男性公民須服役兩年，服役期間不發工資，只領取少許
零用錢。

　　憲警隊是裝備精良的防暴警察部隊，主要使命是對付國內的恐怖主
義和抑制社會動亂，此外還負責國內橋梁、機場、海岸和邊境的管制。憲
警隊於1844年創建，接受內政部和國防部的雙重領導。在對付國內的恐怖
活動和突發事件方面，憲警隊有較大的威嚇力量，偵破手段也很先進。如
1992年巴塞隆納奧運會時，憲警隊幾乎動用半數人力，以確保安全萬無一
失。

七、縣市政府及省議會（Diputación）

　　縣市政府及議會是西班牙的地方行政及議會機構，雖有名稱上的不
同，但此機構一直存在。1978年行憲前，縣市長及議會主席都由政府任
命，行憲後才由人民普選，並享有一定的自治權。

　　目前在西班牙約有8,000個縣市政府，不過人口數卻有很大的差別，
也就是約半數的西班牙人集中在其中的140個縣市，其他縣市人口不到
1,000人。市長常因政黨輪替而更迭，市府祕書是常設職務，可維持市政
的延續。設立省議會（diputación）是為確保每個省縣市之間的合作。省
議員由縣市議員（los concejales）推舉產生，而省議會主席則由議員互選

之，像Asturias，Cantabria，Madrid，Murcia，Navarra及La Rioja，由一個省組成的自治區，並沒有設立省議會，由自治區兼任省議會的職權。

八、自治區

　　根據1978年的憲法，西班牙成立17個自治區及塞屋達（Ceuta）和梅利亞（Melilla）兩地方，由中央集權轉變為地方分權。西班牙的自治區是由一省或多省組成，並依照由自治區民眾公投通過，並經國會核准的自治區法（Estatuto）設立。自治區法不可違背憲法以確保國土的完整與統一，自治區也不能單方面限制西班牙人民自由遷徙及居住權。一般而言，外交、國防、軍事及財政由中央統一管控，其他權則歸自治區。事實上，憲法並沒有明確規範中央與自治區權力的分際，此外，像加泰隆尼亞、巴斯克、加利西亞、安達魯西亞等自治區近年來不斷要求更多的自治權，因此與中央間紛擾、衝突不斷。

　　整體而言，自治區的劃分大致依地理環境、氣候、共同的歷史淵源或語言等因素。1979年10月，公民投票通過《區域自治法》，除海外的塞屋達和梅利亞地區，成立17個自治區和50個省。各自治區擁有自己的議會和自治政府。最先成立自治議會的是巴斯克和加泰羅尼亞（1980年），隨後是加利西亞（1981年）和安達魯西亞（1982年）。其餘的地區在1983年完成自治過程。各個自治區擁有的省分不一樣，有的自治區有三到八個省，有的自治區（如馬德里自治區等）則只有一個省。

　　為什麼西班牙在全國實行自治呢？在歷史上西班牙四分五裂，獨立王國很多。為了承認和尊重各「王國」文化和風俗的差異，並保持民族的多樣性，憲法不僅允許各地區擁有自治政府，也允許各民族使用各自的語言和文化。

　　西班牙憲法規定，除對外關係、國防、海關與關稅、對外貿易、外匯管理、財政、司法、勞工、知識產權及醫藥等，各自治政府享有許多自治權，如文化教育、交通運輸、公共建設、醫療衛生、環境保護、旅遊服

務等。巴斯克自治區不僅擁有自己的警察力量，也有權管理該區的全部稅收。

　　雖然西班牙的自治形式很像聯邦，但畢竟不是。中央政府只給予各自治區不同程度的自治和管理權。國家權力始終高於自治權，最高原則是維護國家統一。

　　各自治區間，人口和面積差異大，安達魯西亞人口最多，占總人口的六分之一強；人口最少的是里歐哈；面積最大的是卡斯提亞・里昂，超過巴斯克十倍多；面積最小的是巴伐利亞，只有卡斯提亞・里昂的二十分之一；工業化程度最高和經濟最發達的地區是加泰隆尼亞和巴斯克；從事農業人口最多和最落後的地區是西部的埃斯特雷馬杜拉。加納利則是西班牙最大的自由貿易區，而巴伐利亞群島是最著名的旅遊勝地。

九、政黨

　　在西班牙只有不到24%的民眾表示對政治非常有興趣。目前西班牙有數十個全國性及地方性政黨，比較重要的全國性的政黨，包括目前執政的西班牙社會勞工黨（Partido Socialista del Obrero Español, PSOE），它是與勞工總聯盟（Unión General de Trabajadores, UGT）有關的主流中左翼政黨；民眾黨（Partido Popular, PP）是主流中右到右翼黨派、保守派、天主教徒和經濟自由派人士組成；聯合我們能（Unidos Podemos, UP）是2014年由左派創立的政黨Podemos領導的共和左翼選舉聯盟。該聯盟也由聯合左翼（Izquierda Unida, IU）組成，該聯盟與工人委員會（Comisiones Obreras, CC.OO.）以及其他倡導綠色政治的左翼政黨聯繫組成；公民黨──親商政黨，它支持高度的政治分權，但拒絕自治區的自決權；聲音──右派、西班牙國家主義，主張社會保守主義、經濟自由主義和集中主義。它捍衛限制伊斯蘭移民。該黨認為，歐洲必須向基督教徒提供庇護，而富裕的伊斯蘭國家則必須給予穆斯林難民庇護；聯盟、進步和民主（Unión, Progreso y Democracia, UPyD）是進步的政黨，在思想上將社

會自由主義與來自政治光譜中心的集中主義結合，它強烈支持西班牙的團結；反對虐待動物動物主義黨，是以動物權利，環境和社會正義為重點的中左派政黨，並試圖禁止各種鬥牛。

較重要的地區性政黨則有：巴斯克國家黨（Partido Nacionalista Vasco, PNV）、加泰隆尼亞匯合聯盟黨（Convergencia y Unión, CIU）、加利西亞國家聯盟（Bloque Nacionalista Gallego, BNG）、安達魯西亞黨（Partido Andalucista），以及加納利聯合黨（Coalición Canaria）等。

民眾黨原是保守派政黨，但是後來的政綱慢慢往中間靠攏，最終在1996年取得政權，但在2004年又失去政權；經過近八年的生聚教訓，在2011年11月20日再度以185席過半席次，贏得大選。2015年，西班牙大選結果，兩個新興政黨打破傳統兩大黨四十多年來輪流執政的格局。執政的民眾黨保住第一大黨地位，但未能獲得過半席次，應籌組聯合政府。極左的「我們可以」黨（Podemos）和中間偏右的「公民黨」（Ciudadanos）兩個新興政黨的表現亮眼，其中「我們可以」黨一躍成為第三大黨，隨時成為造王者，跟第二大黨社會勞工黨合組左翼政府將民眾黨拉下臺，但籌組新政府的過程非常困難。

社會勞工黨於1879年創立，在1982年大選中，以西班牙民主史上最高的202席贏得大選且持續執政至1996年。2004年收復政權，2011年因經濟危機提前大選並失去政權。2018年6月1日，國會通過彈劾罷免總理拉霍伊。社會勞工黨桑切斯（Pedro Sánchez Pérez-Castejón）接任並表示採取溫和及親歐盟政策。2019年，桑切斯籌組政府出現僵局，進入看守政府時期。2020年，終於與極左的「聯合我們能」組成聯合政府，並歷經新冠病毒疫情大爆發。

從1975年實行民主以及地方分權以來，以自治區為範疇的政黨如雨後春筍般出現，如巴斯克國家黨、加泰隆尼亞匯合聯盟黨、加利西亞國家聯盟、安達魯西亞黨，以及加納利聯合黨等。巴斯克國家黨是具有基督教民主屬性的政黨，於1895年創立。巴斯克的工人及中小企業主是其主要支持

者。在歷屆政府組閣中，常成為關鍵少數。加泰隆尼亞匯合聯盟，具有溫和的國家主義思想，主要支持者是該地區的民族主義人士及資產階級，在歷次大選中表現不俗，也常是關鍵少數。

根據憲法，政府需編列政黨補助金，其補助金額依各政黨的得票數及國會席次而定。近年來，由於競選經費支出日益龐大，逐漸出現不法的政治獻金，嚴重打擊政治人物及政黨的誠實、透明形象。

十、工會

在政治及社會上，西班牙工會組織一直扮演很重要的角色。勞工法不但賦予工會協商及罷工權力，同時給予免除工時，讓相關工會人員得以執行任務，如協商最低工資、社會保險、退休金、失業救濟金及休假等攸關勞工的議題。

目前，西班牙兩大工會團體為：工人委員會（Comisiones Obreras, CC.OO.）及勞工總聯盟（Unión General de Trabajadores, UGT）；而資方組織則有西班牙工商組織聯合會（Confederación Española de Organizaciones Empresariales），具有相當大的影響力，能左右政府的經濟政策。

十一、媒體

西班牙目前每天發行一百五十種報紙，唯大部分是地區性報紙，但總發行量卻不到四百萬份。一般而言，星期日的銷售量比平時多25%。主要的全國性報刊發行量前三名為：國家報（El País）、世界報（El Mundo）及ABC報，經由網路可閱讀這三家的電子報。另外，前鋒報（La Vanguardia）及新聞報（El Periódico）讀者主要集中在加泰隆尼亞；著名的運動報則有Marca及As；雜誌方面則以Pronto，¡Hola!，Lecturas，Diez Minutos及Semana等八卦性的雜誌為主。

西班牙的廣播電臺，有一千八百萬的固定聽眾群，成為影響力較大的

媒體。廣播電臺主要是公營或公私合營，有Radio Nacional，閱聽人最多的La Cadena Ser，La COPE以及Onda Cero等。

　　電視臺方面，國營電視臺有ＴＶＥ-１及Ｌａ ２；私營電視臺包括Antenas3，Tele 5及Canal Plus。Canal Plus是收費的有線電視臺。至於地方臺則有加泰隆尼亞的TV-3及Canal 33，巴斯克的ETB-1及ETB-2，加利西亞的TVG，安達魯西亞的Canal Sur，馬德里的Tele Madrid，以及瓦倫西亞的Canal 9等。

　　所有的電視臺的營運主要靠廣告收入，而國營及自治區經營的電視臺則主要依賴這兩個單位所編列的預算。據調查，90%十四歲以上的西班牙人每天都有收看電視的習慣。

十一、教育

　　目前西班牙幼兒就學率達97%以上，義務教育年限已延伸到十六歲，有80%左右的青少年接受高中教育，大學的就學率約30%，在2020年大學生人數達240萬以上，其中半數以上是女性。

　　憲法賦予中央政府制定教育基本法，規範文憑、程度、課程、修業年限、基本課程內容等教育大方針，其他則由自治區依其特色制定。此外，行憲後西班牙教育逐漸擺脫傳統上天主教的干預。目前西班牙也正進行教改工作，2002至2003的中等教育改革，強化人文教育內容，至於大學方面也正面臨重大變革。

面向全球的對外關係

　　從佛朗哥獨裁統治到民主過渡以來，西班牙的外交經歷從孤立到重返歐洲大家庭和面向全球的不同階段。

一、孤立時期

　　1939年西班牙內戰結束後，佛朗哥對內實行殘酷的獨裁統治，對外實行閉關鎖國的外交政策。在漫長的三十多年中，西班牙在世界上幾乎處於

外交孤立無援的境地。儘管佛朗哥努力打破國際孤立，但收效都不大。在其統治時期，西班牙外交大致分為四個階段：

　　第一階段，內戰結束到1942年。此階段正是二次大戰歐洲戰火猛烈的時候。為保全自己，佛朗哥宣布西班牙保持中立，並於1942年12月將交由希特勒軍隊指揮的長槍黨部隊「藍色師團」由蘇聯前線撤回，以博得同盟國的好感。

　　第二階段，1942年到1957年。這時，佛朗哥為爭取國際社會承認，在外交上緊隨美國，與美國簽訂軍事合作協定，同意租借軍事基地等。1955年，在美國協助下西班牙終於加入聯合國，並先後加入世界衛生組織和聯合國教科文組織等，但在國際上仍很孤立。

　　第三階段，1957年到1969年。西班牙的外交政策受到當時風起雲湧的非殖民化運動的巨大壓力，佛朗哥政府被迫於1967年將占領土地歸還摩洛哥；1968年又被迫讓赤道幾內亞獨立。

　　第四階段，1969年到1975年。西班牙的外交重點是爭取加入歐共體，但經過十多多年艱苦談判，在1970年只獲得基本的優惠協議，始終無法加入。1974年，鄰國葡萄牙發生「四‧二五」革命，薩拉查反動獨裁統治被推翻，這對西班牙政局猶如嚴重地震，影響波及各層面。

二、重返歐洲

　　1975年佛朗哥去世，胡安‧卡洛斯登基，西班牙逐漸走上民主化道路，外交上出現新的轉機，開始融入國際社會。除以色列、阿爾巴尼亞和北韓等少數國家，與世界各國建立外交關係。其次，經過多年的努力，終於在1986年1月1日加入歐共體。

三、與臺灣的關係發展

1.早期關係

　　中、西關係始於十四世紀前後的元朝期間，當時中國通過古絲綢之路

與西班牙地區建立過貿易聯繫。中國的絲綢工藝經此路傳播到西班牙瓦倫西亞。讓瓦倫西亞在十五世紀至十七世紀因絲綢產業而空前繁榮。

1626年，西班牙開始統治臺灣。當時，臺灣被稱爲Hermosa（艾爾摩沙），意即「美麗島」。十六世紀資料顯示，西班牙官員把臺灣當作菲律賓群島的一部分，臺灣也歸西班牙王室管轄。1586年，馬尼拉總督上書西班牙國王菲利普二世，敦促出兵艾爾摩沙島。不過在1596年前，西班牙不急著在臺灣設立據點。

十七世紀，荷蘭共和國抵達東亞。1624年，荷蘭於大員（今臺南）落腳，同時封鎖馬尼拉的貿易。1625年，西班牙駐菲律賓總督施爾瓦（Fernando de Silva）決定在艾爾摩沙島設立據點。1626年，菲律賓總督命令瓦爾得斯（Antonio Carreño de Valdes）率領船隊及三百人進攻臺灣。由於荷蘭已統治南臺灣，所以瓦爾得斯的艦隊只能沿著臺灣東海岸北上。5月11日先到三貂角，隔天進入雞籠港。5月16日，在社寮島舉行占領典禮，將臺灣北部納入西屬東印度群島。西班牙統治北臺灣，建立聖薩爾瓦多城作爲統治中心。

1629年7月，荷蘭曾派軍北上淡水，攻打西班牙軍事要塞。但因西班牙防禦工事堅固，荷軍未能攻下而潰敗。至此，西班牙已占領從雞籠西方至淡水一帶。此外，由於西班牙人一直無法讓雞籠和淡水成爲國際貿易中心，而且到日本傳教的機會也遙遙無期，所以，西班牙人對臺灣的興趣漸趨低落，改爲重視經營菲律賓。1642年8月，荷軍發動雞籠之戰，因西班牙軍無力抵抗，遂向荷軍投降，從此退出臺灣。

西班牙統治期間，天主教道明會來臺對原住民傳教，這是天主教在臺灣的濫觴。1631年，道明會神父耶士基佛（Jacinto Esquivel，1592-1633）來臺宣教，此外還在1632年設立神學院。

1858年，西班牙屬地菲律賓馬尼拉的天主教道明會派遣兩位西班牙籍神父到臺灣傳教。1864年（同治三年）9月，西班牙與清政府立約，臺灣、淡水開港。除了傳教，西班牙籍商人馬甘保（Joaquín Malcampo）在

滬尾（今淡水）從事樟腦、糖的貿易。1895年4月，簽訂《馬關條約》，臺灣改隸日本。8月，日本與統治菲律賓的西班牙協議以巴士海峽爲臺灣、菲律賓之版圖界線。

2.二十世紀後之關係

1913年10月，西班牙承認中華民國北洋政府，並於於北京設立公使館，而中華民國則於馬德里設立公使館，雙方互派公使。中華民國公使多爲兼任或臨時代辦，西班牙首任公使則由前清廷公使直接續任。

1928年12月，隨著國民革命軍北伐接近尾聲，西班牙承認中華民國國民政府。1937年12月，西班牙與滿洲國建交。1939年1月，佛朗哥在內戰中獲勝，建立西班牙國。1941年7月，西班牙承認汪精衛政權，中華民國與之斷交。

1949年，中華民國政府遷臺。當時，由於佛朗哥是反共政權，因此仍與中華民國維持外交關係。1952年6月20日，恢復邦交並於首都臺北與馬德里互設大使館，並互派大使。

1971年10月25日，西班牙在聯合國大會對中國代表權問題棄權。1973年3月10日，與中華民國斷交。第二次斷交後，於對方首都互設代表機構。1973年10月5日，於馬德里設立具大使館功能的駐西班牙孫逸仙中心。1991年1月，更名爲駐西班牙臺北經濟文化辦事處。1974年3月，西班牙於臺北設立塞凡提斯商務文化推廣中心。1982年3月，更名爲西班牙商務辦事處。

由於西班牙距離中華民國相對遙遠，且在語言及文化等因素隔閡下，臺商歷來對西班牙投資較少。目前，兩國經貿關係仍以進出口貿易爲主，並無重大合作投資案。中華民國對外貿易發展協會於西班牙巴塞隆納設立臺灣貿易中心；經濟部國際貿易局則於首都馬德里設立駐西班牙代表處經濟組。

2020年，兩國貿易主要項目如下：出口至西班牙的主要項目爲：車

輛之零件與附件；機器自行車與自行車裝有輔助動力者、邊車；電話機與其他傳輸或接收聲音、圖像或其他資料之器具；車用之電氣照明或信號設備等。自西班牙進口的主要項目為：醫藥製劑、小客車與其他主要設計供載客之機動車輛；生鮮、冷藏或冷凍豬肉；陶瓷鋪面磚、貼面磚、馬賽克磚與類似品；洋蔥、分蔥、大蒜、韭蔥與其他蔥屬蔬菜、葡萄酒、葡萄醪等。而且，西班牙是臺灣進口豬肉第二大來源國，占進口總量的16.45%。

根據中華民國經濟部投資審議委員會統計，1952至2020年，西班牙在臺灣總投資金額約7,211萬美元。主要投資業別為電力設備製造業、批發與零售業、金融與保險業、資訊與通訊傳播業、住宿與餐飲業電力與燃氣供應業等；另根據西班牙對外貿易投資促進局統計，1993至2020年，西班牙在臺灣總投資金額約7,313萬歐元。

為促進雙方貿易關係，1997年5月，成立西班牙臺灣商會；2010年3月，成立西班牙臺灣青年商會。兩國自1973年斷交後，為增進實質交流，於2000年7月，在馬德里首度舉辦官方經貿諮商會議，並於2001年7月在臺北舉辦第二屆官方經貿諮商會議。

中華民國臺灣在西班牙的的僑民人數不多，約一千五百人。主要僑團有臺灣協會、臺灣商會、中華民國婦女聯合會西班牙分會、巴塞隆納臺灣同鄉聯誼會等，並設有馬德里及巴塞隆納等兩所僑校。旅居馬德里及巴塞隆納的僑民主要從事貿易業、電腦業、電子及自行車零件進出口、旅行業等，其他城市的僑民則以從事餐飲業為主。

自一九六〇年代起，臺灣學生即赴西班牙留學，主要進修語言學、文學、美術、音樂、建築、工商業設計等，亦有少數從事醫學、歷史、傳播、企業管理、觀光旅遊、政治科學等方面的研究；另有短期進修或遊學，進修項目包括佛朗明哥舞蹈、西班牙吉他等。目前在西班牙的臺灣學生以短期遊學居多，攻讀正式學位的較少。近年來，臺灣學生赴西班牙留學未見增多，主因是兩國教育體制及學歷認證制度不同。

　　至於兩國學術交流，仍以臺灣學生赴西班牙的單向為主。臺灣的靜宜大學、輔仁大學、淡江大學等校與西班牙締結姊妹校，簽署大三學生赴西班牙進修一年的計畫；靜宜大學、文藻外語大學等校則利用暑期安排學生至西班牙合作大學進修語文兩個月。臺灣則分別由教育部及外交部提供「華語文獎學金」及「臺灣獎學金」，給予西班牙學生來臺進修學位或語文。近年來因學習中文熱潮，報名人數日益增多。目前，在西班牙的臺灣學生約三百餘名；在臺灣的西班牙學生則約260名。

業餘愛好與消遣

　　西班牙是熱愛生活和善於生活的民族。他們懂得如何工作，更懂得工作之餘如何放鬆自己，抓住當下享受生活。因此，總是把休閒安排得生動活潑、豐富多采。西班牙人的業餘愛好很多，其中最喜歡的是體育和藝文活動，尤其對體育，不僅喜愛，而且廣泛參與。在諸多體育活動中，西班牙人最喜愛足球、網球和自行車，稱之為三大迷人的運動。此外，籃球、游泳、帆船、釣魚、狩獵等活動也很普及。

一、足球

　　諸多體育中，足球向來是西班牙最風行的運動，也是最受喜愛、最吸引觀眾的運動。在西班牙，電視節目裡足球比賽轉播時間最長、轉播頻率最高。

　　有人說，西班牙人可以不吃飯，可以不加班，可以不做生意，但不能不看足球。他們認為足球是世界上最富挑戰和最美的藝術。因此，酒吧裡、辦公室裡、學校裡，他們談論最多的是足球。球場上，他們如痴如醉地助威、吶喊，是因為足球；大街上，他們瘋狂地砸碎商店，掀翻汽車，也是因為足球；足球可以使他們萬眾一心，足球也可以使他們失去理智，鋌而走險。

　　西班牙足球之所以如此普及，除得到人民群眾廣泛參與外，另外就是

足球已日趨商業化，並滲透到社會生活的各個角落。首先，在全國發行足球彩券，在名目繁多的彩券中，足球彩券往往最受青睞，買的人也最多，發行部門為此發大財。其次，經濟實力較強的廠商往往看好有希望的足球隊，為其提供大筆贊助經費，以期達到宣傳和推銷自己產品的目的。第三，每支球隊均有自己獨特的標誌，而凡是有名的球隊標誌，不管製成運動服裝還是其他紀念品，都身價百倍，銷路奇佳。

圖9-A　巴塞隆納足球隊主球場（陳怡君）

二、網球

　　網球是西班牙人最喜愛的體育項目之一，但它從一九八〇年代初期才蓬勃發展。過去人們一直認為網球和高爾夫球都是富人的運動，一般老百姓玩不起，因而不大重視，但經過像桑潔斯和馬丁內斯等著名球星的高超

比賽，並在國際上贏得榮譽，網球愈來愈受到廣大群眾的喜愛，並積極參與及大力推動。

三、鬥牛（Corrida de Toros）

西班牙的鬥牛季節始於3月19日瓦倫西亞的「火節」，至10月12日薩拉戈薩的「畢拉祭典」才告一段落。這段期間，每逢週日在主要都市的鬥牛場都有鬥牛活動，各地的祭典期間，也會舉行好幾場鬥牛，祭典與鬥牛的關係密不可分。西班牙有超過四百座以上的鬥牛場，因此只要是在鬥牛季節的期間，到處都可以邂逅這種熱情洋溢的競技。鬥牛是莊重而華麗的西班牙國粹，是動物與人用死亡為賭注的格鬥遊戲。

1.歷史淵源

鬥牛，其起源可追溯至古羅馬時代。但據說是阿拉伯人入侵西班牙時，把鬥牛帶進安達魯西亞，然後再從這裡擴及全西班牙。中世紀時，鬥牛是貴族從馬上刺殺牛的武藝；在國王登基，結婚或戰爭凱旋等宮中慶祝活動中表演。文獻記載中以1135年阿爾豐索七世（Alfonso VII）即位時的鬥牛最早。又說卡洛斯五世曾親自揮動長矛鬥牛，技藝不俗。十七世紀後，鬥牛逐漸平民化，但在波旁王朝時代，曾被認為太殘忍而禁止。到十八世紀中葉，鬥牛風氣才又恢復，至1834年，塞維亞設立皇家鬥牛學校，鬥牛更形興盛並誕生隆達派與塞維亞派等鬥牛界門派。十九至二十世紀時，鬥牛士人才輩出，展現非常華麗的技巧。畫家哥雅、畢卡索甚至海明威也都深受充滿動感形式美的吸引，留下許多以鬥牛為主題的作品。

2.進場

鬥牛從華麗的鬥牛士進場開始。揭幕時在號角伴奏下，穿著中古時代黑色官服的前導者，騎馬到中央的裁判官席下方，接受牛圈匙。接著三位鬥牛士（matador）出場。每一位鬥牛士後面跟著三位助手和兩位以矛刺牛手（picador），還有拖牛屍的三頭裝飾過的馬及數名清掃夫。在明亮

的陽光下，伴隨著輕快的二步舞（paso doble）進行曲舉行隆重的進場儀式。

3.鬥牛四部曲

第一階段是逗：幾個鬥牛助手揮舞著紅色披肩或斗篷逗弄野牛，讓牛擦身而過，牛一再撲空，漸漸引發其野性，鬥牛士此時也會提著披肩擺動，展露各種充滿刺激的花招使觀眾興致高昂，這是稱作「佩洛尼卡」（Verónica）的序曲節目；第二階段是刺。此時，以矛刺牛手騎著蒙著眼、腹部裹著厚厚毛毯的馬，以長矛從馬背上往牛頸戳刺。矛的尖端只能淺刺，目的在刺傷牛頸流血以減弱其攻擊力。稍有不慎，很容易人仰馬翻。

第三階段為插：接下來就是三個扎槍手（banderillero），手持長70公分紮著紅綠紙條的短劍，五彩繽紛。其劍頭帶鉤，入肉鉤住，這帶鉤劍非常厲害。執劍的人身穿古裝，雙手持劍，迎面向牛衝去，瞬間將兩把短劍插在牛頸上，如此重複三次，牛頸上會有六把抖動的彩色飾棒，此時牛轉動著受傷的頸部，想一瞧背上到底刺中什麼暗器，但是左看右看就是看不見，甚至盡量地搖動牠的肩背，想抖落背上的東西。由於牛的抖動，六把劍左右前後晃動，五彩的紙條隨風招展，總是引來一片掌聲。

最後階段是殺：這時主鬥牛士（matador）拿著劍和紅披肩（muleta）先向裁判官和觀眾行禮，然後一手拿著劍和折半的紅披肩，並逗引牛衝撞它。鬥牛士本身很少移動位置，只用紅披肩來躲閃擦身攻擊的牛。經過折騰，牛雖已沒有起初凶猛，但隨著鬥牛士的挑逗，作短促銳利的攻擊，偶而還會低下頭用牛角頂撞鬥牛士，這是鬥牛全程中最危險的一刻，稍有不慎，鬥牛士甚至會受重傷或喪命。最後，鬥牛士褪去紅巾，拿出寶劍，瞄準牛的後頸，有銅板大沒有頭骨保護的地方，一劍刺到心臟。但是這目標太小，而且牛身擺動，不容易瞄準，如能一劍殺死，功夫很棒！第二劍已顯差勁，要刺三劍四劍，就太差了，會引來許多噓聲。通常鬥牛士會獲得

觀眾的掌聲，這時兩匹馬進場，把倒地的牛拖走。

　　一場鬥牛到此結束。野牛被拖出後，清理工人掃除沙上血跡，以便進行下一場鬥牛。鬥一隻牛，約需25分鐘，三個鬥牛士各負責鬥兩隻牛，全程約兩個半小時。

4. 鬥牛世界

　　西班牙的鬥牛季節，自3月開始至11月前後結束。大多在星期六及星期日下午舉行，有時則在慶祝活動中連續舉行15天。要成為合格的鬥牛士，必須有十年以上的苦練，且須具備勇氣、矯健的身體和對牛的了解。鬥牛士穿的衣服，並不屬於二十世紀。混身繡花繡金，頭戴三角帽，足穿便鞋，緊身衣、褲，打扮得好像中世紀的遺老，又有些像中國戲臺上的武生，助手和以矛刺牛手則穿銀線繡成的同型服裝。鬥牛士都是年輕人，老人和鬥牛無緣。鬥牛當天，上午鬥牛士到教堂祈禱，通常不吃午餐，在旅館聚精會神。表現良好的鬥牛士可獲贈牛耳，技術特別高超還可以獲贈牛尾，並被眾人扛在肩上風光通過鬥牛場正大門。

5. 鬥牛和鬥牛場

　　鬥牛是純種非洲種牛改良而成，毛色黑亮肩部寬闊，兩隻牛角非常尖銳，對於移動目標善於變換方向攻擊。這些四至七歲的鬥牛，體重500至700公斤，進場前先在暗室囚禁三天三夜且滴水不進。西班牙的鬥牛迷對勇敢戰鬥的鬥牛士會報以如雷的掌聲和歡呼；反之則給予激烈的責難口哨和噓聲。

　　鬥牛場分為一至三個等級，最具代表性的第一級鬥牛場在馬德里、巴塞隆納與塞維亞，在這邊可以欣賞到最棒的鬥牛。在鬥牛競技的前一天或是當天，都可以在售票處購買到門票。鬥牛場的門票分為向陽座與陰涼區座位。向陽與否，以及距離鬥牛圈的遠近，都會影響票價。只要花18至24歐元，就能夠在不錯的座位上好好觀賞華麗的鬥牛競技。

圖9-B　別緻的鬥牛場的售票口（陳怡君）

　　西班牙大城小鎮都設有鬥牛場（plaza de toros），但以馬德里的「拉斯范達斯」（Las Ventas）鬥牛場，可容納兩萬多觀眾，規模最宏大。它是羅馬城廓式四層樓圓形建築，以紅色磚塊與鑲嵌陶瓷呈現古典風格，在1934年開始使用。

第十章

經貿及旅遊發展

經貿發展

一、佛朗哥統治下的經濟

1. 統治前期

　　西班牙實施國家資本主義經濟。二戰後，在佛朗哥統治時實施閉關鎖國、自給自足和具有民族主義色彩的經濟政策。此經濟政策核心，就是「生產替代進口」，以滿足國內需求。爲確保實現上述目標，政府以立法建立和發展國營企業，即國家資本主義經濟。基本上透過以下三種途徑：運用國庫資金創辦新型企業；收購外國公司的資產；將有財政困難的股份公司的控制權轉到國家手中。

　　一九五〇年代，西班牙透過建立國家壟斷企業，以推動民族工業向前發展。例如電力工業建立高壓線路，大大改善電力供應。造船業創辦大規模的「埃爾卡諾公司」，使西班牙船隊擴大53%。1957年，西班牙在阿維萊斯建立大型鋼鐵聯合企業後，克服冶金業長期處於蕭條的現象。此時期，西班牙經濟模式有以下特徵：第一，爲了實現自給自足目標，政府千方百計保護資本家的利益，資本家擁有政府提供的各式各樣的優越條件；第二，稅收制度很不健全。例如1957年，國家預算中稅收僅占國家收入的10%，且一部分是間接稅；第三，嚴格控制外國資本進入西班牙企業；第四，西班牙對外貿易十分落後；第五，比較重視農業。一九五〇年代，農業政策也建立在自給自足的基礎上。

2. 統治後期

　　自一九六〇年代起，西班牙改變原來閉關自守的經濟政策。從1960年

至1974年佛朗哥逝世前一年，西班牙分別實行一個四年「經濟穩定計畫」和三個四年「經濟與社會發展計畫」。對內逐步取消國家干預經濟活動、價格、工資以及對私營企業開辦的行政監督；改革工業結構，加強農業改造，同時大力發展旅遊業；對外全面開放，引進外國投資和先進技術、建立和健全市場機制，鼓勵自由競爭，實施貿易自由和促進勞務出口。

從1963年至1972年，國內生產總值平均每年增長7.6%，工業產值增長3.4倍，耐用商品的生產增加14倍。然而，西班牙農業現代化的步伐比工業化進程慢很多。在1962至1972年，農業生產總值每年只增長2%。由於農業不能滿足國內市場需求，西班牙被迫大量進口農產品，包括肉類、植物油和飼料等。

從一九六〇年代起，西班牙成為旅遊大國，有些指標超過法國和義大利。外國遊客從1960年的610萬增加到1972年的3,200萬。旅遊業不斷興旺，帶動服務業和交通運輸以及基礎建設的發展。

雖然西班牙經濟高速發展，但卻伴隨著劇烈的通貨膨脹，物價上漲一倍，國家幾次被迫採取緊縮銀根，其中包括凍結工資等措施。但是，西班牙最終由貧窮落後的農業國家變成中等發達的工業國家。

二、民主過渡時期的經濟

1982年底，西班牙社會勞工黨上臺執政，採取更開放和務實的經濟社會政策，將有節制擴張政策改為抑制通貨膨脹為優先的緊縮政策，展現溫和面貌並宣稱不會實施國有化，以穩定金融和企業界人心。

經過數年調整以及國際環境好轉，上述措施逐漸收到成效。從1985年起，經濟開始迅速回升。尤其是1986年1月1日加入歐洲共同體後，獲得歐共體大量的扶貧基金。僅1989年，就獲得27.88億美元的農業補助款；此外，引進先進技術，讓工業或得結構性和技術性的改變，經濟維持多年的高成長。

自1978年實施憲政以來，經濟情勢明顯好轉。2010年，國內生產毛

額增加為一兆5,370億美元，國民平均所得達32,360美元。一九七〇年代中期，西班牙從發展中國家晉身為已開發國家。在一九五〇至一九七〇年代，大約有一千萬西班牙人從農村地區移往工業地區，主要集中在馬德里、巴斯克、瓦倫西亞及加泰隆尼亞等自治區。西班牙也因此從農業國家轉型為工業國家

目前，西班牙的經濟指數與周邊國家並駕齊驅，有一千多萬人從事服務業且產值已超越工業。西班牙大約有140萬家服務性企業，另有50萬家屬性介於工業和建築業。服務業產值占國內生產總值的65%。工業最發達的地區為馬德里、巴斯克、瓦倫西亞及加泰隆尼亞，大約有270萬人從事工業生產，產值占國內生產毛額32%。依營業額，西班牙重要的工業包括：食品、飲料及香菸；冶金及金屬產品製造；化學工業；電器、電子及光學用品；紡織、成衣、皮革及鞋業等。

1979至1995年，農業部門的生產成長最多達172%，但同時也是勞動力減少最多的行業；其次為工業生產成長102%，緊接著為建築業成長40%，最後則是服務業成長15%。

三、經濟發展現況

1.經濟發展

整體而言，因疫情管制措施終結及旅遊強勁復甦，相較過去幾年，2022年西班牙經濟表現仍保有其韌性。第一季雖受新冠肺炎（COVID-19）的Omicron變種病毒持續蔓延、俄羅斯入侵烏克蘭及三月運輸業者進行罷工與部分供應鏈短缺影響，單季經濟成長仍維持6.9%。第二季起，旅遊觀光活動及國內消費大幅復甦與成長，雖因俄烏戰爭導致全球能源價格高漲造成通貨膨脹持續推升，國內生產毛額成長仍高達7.8%。下半年，經濟成長逐漸放緩，第三季國內生產毛額僅成長4.7%，第四季則只成長2.6%；2022年全年經濟成長5.5%。

西班牙Funcas儲蓄基金會（Fundación de las Cajas de Ahorros, Funcas）

指出，2022年西班牙經濟表現較預期佳主因爲勞動市場展現韌性、國際能源市場價格下降緩解通膨壓力以及歐洲天然氣存量優於預期。2022年上半年，西班牙經濟表現良好主因爲商品及服務消費支出成長、對外貿易成長及國際觀光客增加；下半年，家庭消費仍維持穩定，但由於物價高漲帶動實質支出增加，造成家庭可實質支配所得減少5.8%。2022年第三季經濟成長主因包括政府補助措施讓資本支出微幅增加、觀光產業大幅復甦至疫情前水準；但出口仍遠低於進口，貿易逆差仍大。2022年第四季製造業受國際經濟情勢不確定因素影響，信心較弱；但旅宿業、航空及鐵路均因觀光客人數增加，持續成長。

2. 對外貿易

　　依據西班牙工業、商業及觀光部資料，2022年西班牙貿易成長趨勢與其他經濟表現相似，在上半年顯著成長後，下半年逐漸放緩。全年商品及服務出口總額達4,115.89億美元，比2021年約成長23%；進口額爲4,836.57億美元，成長33.4%，貿易逆差約721億美元。2022年，西班牙主要出口市場包括法國、德國、葡萄牙、義大利、比利時等，臺灣排名第55名，主要進口市場包括中國大陸、德國、法國、美國、義大利等，臺灣排名第39名。

3. 就業市場

　　西班牙勞動力調查報告指出，2022年西班牙就業人數爲2,046多萬名，比第三季略減八萬多名，但比2021年增加27萬名，是近十五年來最佳。值得關注的是，2022年4月修正《勞動法》（la reforma laboral）後，享有無限期合約勞工人數擴增至1,425多萬名，比2021年大幅增加159多萬名；臨時性合約勞工人數縮減至300多萬名，占總勞工人數之17.9%，比2021年的25.4%大幅減少。女性就業人數爲948多萬名，比2021年增加13多萬，是歷來女性就業最佳紀錄。

　　至於失業率，2022年西邊牙總失業人數為300多萬名，失業率由第三季的12.67%增加至第四季的12.90%。2023年1月1日起，政府調高最低基本薪資至1,080歐元，比2016年的655歐元成長65%。此外，根據西班牙國家統計局（INE）資料，受全球供應鏈短缺及俄烏戰爭造成全球能源及糧食價格高漲，2022年西班牙平均通膨達8.4%，為1986年以來新高。

4. 經濟展望

　　面對未來，2023年5月，歐盟執委會指出，2023年西班牙經濟將成長1.9%，高於歐盟1%的平均值。執委會推斷，西班牙財政赤字將高達3.3%。然而，西班牙政府預測2023年經濟將成長2.1%，該國央行則預測成長2%，都高於歐盟預估值。此外，依據2023年7月國際貨幣基金最新公布的《全球經濟展望》，由於西班牙旅遊觀光及服務業表現強勁，上調西班牙2023年經濟成長至2.5%，原預測為1.5%；而2024年經濟成長預測則維持2%。不過，該機構也警示，外債及政府赤字仍是西班牙政府亟需解決的棘手問題。

四、曲折的工業化之路

　　在一九七〇年代，為擺脫長期落後的狀態，西班牙才開始注重發展工業，並制定比較完整的工業發展計劃。1982年，社會勞工黨上臺執政後的十多年間，政府更加重視工業化建設，全面改造工業結構。

　　目前，工業在西班牙國民經濟中占有很重要的地位。根據西班牙國家統計局，1994年西班牙工業總產值（含建築業）約28兆比塞塔，占國內生產總值的32.5%。西班牙從事工業的人口約400萬，占就業人口大約32%。

　　西班牙工業分布很不平衡，主要集中在馬德里、加泰隆尼亞、巴斯克、瓦倫西亞、安達魯西亞和卡斯提亞‧里昂六個地區。這些地區的工業產值占全國工業總產值的70%左右，其中加泰隆尼亞地區占全國總產值的四分之一。近幾年，原來以農業為主的安達魯西亞地區的工業迅速發展，

產值已躍居全國的第三位。北部的巴斯克地區由於工業基礎雄厚，發展更加迅速。

傳統上，西班牙重工業集中於產鐵、煤的畢爾包（Bilbao）等城市。化學及紡織工業集中在巴塞隆納及附近地區。世界著名的福斯、福特、雷諾等汽車公司則在馬德里、巴塞隆納等地生產製造。喜悅（SEAT）則是西班牙著名的國產汽車公司，已被福斯併購。

五、舉足輕重的對外貿易

在一九五〇年代以前，由於實行閉關鎖國的經濟政策，對外幾乎談不上什麼貿易往來。在一九六〇至七〇年代實施開放政策後，對外貿易逐步走上正常軌道。1978年，出口額達134億美元，占世界當年出口總額的1.13%。進口額為175億美元，占國內生產總值的12.67%。

一九八〇年代中期，西班牙對外貿易持續穩定的發展。1994年，對外貿易總額達1,703.78億美元，進出口分別是949.85億以及753.53億美元。多年來，西班牙對外貿易總額約占其國內生產總值的30%。每年的貿易額在歐洲僅次於英、法、德、義等國。可見，外貿對西班牙經濟發展很重要。

1.進出口商品

隨著對外貿易不斷發展，出口商品結構逐年趨於合理，製成品出口增加，尤其是非能源產品，如化工、金屬製品、機械、紡織品以及葡萄酒和橄欖油等農產品大幅上升。但傳統產品，如皮革製品、能源產品等在國際市場遇到空前的挑戰。1993年，在出口商品中能源產品占2.9%，而非能源產品高達97.1%，比1992年分別成長17.3%和21%。在進口方面，主要向國外購買石油、工業原料、礦產品、電器和機械設備以及生活消費品等。

在外貿中，西班牙有不少實力強勁的進出口公司或企業。官方排序最重要的一百家進出口公司，基本上壟斷該國的進出口業務；其中以汽車、石化、冶金、通訊部門等為龍頭。多年來，這些企業和公司對西班牙國內市場繁榮和產品走向國際化，貢獻良多。一百大進出口企業中，出口最多

的首推汽車業；其次是石油部門；第三是鋼鐵業。

在這一百家企業中，重要的進口也屬汽車和石化業，所占比重與出口不相上下。另外，在進出口企業中跨國公司占很重要的地位，左右西班牙的進出口。在名列前十名的企業中，八家是外國跨國公司，其股份約占50%以上。

2. 主要貿易對象

由於地緣關係，西班牙外貿非常依賴歐盟市場，其主要貿易對象一直是歐盟成員國。到一九九〇年代，與歐盟的貿易進一步上升。1994年，從歐盟進口占進口總額的62.5%；出口則占72.2%。

在歐盟國家中，法國是西班牙主要的出口國，其次是德國、義大利和英國；而最大的進口國是德國，其次是法國、義大利和英國。美國和日本也是西班牙重要貿易夥伴。1994年西班牙與美國的貿易比例比一九七〇年代下降。

由於西班牙與拉美國家存在傳統的友好關係，經貿往來一直維持相當水準。一九七〇至八〇年代，對美洲大陸的貿易額占進出口總額的20%左右。但自加入歐共體後，對拉美國家的貿易幅度縮減，大約維持在5%，其中對墨西哥的進出口占比最大。

3. 巨額貿易逆差

西班牙一直是貿易逆差國家，進口比出口多24%，該赤字由觀光外匯收入彌補。工業設備是其最主要進口產品，而最大宗出口產品則是汽車。法、德是西班牙最主要的進、出口貿易伙伴，占西班牙三分之一的進出口貿易額。

由於社會不斷進步、富裕，西班牙國內私人消費逐年成長，並不斷擴大至內陸地區；而往昔較受忽略的退休人士，近年來消費能力不斷攀升。

此外，因為交通基礎建設不斷增加，讓其商品流動既快又便宜，而

且貿易及分銷線也不斷更新，特別令人矚目的是像英國皇宮（El Corte Inglés）、法雅客（Fnac）、家樂福（Carrefour）等大賣場不斷的增加、成長。但是傳統的小商店因其鄰近消費者，仍深受西班牙人的喜愛。此外，一九九〇年代以來，因經濟不景氣，小型企業經營日益困難，合併不斷增加。另外，西班牙許多大企業由外資掌握，例如英國皇宮。

六、多如牛毛的企業

1.企業分布狀況

　　西班牙企業大多集中在加泰隆尼亞、馬德里和瓦倫西亞三個自治區，其次是巴斯克和安達魯西亞地區。企業最集中的省分是巴塞隆納，其次是馬德里、瓦倫西亞、比斯開、阿利坎特和薩拉戈薩省。

2.企業的優勢和劣勢

　　在目前西班牙眾多企業中，占優勢的企業比例比歐洲其他工業化程度高的國家低很多。這些行業主要是航空器材、辦公設備、計算機、電器和機械、電子器材、精密儀器、藥物和化學產品等。其中藥物和化學產品是兩個最強勁的行業。

　　居於中等水平的行業大約占全部工業部門的一半左右，包括：橡膠和塑膠、汽車、機器和機械設備、鐵路運輸器材、食品、飲料和菸草、煉油等；其中，食品、飲料和菸草以及煉油最突出。而居劣勢的企業比重約四成左右，主要有：鋼鐵、有色金屬、造船業、非金屬礦產品、紡織、服裝及其他加工業等。儘管鋼鐵和造船工業目前仍具優勢，但因是夕陽工業，前景比較黯淡。

　　從結構看，西班牙企業絕大部分是家庭小企業，或由少數股東合夥，真正的企業集團甚少。此傳統企業結構，不利與其他企業合作，也難以現代化生產方式取得競爭優勢。目前，許多中小企業的生產方式還停留在一九七〇年代的水準，如設備陳舊、技術落後、產銷管道狹窄以及人員素

質低等問題。此外，西班牙工業居歐盟成員國的平均水準，但與英、法、德國相距較遠。而生產規模則低於歐盟的平均值，但優於比利時、丹麥、愛爾蘭、葡萄牙和希臘。

目前，西班牙企業面臨的困難不少，包括：

(1)企業經濟結構存在失衡現象，導致競爭和適應能力差，禁不起國際經濟蕭條的打擊。

(2)政府長期推行嚴格的貨幣政策，導致企業投資萎縮，設備更新緩慢。

(3)近幾年企業成本不斷提高，產品價格隨之上漲，導致銷售量減少，效益低落。尤其是歐盟大市場建立後，不少企業還沒有完全適應來自各方面的挑戰。

(4)政府不斷加稅，讓不少中小企業難以承受。

這些不利因素造成許多不利後果：首先，大量企業被併購，導致失業攀升。其次，勞動階層利益受到損害，勞資雙方和工會與政府間的矛盾與衝突日增，社會矛盾加深，罷工迭起，對社會造成很大影響。根據經濟合作暨發展組織，在歐盟中，西班牙是希臘之後，罷工次數和參加人員最多的國家。

七、外國投資的天堂

1. 外資的發展

西班牙是傳統的外國投資場所，早在一九六○年代就被譽為「投資家的天堂」，但其吸收外資最早可追溯到十九世紀。當時其經濟十分落後，幾乎沒有工業。為發展經濟，西班牙開始吸引外國資本興建鐵路，開發水利、天然氣，開採鐵、煤、鋁、銅、水銀等礦產。

但是到一九六○年代，才真正把吸引外資作為發展國民經濟的基本政策。1959年，西班牙為擺脫落後的經濟面貌，打破長期以來實行的自給自足、閉關自守的政策，推行經濟自由化和對外開放政策。1960年，西班牙政府頒布《外國投資法》以鼓勵外國投資，外資蜂擁而入。大量外資湧入

為其經濟發展發揮重要作用。當時,西班牙經濟每年平均成長8%。引進外資、發展旅遊業和鼓勵勞務出口是其經濟起飛的三大要素。一九六〇年代,到西班牙投資的主要國家有美國、瑞士、西德和英國等,占外資總額的八成,其中美國和瑞士占比更高達六成。

一九七〇年代初,經濟危機席捲全球,西班牙也受到不同程度的衝擊。但是,外國投資仍有增無減,成長速度遠超過一九六〇年代。當時外國投資的重要變化是,美國占比明顯下降,而歐共體國家則大幅上升。而一九八〇年代,因政局穩定,經濟出現繁榮期。隨著投資環境進一步改善,外資連年增長。此時,外國投資主要集中在金融、不動產、保險以及食品部門。到一九九〇年代,受世界經濟大環境影響,西班牙經濟成長率放緩,但是,外國投資仍保持一定勢頭。

2. 投資領域和地區

在一九六〇和七〇年代,外國投資主要集中在能源、冶金、紡織、化工和汽車製造等領域,占投資總額達九成以上。到八〇年代,外國投資重點轉移至金融、不動產、交通、通訊、建築和食品等部門。到九〇年代,投資重點進一步轉移,集中在非能源礦產的開發與加工、金融及保險、商業及旅遊服務以及工業加工等部門。近幾年外資投放緩,西班牙調整吸引的策略,從傳統的工業部門轉移到金融服務和技術開發等領域,尤其更加重視高精密及尖端科技項目的國際合作。

從地區看,西班牙吸引外資分布不均。一九八〇年代前,主要集中在馬德里和加泰隆尼亞傳統工業重鎮。但近幾年來,外資開始向其他地區擴散。除馬德里外,原來吸收最多外資的加泰隆尼亞,明顯下降,而其他自治區則大幅上升。最近,外資在上述地區已近飽和,因此向沿海地區轉移,特別看好瓦倫西亞地區。

3. 外資主要來源

西班牙的外資主要來自歐美各國。一九六〇至七〇年代中期,美國

投資占比較大，達四成以上。但一九七〇末期後，歐洲各國、尤其是歐共體國家對西班牙的投資明顯增加，取代美國的地位。一九八〇年代，日本投資直線上揚。一九九〇年代，來自歐美各國的外資仍占主導地位。1992年，上述國家的投資大約占全部外資的六成，其中荷蘭最多，其次是法國、德國、英國和義大利。

　　吸收外資利大於弊：

⑴解決發展經濟和資金不足的困境，彌補私人資本和國家財政來源的嚴重匱乏，並減少國家對國有企業的大量補貼。同時，給企業注入活力，刺激生產，增加國家稅收。

⑵外資引入使企業固定資產大幅增加，工業實力明顯上升。同時，隨著先進技術和管理水準的引進，企業現代化水準顯著提高，勞動生產率和產品質量大幅改善，工業競爭力增強。此外，投資促進工業發展，就業人數也隨之增加。再者，引進外資還彌補國家經常性項目的巨額赤字，有助振興西班牙經濟、縮短與歐盟國家發展水準的差距。

4. 大量資本輸出

　　一九七〇年代以前，由於國力和技術相對落後，西班牙對外投資相對較少。一九七〇年代末期，西班牙立法開放對外投資。依此，西班牙法人可在海外直接投資和投資證券，但不得投資不動產，當時，對外投資的規模不大。1980年，對外直接投資額為3億多美元。但隨著外匯儲備增加以及國際收支改善，對外投資逐步增加，1985年達到進6億美元。1994年，西班牙在國外直接投資達到23億美元，占國內生產總值0.5%。

　　近六成以上的西班牙對外投資集中在歐盟國家，而葡萄牙又是西班牙企業家投資首選；在1988至1993年間，西班牙占葡萄牙工業投資近兩成。除歐盟國家，美國也是西班牙投資的主要目的地，1993年達5億美元，占對發達國家投資總額的13%。因歷史的淵源，西班牙在拉丁美洲的投資得天獨厚，尤其對阿根廷、智利、墨西哥、巴西和烏拉圭的比重最大，主要

投資在能源、交通、金融和基礎設施等領域。

　　在國外直接投資方式主要是設廠、設立公司和合資企業。一九八〇年代，重點投資領域是金屬加工、精密機械、水力電力、建築工程、交通運輸、製造業及農牧業、漁業等。到一九九〇年代後，對外投資重點轉向金融、保險、商業、旅遊服務、能源以及企業服務等部門，其中金融保險業比重最大。

八、嚴重的失業及赤字問題

　　目前，失業是西班牙經濟發展最大的隱憂，也是人民最關注的社會問題。此問題源自一九七〇年代末期的石油危機。1994年，西班牙失業最嚴重，高達23%。為此，政府在1995及1996年分別創造50萬及40萬個新職缺。二十世紀末，失業率持續下滑。不過，2008年的世界經濟危機爆發後，再度攀升至20%。

　　一九九〇年代，西班牙高失業率歸因於：就業人口不斷增加、社會變革導致大批婦女投入職場，以及先前移民國外的人民大量回國。此外，在1976至1985年，大幅減少170萬個職缺；工資及社會保險等支出明顯增加以及歐洲經濟危機，許多西班牙移民被迫回國。以自治區而言，里歐哈、那瓦拉及阿拉貢失業率最低；而安達魯西亞及埃斯特雷馬杜拉最高。以年齡而言，愈年輕失業率愈高；十六至二十歲失業率最高，五十五歲以上最低。此外，女性失業人口也比男性高。

　　民調顯示，84%的西班牙人認為工作的穩定性最重要；7.2%認為工作的收入比較重要，但只有3%看重工作的社會地位。

　　西班牙經濟面臨的第二個問題是財政支出遠大於收入，即公共赤字很高。1995年公共赤字占國民生產毛額6%，1998年下降至3%以下，財政赤字造成公共債務逐年增加。目前，西班牙公債占國民生產毛額60%，比法國及德國高，但低於荷蘭。2001年，西班牙減少開支，赤字降為零；此後，2002至2003年出現盈餘。2009年經濟危機爆發後，公共赤字再次飆

升，樽節開支成為新政府最大的難題。

旅遊王國

一、一本萬利的無煙囪工業

　　西班牙是全球觀光大國之一，僅次於法國是全球觀光客第二多的國家，也僅次於美國，觀光收入居全球第二。此外，西班牙有一百多萬人的工作直接或間接與觀光有關，觀光收入占國內生產毛額的10%。至於在加納利群島及巴伐利亞群島觀光收入占其各自治區生產毛額，分別高達四分之一及半數以上。

　　一九八○年代以來，西班牙旅遊業蓬勃發展，令人矚目。如今，西班牙旅遊業不僅在歐洲，而且在世界名列前茅。1996年，到西班牙的遊客達6,500萬人，旅遊收入達285億美元；繼美國之後，旅遊收入居世界第二位。因此，旅遊業號稱是西班牙的黃金工業。

　　由於經濟遠遠落後於英國、法國和德國等西歐發達國家，西班牙旅遊業起步較晚。一次大戰前，西班牙出現零星的旅遊服務業，主要分布在北部沿海城市、美麗的海岸和地中海的馬約卡島等地區，但因當時西班牙經濟相當落後，交通不便、旅遊設施不齊全，外國遊客寥寥無幾。

　　一九三○年代，西班牙旅遊業才有小規模的發展。1931至1934年，西班牙每年平均接待27萬外國遊客。1936年爆發內戰，接著又是二次大戰，歐洲經濟遭到嚴重破壞，西班牙更是滿目瘡痍。此時，旅遊業幾乎停擺。戰後，隨著經濟復甦，旅遊業才又步上軌道。

　　一九六○年代，西班牙經濟高速發展，旅遊業長足進步。一九七○年代，西班牙旅遊業已達到很高水準，外國遊客從1960年的600萬增加到1970年的2,400萬，旅遊外匯收入達30億美元。1979年更增加到65億美元。

　　1980年，接待外國遊客達3,800萬人；隔年，突破4,000萬大關；1986年增至4,700萬。旅遊收入也扶搖直上，1980年達70億美元；1986年，達

圖10-A　Monserrat修道院（陳怡君）

到120億美元。

　　一九九〇年代，西班牙旅遊業更加火紅。1992年，舉辦塞維亞世界博覽會和巴塞隆納奧運會，外國遊客達到5,500萬人，旅遊收入首次超過200億美元。旅遊業是西班牙經濟的基石，創造就業的發動機，也是彌補貿易赤字的工具。

　　西班牙的旅館分為一星到五星，五星是豪華級，隨意定價，不受限制。其他旅館分級定價，價目表掛在房門背後。造訪西班牙的旅客約有85%為了度假，8%為了就業需要，其它是個人、健康或家庭因素。英國、德國、法國、義大利及荷蘭是西班牙五大觀光客來源國。除了外國觀光客，每年有半數以上的西班牙人會旅行，其中大部分在國內觀光。

　　多年來，海島、地中海沿岸及馬德里是最受觀光客青睞的旅遊景點。德國觀光客最愛加納利群島；而安達魯西亞、巴伐利亞群島、加泰隆尼亞

及瓦倫西亞最受英國觀光客青睞。法國及義大利觀光客則偏愛加泰隆尼亞；而葡萄牙及美國觀光客較喜歡安達魯西亞。

　　觀光客大多住在各式旅館、露營或住青年旅館，平均待9天。外國觀光客通常集中在陽光普照的海灘，以及有文化活動、博物館及古蹟的大城市。而國內觀光客則較多元，除了到外國觀光客熱愛的景點外，也常尋找人煙罕至的世外桃源。

二、豐富的旅遊資源

　　西班牙是旅遊資源豐富及令人嚮往的國度，主因是：

1. 位於歐洲最南端，三面環海，風景秀麗，氣候宜人，尤其是陽光充足，日照時間長。漫長的海岸，有許多優良的天然海灘，沙軟灘平，

圖10-B　托雷多街景（陳怡君）

十分誘人。其中黃金、太陽、白色和群島等海岸吸引大量中、北歐和美洲的遊客。春夏秋三季，到馬約卡、伊比薩島、梅約卡島和太陽海岸等地的遊客最多，而冬季，70%以上的遊客集中在加納利群島。

西班牙的太陽，就像是義大利的石頭，是吸引觀光最大的資源。旅行社大加宣傳，甚至表示到西班牙如看不見太陽，可以退錢，西班牙太陽之值錢由此可知。南部有一海岸，就叫做「太陽海岸」。北歐的國家陽光少，而且晝夜不分明，有時日不落，有時日不出。英國的太陽也少露面。為找尋溫暖和陽光，遊客紛紛來到西班牙。而西班牙中部馬德里一帶，冬天陽光普照，卻是觀光淡季；一到夏天，陽光炙熱，遊客卻自各地奔來，冒著烈日，東奔西走。馬德里極少有冷氣設備，一到夏季，居民都陸續離開，到海岸去避暑，而國內外遊客就在這時來填補空缺。

2. 西班牙不但天上有太陽，而且因歷史悠久，地上的文化藝術多采、觀光資源非常豐富。其名勝古蹟不勝枚舉，有許多富麗堂皇的皇宮，有數不清的古羅馬和阿拉伯風格的城堡及皇宮，也有無數世界著名的教堂以及不計其數的藝術瑰寶等。此外，每個城鎮的建築也各有千秋。最吸引遊客的是每個城市都有不同的節日及不同的慶祝方式。南部的塞維亞，北部的潘普羅納、東部的瓦倫西亞，都有不同的節日。以前只是當地的人為了保持傳統而慶祝，後來觀光事業發達，觀光客蜂湧而來，觀眾愈來愈多，慶典也愈來愈盛大。慶典盛大，觀眾來得更多。因此必須在節日前訂旅館，以免向隅。

西班牙的村落小巧可愛，而且沒有熙來攘往的觀光客。因為經年少雨，新粉刷的牆可以長久保持潔白。村中婦女，不停地將馬路清掃得乾乾淨淨。靠街的樓上陽臺，萬紫千紅，放著盆盆花草，夾在古屋間，特別吸引人。西班牙村莊的外觀，相似卻又不盡相同。每個鄉鎮都有廣場（Plaza Mayor），廣場四四方方，有兩三層高的樓房圍著，樓下開店，四面有迴廊互通。通常廣場邊就是市政府及教堂等公共建

圖10-C　峭壁上的隆達城（陳怡君）

築，而民間住屋大多圍繞廣場往外擴建。但是，每個村鎮的廣場也各有不同。通常，廣場是大家聚會的地方，冬天曬太陽，夏日乘涼。

3. 西班牙人的熱情與好客。在西班牙只要說一聲謝謝（Gracias），人們就會誇你聰明。如果你結結巴巴說不清楚，周圍的人都會比手畫腳熱情幫忙，絲毫沒有不耐煩。此外，西班牙人喜歡與別人分享食物，據說這是受阿拉伯人的影響。到鄉下咖啡館，侍者有時忽然告訴你有人幫忙埋單了。對萍水相逢，連「朋友」都還談不上的觀光客都顯得如此熱心。

4. 西班牙具有現代化的旅遊服務設施，交通十分便捷和發達，以馬德里為中心，與國內20多個城市及世界各大城市有航線，六條公路幹線延升到全國各省，以及高速鐵路，構成密集的運輸網。僅馬德里市內地

圖10-D　馬德里大廣場（陳怡君）

鐵便長達100多公里。

三、遊客至上的優質服務

　　早在一九六〇年代，西班牙就開始推動鼓勵吸引外資和引進外國先進技術、鼓勵勞務出口以及鼓勵發展旅遊業等三項政策。此後，西班牙政府採取許多措施，以推動旅遊業發展。

1. 制定具體的政策和法律。規定國家提供私人企業貸款以興建旅館和其他旅遊設施，並允許外國企業和個人在西班牙投資旅遊。於是旅遊資源迅速發展，接待遊客能力大幅提高。

2. 隨時調整價格，提高競爭能力，努力增加客源。西班牙消費相對比中北歐國家低，特別是食品價格較低。政府在制定價格政策時比較注意收費合理性，實行薄利多銷的原則，因此，外國遊客的開支相對低於在其他歐洲國家。

圖10-E　馬德里太陽門廣場（陳怡君）

3. 管理制度健全，講究實效，重視對外宣傳。西班牙設有旅遊總局，以
　貫徹執行政府制定的旅遊政策，領導和監督地方旅遊管理，確立並促
　進對外旅遊業發展的方針、計畫，並在經濟上支持企業和單位開拓對
　外旅遊市場以及有計畫資助企業建立和擴大對外旅遊貿易。

　　在西班牙旅行，應該讓自己擺脫時間感，應該漠視事先計畫的行程以
及抵達的時間，更應該樂意寄宿在樸實的村中客棧，並勇於接受不一樣的
生活步調。個人認為，唯有如此才能認識及了解真正的西班牙。

　　西班牙這塊古老土地曾經歷過許多戰爭與災難。這些事件把人毀滅，
人們以為一切事物都會隨他們毀滅。然而，今日在西班牙的旅人遇上的卻
是已經存在千百年的風景、古蹟和思維。現代人總是誇大改變，而誇大的
看法又不斷被新聞媒體重複及渲染，媒體為保障其生存，不得不主張改
變，因為一成不變缺乏吸引力。

四、旅遊觀光的後遺症

西班牙把遊客分成觀光客和度假客兩種。觀光客多半是第一次光臨，探訪古蹟名勝及博物館，馬不停蹄地到處看；而度假客則志在休息，不在尋幽訪勝，待在沙灘，也許兩周假期就這樣消磨在水天之間。

觀光客從四面八方湧進，良莠不齊，深深影響西班牙的風俗。嬉皮來了，他們穿著奇裝異服，穿著涼鞋，留著長鬍子，頭髮更長。有時男女成群，有時像孤獨的幽靈。這些人如不滋事，西班牙政府任由他們長髮披肩，不會過問。但一旦吵吵鬧鬧，超出常規，就會毫不通融，把他們驅逐出境。

有時觀光客一到西班牙，有太陽、有酒、有悠閒，一身輕飄飄的如醉如痴。西班牙以產酒出名且價廉，一杯在手，完全放鬆。入晚大家成群結隊散步，在酒吧裡縱談古今，悠閒自得，自覺以前的歲月全是白費，未曾像這樣的享受人生，於是不管假期已經結束，一留再留，不想回家。

此外，因為旅遊區的大量開發及興建旅館，造成嚴重破壞與汙染環境，這也是西班牙政府在大賺外匯之餘，必須嚴肅面對的問題。

圖10-F　塞戈維亞的夢幻城堡（陳怡君）

附錄

大事年表

西元前	事件
2000000-100000	舊石器時代。
100000-35000	舊石器時代中期。
35000-10000	舊石器時代晚期。
15000	阿爾塔米拉洞穴壁畫。
10000-5000	中石器文化；在半島的東部出現洞穴壁畫文化。
5000-2500	新石器文化；出現巨石建築。
2500	金屬器時代。
2800-2600	阿爾梅里亞文化。
2340	米亞雷斯文化。
1700-1100	埃阿爾加文化。
1100	腓尼基人在現今的加地斯建立商業據點。
1100-1000	塔特索文化在西班牙南部開始建立。
900-650	賽爾特人滲入伊比利半島。
800-775	腓尼基人在現今的馬拉加和格拉那達的沿海地帶建立據點。
800-760	在伊比利半島開始出現大量開採銀礦。
700-600	腓尼基殖民的極盛期。
700-500	塔特索文化在西班牙南部發展快速、繁榮。
580	希臘開始殖民，主要中心在加泰隆尼亞沿岸的埃波里歐。
550	塔特索政權滅亡。
535	喀他希內斯人在阿拉里亞戰役中打敗希臘人。
500	塔特索文化消失。迦太基人勢力進入伊斯帕尼亞地區。

西元前	事件
460	在安普里阿斯開始鑄造銀幣。
264	布匿克戰爭爆發。
237	阿米爾卡到達加地斯，開始統治伊比利半島。
228	阿米爾卡的女婿阿斯圖烏巴載喀他赫納建立城市，此城成為喀他希內斯人在西班牙的首都。
218	羅馬軍進入安普里阿斯，開啟第二次羅馬對迦太基之戰的第一場軍事行動。
206	羅馬人占據伊斯帕尼亞。
205	羅馬人打敗及驅逐喀他希內斯人。
155-139	羅馬征服盧西塔尼亞。
154-133	羅馬戰勝塞爾特伊比利人。
19	羅馬帝國創設巴埃蒂卡行省。
14	奧古斯都皇帝將西班牙領土規劃成三個省分。
西元後	事件
39	詩人盧加諾出生於哥多華。
70	金蒂利亞諾被任命為羅馬修辭學教授。
98	圖拉真成為第一位西班牙人羅馬皇帝。
100-300	基督教傳入西班牙。
117-138	哈德良皇帝登基。
380	基督教成為羅馬帝國的國教。
409	日耳曼民族入侵西班牙。
410	在阿拉里克的引導下，西哥德洗劫羅馬城。
416	西哥德人入侵伊比利半島，驅逐島上其他的日耳曼民族。
457	西哥德國王迪奧多里戈（Teodorico, 453-466）率軍征討蘇匯柏人。
549	拜占庭人占領巴埃蒂嘉。
552	拜占庭占領部分的巴埃蒂嘉省。
580	頒布《萊歐比希多法典》。

西元後	事件
587	西哥德國王雷卡雷多改信天主教。
589	第三次托雷多宗教會議宣布天主教為國教。
624	西哥德國王蘇伊蒂拉驅逐拜占庭人。
711	北非的伊斯蘭教徒入侵伊比利半島，打敗西哥德國王羅德里戈，開啟伊斯蘭教統治西班牙時期。
718	西哥德國王佩拉約在柯巴多加打敗伊斯蘭教徒，建立阿斯圖里亞斯王國。
732	伊斯蘭教徒受挫於法國的波迪爾。
756	哥多華的伊斯蘭教哈里發王朝建立。
786	開始建造哥多華清真寺。
800	查里曼成為西羅馬帝國皇帝。
929	阿德‧阿爾─拉瑪三世採用「哈里發」稱號，在位時期是伊斯蘭教徒統治西班牙最繁華的時期。
961-976	阿爾‧阿坎二世在哥多華創建大圖書館。
1099	十字軍收復中東的耶路撒冷。
1031	奧美雅哈里發分裂成許多塔伊發斯王國。
1085	卡斯提亞國王阿爾豐索六世收復托雷多。
1090	北非的阿莫拉比德人占據阿安達魯斯重要的城市。
1094-1099	「埃西得」統治瓦倫西亞。
1137	加泰隆尼亞和亞拉岡聯合成單一王國。
1139	葡萄牙王國誕生。
1212	基督徒在納瓦斯‧托洛薩之役打敗阿莫阿德人。
1218	里昂的阿爾豐索九世創立薩拉曼加大學。
1230	卡斯提亞和里昂聯合成單一王國。
1238-1462	基督徒往南部推進，占據瓦倫西亞、哈恩、塞維亞、加地斯、阿爾赫西拉斯和直布羅陀。
1250	基督徒占領下安達魯西亞地區。
1275	摩洛哥的貝尼梅里尼斯王朝勢力進入安達魯西亞。

西元後	事件
1282	西西里島併入亞拉岡王國。
1348-1350	黑死病擴散到整個西班牙,造成大量人口死亡。
1369	內戰爆發,「殘暴者」佩德羅一世身亡。
1391	在西班牙的許多城市出現反猶太運動和屠殺猶太人的事件。
1403-84	安達魯西亞的軍隊征服加納利群島。
1453	鄂圖曼人攻占君士坦丁堡。
1469	卡斯提亞的伊莎貝和亞拉岡的費南多結婚。
1474	伊莎貝繼承亨利四式成為卡斯提亞女王。
1479	卡斯提亞—里昂王國和亞拉岡王國聯合統治。加納利群島成為卡斯提亞的領土。
1481	成立宗教法庭。
1492	基督徒打敗格拉納達的納薩里王國,結束伊斯蘭教徒長期的統治。猶太人被驅逐出卡斯提亞領土。哥倫布到達美洲。
1516	卡洛斯一世成為西班牙哈布斯堡王朝的第一位君王。
1521	科爾特斯占領墨西哥。
1519-22	麥哲倫的副手埃爾卡諾完成首度世界環球之旅。
1532	皮薩羅攻占秘魯。
1519-56	卡洛斯五世登基。
1556	菲利普二世登基為西班牙國王。
1561	西班牙首都由托雷多遷往馬德里。
1566	低地國(尼德蘭)爆發叛亂。
1580	葡萄牙併入西班牙王國。
1588	英國擊敗西班牙無敵艦隊。
1596	埃塞克斯伯爵掠奪加地斯。
1598	菲利普二世辭世
1605	塞凡提斯出版《吉軻德先生》小說的第一部。
1609	摩爾人被逐出西班牙。

西元後	事件
1640	葡萄牙脫離西班牙統治，再度成為獨立的王國。
1648	荷蘭獨立。
1700	西班牙哈布斯堡王朝的最後一位君王卡洛斯二世去世，法王路易十四的孫子菲利普被任命為王位繼承人。
1733	西、法簽署首次「家族協議」，開啟兩國長達半世紀的同盟關係。
1767	耶穌會教士被驅逐出所有西班牙統治的領土。
1808	拿破崙軍隊進入西班牙，西班牙獨立戰爭開始。
1812	在加地斯的國會通過西班牙第一部自由憲法草案。
1814	西、英聯軍擊退法軍，結束法國在西班牙的統治。
1816	阿根廷正式脫離西班牙獨立。
1818	智利正式脫離西班牙獨立。
1819	哥倫比亞宣布成為共和國，正式脫離西班牙獨立。
1820-23	西班牙成立自由派政府。
1821	墨西哥正式脫離西班牙獨立。
1824	秘魯正式脫離西班牙獨立。
1839	通過《工人結社權利法》，開啟西班牙的工人運動。
1860	爆發摩洛哥戰爭。
1868	光榮革命成功，組織臨時政府。
1873	阿瑪德歐一世退位，西班牙宣布成立第一共和。
1875	君主體制復辟，阿爾豐索十二世為國王。
1879	西班牙社會勞工黨（PSOE）成立。
1888	在巴塞隆納創立西班牙勞工總聯盟（UGT）。
1892	安達魯西亞農民暴動。雪莉城起義。
1898	爆發美西戰爭；喪失古巴、波多黎各及菲律賓等殖民地。
1909	阿爾豐索十三世時期發生第一次的嚴重政治危機。
1917	安達魯西亞社會動盪；發生里夫戰役。

西元後	事件
1923	匹里摩德里梅亞將軍領導政變成功，建立軍事獨裁。
1930	匹里摩德里梅亞將軍辭職下臺。
1931	君主體制垮臺，建立第二共和。
1936-39	西班牙內戰。
1939-75	佛朗哥獨裁統治。
1955	西班牙加入聯合國。
1975	11月12日，佛朗哥逝世。卡洛斯國王登基為國家元首。 西班牙開始民主轉型。
1976	7月5日，蘇瓦雷茲（Adolfo Suárez González）宣誓就職民主轉型後的首任總理。 5月4日，《國家報》（El País）創刊。 11月8日，通過《政治改革法》。
1977	西班牙社會勞工黨、勞工總聯盟（Unión General de Trabajadores）及工人委員會（Comisiones Obreras）合法化。 取消電影審查制度。 1月24日，在馬德里阿多查（Atocha）火車站，爆發恐怖屠殺。 6月15日，舉行1936年以來，首次民主選舉；中間民主聯盟（Unión de Cetro Democrático）勝選。 10月6日，阿雷桑德雷（Vicente Aleixandre y Merlo），榮獲諾貝爾文學獎。 10月15日，各政黨簽屬《蒙克洛阿協議》（Pactos de Moncloa）。
1978	7月8日，武裝警察干預在潘普羅納舉行的奔牛節，造成一名學生死亡，150人受傷。 12月6日，公投通過1978年新憲法。 依據新憲法，西班牙先後成立17個自治區。
1979	3月1日，舉行新憲後首次大選，中間民主聯盟獲得168席相對多數席次；社會勞工黨獲得121席居次。 4月，卡爾潘（Enrique Tierno Galván）當選新憲後首位馬德里市長。 10月25日，巴斯克公投通過自治區法。 10月25日，加泰隆尼亞公投通過自治區法。

西元後	事件
1980	3月14日，通過《勞工法》。 7月12日，由12位大法官組成的憲法法庭開始運作。
1981	2月23日發生未遂政變，安東尼奧‧特赫羅帶領公民警衛隊進入眾議院，並中斷會議進程。 2月26日，蘇瓦雷茲辭職，卡爾波-索德羅（Leopoldo Calvo-Sotelo）繼任總理。 5月1日，爆發首例菜籽油大規模中毒事件。 6月22日，通過《離婚法》。 9月10日，畢卡索名畫「格爾尼卡」回歸西班牙。
1982	2月10日至17日，舉辦首屆馬德里現代藝術節（Feria Internacional de Arte Contemporáneo en Madrid）。 3月，Volver a empezar成為西班牙首部獲得奧斯卡最佳外語影片獎。 5月30日，西班牙加入北大西洋公約組織。 6月13至7月11日，西班牙主辦世界盃足球賽。 10月28日，社會勞工黨獲得202席絕對多數席次，執政到1996年。
1983	2月23日，社會勞工黨政府徵收企業集團Rumasa有限公司。 6月14日，通過馬德里自治區法。
1984	2月1日，工人示威抗議政府進行工業重整。
1985	通過《墮胎除罪法》。 6月25日，通過《歷史遺產法》（Ley de Patrimonio Histórico）。
1986	經濟顯著成長；失業率上升。 1月1日，西班牙加入歐洲經濟共同體。 3月12日，公投通過永久加入北大西洋公約組織。 6月22日，國會大選，社會勞工黨獲得184席絕對多數席次。
1987	3月17日，首次頒發「哥雅獎」（Los Premios Goya）。
1988	7月28日，成立證券市場國家委員會（La Comisión Nacional del Mercado de Valores）。 12月14日，全國大罷工。

西元後	事件
1989	首次核准女性就讀軍校。 西班牙成為歐洲經濟共同體輪值主席。 10月23日，《世界報》（El Mundo）創刊。 10月29日，提前9個月舉行國會選舉，社會勞工黨僅以176席些微過半席次獲勝。 11月，作家塞拉（Camilo José Cela）獲得諾貝爾文學獎。
1990	1月25日，Antena 3電視臺開播。 3月10日，Telecinco電視臺開播。 6月8日，Canal+有線電視臺開播。 8月26日，西班牙派兵參加波斯灣戰爭。 8月26日，在西班牙Badajoz的Puerto Hurraco發生槍殺案，造成9人死亡，12人輕重傷。 10月3日，通過《教育體系總法》（La Ley Orgánica General del Sistema Educativo）。
1991	3月21日，成立「塞凡提斯學院」（Instituto Cervantes）。 10月30日，在馬德里舉行「中東和平會議」。
1992	西幣兩度貶值。 馬德里成為歐洲文化之都。 1月1日，西班牙成立「稅務管理署」（La Agencia Estatal de Administración Tributaria）。 2月21日，實施《人民安全保護法》（Ley Orgánica sobre Protección de la Seguridad Ciudadana）。 4月20至10月12日，於塞維亞舉行萬國博覽會。 4月21日，馬德里至塞維亞的西班牙首座高鐵啟用。 7月25日至8月9日，於巴塞隆納舉行奧運會。 9月10日，蘇菲亞王后國家藝術中心（El Museo Nacional Centro de Arte Reina Sofía）開幕。 10月8日，提森美術館（Museo Thyssen-Bornemisza）開幕。
1993	西班牙發生近十年來的經濟衰退；失業率從16%上升至24%；西幣再度貶值。 自治區可分配到個人綜合所得稅總額的15%。 6月3日，在國會大選中，社會勞工黨只獲得159席的相對多數席次。

西元後	事件
	年底，爆發西班牙信貸銀行（Banco Español de Crédito）貪污醜聞事件。
1994	3月，「四千金的情人」（Belle Époque）獲得奧斯卡最佳外語影片獎。
1995	西幣貶值7%。 爆發西班牙中央情報局違法監聽醜聞。 3月9日至4月14日，加拿大巡邏船炮擊西班牙漁船，爆發Guerra del Fletán衝突。 5月1日，PortAventura Park主題公園開幕。 12月5日，索拉納（Javier Solana）出任北大西洋公約組織祕書長。
1996	3月3日，民眾黨在大選中獲得156席相對多數席次，首次政黨輪替。
1997	7月10日，恐怖組織ETA綁架並殺害民眾黨政治人物Miguel Ángel Blanco。 7月13日，西班牙加入北大西洋公約組織軍事框架。 9月30日，西班牙阿里坎特（Alicante）洪水，造成五人喪生。 10月18日，畢爾包古根漢美術館開幕。
1998	4月16日，瓦倫西亞科學藝術城開幕。 4月25日，安達魯西亞的Doñana國家自然公園爆發傾到有毒爛泥事件。 10月，Pedro Duque成為西班牙首位到太空旅行的飛行員。
1999	1月1日，歐元開始在國際金融市場使用。 1月，Banco de Santander及el Banco Central Hispano兩大銀行合併，成為歐元區首例銀行合併。
2000	千喜年，沒有出現預期的電腦問題。 ETA恐怖行動造成23人死亡。 3月，阿莫多瓦執導的Todo sobre mi madre影片獲得奧斯卡最佳外語影片獎。 3月12日大選，民眾黨以183席，獲得國會過半席次。 12月10日，西班牙以三比一擊敗澳洲，首次獲得臺維斯杯（Copa Davis）網球冠軍。

西元後	事件
2001	爆發狂牛症危機。 取消義務役兵役，實施社會替代役。
2002	1月1日，西班牙採行歐元，替代原來的貨幣比薩塔。 西班牙擔任歐盟輪值主席國。 西班牙薩拉曼加城為歐洲文化之都。 6月20日，全國大罷工。 7月11至20日，摩洛哥軍事占領西班牙Perejil島，兩國爆發外交危機。 11月13日，Prestige油輪在西班牙加利西亞外海沉沒，造成嚴重汙染。
2003	3月16日，亞述群島高峰會，西班牙阿茲納（José María Aznar López）政府宣布支持出兵伊拉克戰爭；民眾大規模抗議。 3月，阿莫多瓦執導的Hable con ella獲得第二座奧斯卡金像獎。
2004	開始興建塞維亞市地鐵。 3月11日，馬德里自治區發生系列火車恐怖攻擊事件，造成193人死亡，兩千多人受傷。 3月14日，薩帕特羅（José Luis Rodríguez Zapatero）帶領的社會勞工黨贏得大選。4月17日宣誓就職。 5月22日，西班牙王子菲利普與萊蒂西雅結婚。 6月13日，歐洲議會選舉，社會勞工黨與民眾黨各獲得25及24席。 12月31日，西班牙結束聯合國安理會非常任理事國任期。
2005	1月17日，卡洛斯國王國是訪問摩洛哥。 2月20日，歐洲憲法公投，76.3%的西班牙選民贊成。 5月8日，西班牙王室宣布萊蒂西雅王妃已懷孕訊息。 7月3日，西班牙成為世界上第一個給予同性戀充分的結婚和收養孩子權利的國家。 10月13日，第15屆伊比利亞美洲高峰會在西班牙薩拉曼卡舉行。 10月31日，西班牙王位第二順位繼承人蕾歐諾（Leonor）公主誕生。 11月12日，在馬德里示威抗議教育組織法（Ley Orgánica de Educación）

西元後	事件
	12月15日，歐盟執委會（Comisión Europea）要求西班牙對天主教會課徵附加稅。
2006	7月2日，西班牙總理薩帕特羅國是訪問印度。 7月8日，教宗本篤16世訪問西班牙瓦倫西亞。 7月12日，西班牙22個城市示威抗議政府與ETA恐怖組織談判。 9月1日，西班牙國家籃球代表隊以75：74擊敗阿根廷，獲得世界盃冠軍。 9月8日，薩帕特羅政府改組。 12月26日，實施《菸害防制法》。
2007	11月2日，與摩洛哥爆發外交衝突。 12月14日，通過《照護法》（Ley de Dependencia）。
2008	受美國爆發次房貸危機，西班牙也發生嚴重的經濟、股市及房地產危機。西班牙IBEX 35股市年度下跌39.43%。 2月20日，馬德里至巴塞隆納高鐵全線通車。 3月9日，國會大選，薩帕特羅連任。查孔（Carmen Chacón）出任首位女性國防部長。 3月，巴登（Javier Ángel Encinas Bardem）成為首位獲得奧斯卡最佳男主角獎的西班牙男演員。 6月29日，西班牙國家足球代表隊獲得第二座歐洲杯冠軍。 6月14日至9月14日，萬國博覽會於西班牙薩拉戈薩舉行。
2009	經濟嚴重衰退，四百多萬人失業。 3月，潘妮洛普（Penélope Cruz Sánchez）成為首位獲得奧斯卡最佳女配角獎的西班牙女演員。 4月2日，塞維亞首條地鐵啟用。
2010	西班牙第四度成為歐盟輪值國主席。 3月3日，修正《墮胎法》。 6月16日，修正《勞動法》。 7月11日，西班牙獲得在南非舉行的世界盃足球賽冠軍。 9月29日，爆發全國大罷工。 12月18日，馬德里至瓦倫西亞高鐵完工啟用。

西元後	事件
2011	通過修憲限制公共赤字。 1月2日，實施新的《菸害防制法》。 8月16至21日，在馬德里舉行第26屆世界青年日會議。 10月11日，在El Hierro島附近海底火山爆發。 10月20日，ETA宣布停止恐怖活動。 11月20日，拉霍伊帶領民眾黨贏得大選。11月21日，宣誓就職。
2012	國際貨幣基金組織及歐盟拯救西班牙銀行體系。 全國失業達25%。 3月29日，全國大罷工。 5月22日，全國教育大罷工。 7月1日，西班牙第三度獲得歐洲盃足球冠軍。 9月11日，在巴塞隆納爆發加泰隆尼亞獨立示威遊行。 9月25日，民眾試圖包圍眾議院大廈。 11月14日，全國大罷工。
2013	失業人口超過六百萬。 7月24日，西班牙聖地牙哥高鐵事故，80人死亡，144人輕重傷。 9月13日，長達400公里人龍支持加泰隆尼亞獨立運動。
2014	1月17日，新政黨「我們可以」（Podemos）成立。 6月2日，國王卡洛斯一世宣布退位。 6月9日，菲利普六世繼承王位。 7月30日，馬拉加市首條地鐵通車。 11月7日，公主克莉絲汀娜被控洗錢。 西班牙公共赤字占比超過國內生產毛額100%。
2015	因為「我們可以」及「公民黨」（Ciudadanos）新政黨成立，打破傳統兩大黨把持自治區及縣市選舉局面。 3月20日，一架由巴塞隆納飛往德國的空中巴士班機在法國上空自殺爆炸，造成150名機組及乘客全部罹難。 9月24日，西班牙加地斯1812年憲法之橋啟用。 12月20日，國會大選民眾黨獲得123席相對多數、社會勞工黨90席、我們可以黨42席，以及公民黨40席等，為史上最分裂投票的國會選舉。

西元後	事件
2016	西班牙經濟成長3.2%；失業率下降為19%。 西班牙史上首次，國會會期結束但無法選出新總理。 6月26日，拉霍伊贏得大選但未過半，成立臨時政府。 6月，桑切斯辭去社會勞工黨總書記及國會議員。 10月31日，拉霍伊在公民黨支持及社會勞工黨棄權下，成立少數政府。
2017	6月，桑切斯再次出任社會勞工黨總書記。 9月7日，西班牙憲法法庭取消加泰隆尼亞自治政府舉辦獨立公投。 10月1日，加泰隆尼亞以43.03%的投票率及90.18%選票，通過獨立公投。 10月27日，泰隆尼亞自治政府發表獨立宣言。
2018	ETA恐怖組織宣布解散。 6月1日，國會通過社會勞工黨對拉霍伊的不信任案，拉霍伊下臺。 6月7日，社會勞工黨桑切斯宣誓就任總理，成立臨時政府。
2019	4月28日，社會勞工黨贏得大選，但未過半；桑切斯成立臨時政府。 10月14日至11月20日，加泰隆尼亞示威抗議判決該自治區獨立公投領袖。 11月10日，社會勞工黨贏得大選。
2020	退位國王卡洛斯一世離開西班牙。 1月31日，西班牙發現首例新冠肺炎。 新冠肺炎造成8萬多名西班牙人死亡。 至2020年11月，十分之一的西班牙人曾感染新冠肺炎。 1月7日，桑切斯宣誓就職總理，組成聯合政府。 3月14日，因疫情擴展迅速，西班牙政府宣布警戒，實施居家隔離。 3月28日，宣布全國停止非必要的勞動。 2020年1月至2023年11月，社會勞工黨與「聯合我們可以」（Unidas Podemos）組成第二共和以來的第一個聯合政府。

西元後	事件
	6月中，西班牙僅次於美國、巴西、俄羅斯及英國，為新冠肺炎感染人數第五大國。 12月27日，西班牙開始施打新冠疫苗。
2021	2月14日，加泰隆尼亞自治區大選。 5月17日起，西班牙與摩洛哥爆發邊境衝突。
2022	西班牙出現1986年以來歷史性通貨膨脹。 5月18日，西班牙出現猴痘疫情。 6月，歐洲及西班牙出現熱浪，造成多起森林大火。 12月28日，通過勞動法修正。
2023	7月23日，民眾黨在大選中獲得最多席次。 9月27日，民眾黨組閣失敗。 10月底，西班牙政府大赦加泰隆尼亞獨立運動領袖。 11月16日，國會通過桑切斯籌組聯合政府。

西班牙王位傳承表

1469	伊莎貝與費南多聯姻西班牙統一
1474-1504	卡斯提亞女王伊莎貝
1479-1516	亞拉岡國王費南多
1504-1516	「瘋女」璜娜（由費南多攝政）
1516-1556	西班牙國王卡洛斯一世（神聖羅馬帝國皇帝查理五世）
1556-1598	菲利普二世
1598-1621	菲利普三世
1621-1665	菲利普四世
1665-1700	卡洛斯二世
1700-1724	菲利普五世
1724	路易一世在菲利普五世遜位後登基，但不到一年便駕崩
1724-1746	菲利普五世因其子路易一世駕崩而再度登基
1746-1759	費南多六世
1759-1788	卡洛斯三世
1788-1808	卡洛斯四世
1808-1813	波旁王朝的統治中止；拿破崙長兄喬瑟夫・波拿巴特登基為荷西一世
1814-1833	波旁王朝首次復辟，費南多七世登基
1833-1841	伊莎貝年幼由其母瑪麗亞・克莉絲汀娜攝政
1841-1843	伊莎貝年幼由埃斯帕特羅攝政
1843-1868	伊莎貝二世登基
1868-1870	爆發9月革命
1871-1873	波旁王朝再次中斷，由薩瓦（Savoy）的阿馬戴歐一世統治
1873-1874	第一共和
1875-1885	波旁王朝再次復辟，阿豐索十二世登基

1886-1902	哈布斯堡-洛琳王朝的瑪麗亞‧克莉絲汀娜為阿豐索十三世攝政
1902-1931	阿豐索十三世登基
1931-1939	第二共和時期
1939-1975	國家元首──佛朗哥將軍
1975	波旁王朝三度復辟，國王璜‧卡洛斯一世登基
2014	6月19日，卡洛斯一世簽署詔書正式退位；同日，菲利普宣誓繼位。

參考書目

JTB Publishing Inc.，許大修譯（2004），《西班牙》，臺北：精英出版社。

Lonely Planet特約作者群，世紀英聞翻譯公司譯（2008），《西班牙》，臺北：聯經出版社。

Marie Louise Graff，林明慧譯（2001），《Culture Shock!西班牙》，臺北：精英出版社。

Morris, Jan，黃芳田譯（2008），《西班牙》，馬可孛羅文化。

中國文化學院西班牙研究所（1965），《中國與西班牙文化論集》，臺北：中國文化學院出版部。

中華經濟研究院編（1995），《第二屆中華民國與西班牙經濟政策與經濟發展比較國際研討會》，臺北市：中華經濟研究院。

丹尼爾‧尼格雷亞（Chef Daniel Negreira）著（2010），《西班牙大廚到你家》，臺北市：四塊玉。

方真真、方淑如（2003），《西班牙史──首開殖民美洲的國家》，臺北：三民書局。

方真真譯註（2017），《十七世紀北臺灣的西班牙帳簿。第一冊（1626-1633）》，臺南市：臺灣歷史博物館。

王士雄（2001），《西班牙》，北京：世界知識出版社。

王儷瑾（2015），《西班牙，再發現：跟著中文官方導遊深度行》，新北市：奇光。

王儷瑾（2020），《西班牙，不只海鮮飯：跟著官方導遊深入西班牙美味日常》，新北市：奇光。

卡洛斯（Brian A. Catlos）著；梁永安譯（2019），《十字架上的新月：伊斯蘭統治下的西班牙（711-1614）》，臺北市：貓頭鷹。

田毓英（2010），《西班牙發展史》，臺南市：聞道。

向陽文化編譯部（2007），《西班牙南部—安達魯西亞與賽維亞》，臺北：遠足文化出版社。

地球の步き方編集部編集室作；珂辰、羅淑慧譯（2010），《西班牙》，臺北市：墨刻出版。

牟秀茵、鍾家瑄（2001），《陽光！西班牙》，臺北市：墨刻出版。

吳曉雯（1999），《英國、西班牙博物館之旅》，臺北縣新店市：高談文化。

李舒岩（2011），《燃情西班牙：一個留學生的視覺筆記》，北京市：中國社會出版社。

杜福安（2002），《荷蘭、西班牙在臺灣》，臺北市：玉山社出版。

周君怡（2001），《西班牙：19個精華城市旅遊指南》，桃園蘆竹：白鳥文化發行。

林經豐（1984），《殘破的美》，臺北：光啟出版社。

波朋（Bourbon, Fabio），朱恩伶譯（1997），《西班牙》，臺北市：臺灣麥克。

珍‧莫里斯（Jan Morris）著；黃芳田譯（2008），《西班牙》，臺北市：馬可孛羅文化出版。

約翰‧克勞（John A. Crow）著；莊安祺譯（2020），《西班牙的靈魂：宗教熱情與躁動理想如何形塑西班牙的命運》，新北市：八旗文化。

紅山雪夫，雷素梅譯（2000），《西班牙古都‧街道之旅》，臺北：精英出版社。

紅山雪夫著；雷素梅譯（2000），《西班牙古都、街道之旅》，臺北市：精英出版社。

唐雯（2012），《西班牙概況》（Panorama histórico-cultural de España），上海市：上海外語教育出版社。

徐芬蘭（2002），《西班牙美術之旅》，臺北市：藝術家出版。

徐鍾珮（1987），《追憶西班牙》，臺北：純文學出版社。

特倫─威納（Tremml-Werner, Birgit），堯嘉寧譯（2022），《馬尼拉的誕生：大航海時代西班牙、中國、日本的交會》，新北市：衛城出版。

馬達里亞加（Madariaga, Salvador de, 1886-1978），朱倫譯（1998），《西班牙現代史論》，北京：中國社會科學。

馬聯昌編著（1999），《西班牙與西班牙文化》，湖南：湖南教育。

培瑞茲─瑞維特（Perez-Reverte, Arturo），黃新珍譯（2020），《西班牙很有事：暢銷小說家貝雷茲─雷維特有笑又有料的西班牙史》，臺北市：漫遊者。

張穎綺（2002），《西班牙》，臺北市：大地地理。

梁康妮（2005），《西班牙》，香港：皇冠。

梅鐸出版Murdoch Books著；李淑寧譯（2017），《西班牙廚房：美食、旅行、傳統、人文》，新北市：遠足文化。

許家銘（2014），《散步西班牙.私設計小旅行》，新北市：木馬文化出版。

許淑惠（2003），《Yes!西班牙》，臺北：幾何文化事業股份有限公司。

陳慧梅等編（2006），《西班牙》，臺北：時報出版社。

黃仲正主編；余欲弟、王同禹譯（1993），《西班牙》，臺北市：臺灣英文雜誌

社。

塞維亞（Sevilla, María José），杜蘊慈譯（2021），《西班牙美食史：西班牙料理不只tapas》，臺北市：天培文化出版。

楊翠屏著（2013），《你一定愛讀的西班牙史：現代西班牙的塑造》，臺北市：臺灣商務。

趙雅博（1955），《今日西班牙》，臺北：中華文化出版社。

德瑞克‧藍伯特（Derek Lambert）著；宋瑛堂譯（2002），《悠居西班牙的一年》，臺北市：時報文化。

鄭明華、黃芳田、陳靜文譯（2002），《西班牙》，臺北：遠流文化出版社。

蕭宗煌、呂理政統籌策劃（2007），《艾爾摩莎：大航海時代的臺灣與西班牙》，臺北市：國立臺灣博物館。

諾瓦（Novas, Himilce）、西勒華（Silva, Rosemary E.），徐秋華譯（2000），《西班牙》，臺北市：經典傳訊文化發行。

戴金蜜、許銘松、鄭淑玲譯（2001），《西班牙》，臺北縣汐止市：協和國際多媒體。

戴金蜜、許銘松、鄭淑玲譯（2006），《西班牙》，臺北市：時報文化。

謝明蓉（2004），《魔幻西班牙：旅行達人眼中的魅力國度》，臺北市：宏碩文化。

賽斯‧諾特博姆，何佩樺譯（2004），《西班牙星光之路》，臺北：馬可孛羅文化。

鍾家瑄、張芸、牟秀茵作；鍾家瑄等攝影（2004），《西班牙》，臺北市：墨刻出版。

關渡蓮（2004），《世界的盡端——加里西亞》，人人出版社。

顧衍時（1992），《鬥牛的國度》，躍昇文化事業有限公司。

Álvarez, Gorka(2011) , *Cocina,* Barcelona: Difusión.

Calonge Cebrián, Laura(2012), *50 fiestas populares de España que debes conocer*, Barcelona: Libro Cúpula.

Cortés Moreno, Maximiano(2003), *Guía de usos y costumbres de España*, Madrid: Edelsa.

De la Flor, Clara (2011), *Flamenco,* Barcelona: Difusión.

Díaz del Castillo, Bernal(2015), *Historia verdadera de la conquista de la Nueva España* , Espasa Libros.

Gil Guerra, Carmen(2009), *Por la cocina espanola: de tierra adentro a mar abierto*, Madrid: Sociedad General Espanola de Libreria.

Graham, Helen y Jo Labanyi (1995), *Spanish Comtempory Cultural Studies*, New York: Oxford University Press.

Graham, Helen and Jo Labanyi(1995) , *Spanish Cultural Studies an Introduction*, New York: Oxford University Press.

Lahuerta, Javier(coord.) (2010), *Colón y el nuevo mundo*, Madrid: Sociedad General Española de Librería.

Lahuerta, Javier(coord.) (2010), *Por las calles de Barcelona,* Madrid: Sociedad General Española de Librería.

López Moreno, Cristina(2009), *Un año en España*, Madrid: SGEL.

Martínez Shaw, Carlos y Marina Alfonso Mola(2007), *La ruta española a China,* Madrid: El Viso.

Menéndez Pidal Ramón，田毓英譯(1983)，《歷史上的西班牙人》，臺北：國立編譯館。

Muñoz Machado, Santiago(2012) , *Informe sobre España: repensar el estado o destruirlo,* Barcelona: Crítica Editorial.

Payne, Stanley G. (2011), *Spain a unique history,* Madison, Wis.: University of Wisconsin Press.

Ringrose, David R(2007), *España, 1700-1900: el mito del fracaso*, Madrid: Alianza Editorial.

Varela Ortega, José, Fernando R. Lafuente y Andrea Donofrio (eds.)(2016), *La mirada del otro: la imagen de España, ayer y hoy,* Madrid: Fórcola.

國家圖書館出版品預行編目資料

西班牙文化導覽／何國世著. ——初版.——
　臺北市：五南圖書出版股份有限公司，
2024.09
　面；　公分
ISBN 978-626-393-701-7（平裝）

1. 文化史　2. 西班牙

746.13　　　　　　　　　113012321

1WBK

西班牙文化導覽

作　　　者 ― 何國世

企劃主編 ― 黃惠娟

責任編輯 ― 魯曉玟

封面設計 ― 韓衣非

出 版 者 ― 五南圖書出版股份有限公司

發 行 人 ― 楊榮川

總 經 理 ― 楊士清

總 編 輯 ― 楊秀麗

地　　　址：106臺北市大安區和平東路二段339號4樓

電　　　話：(02)2705-5066　　傳　　真：(02)2706-6100

網　　　址：https://www.wunan.com.tw

電子郵件：wunan@wunan.com.tw

劃撥帳號：01068953

戶　　　名：五南圖書出版股份有限公司

法律顧問　林勝安律師

出版日期　2024年9月初版一刷

定　　　價　新臺幣400元

經典永恆・名著常在

五十週年的獻禮 —— 經典名著文庫

五南，五十年了，半個世紀，人生旅程的一大半，走過來了。

思索著，邁向百年的未來歷程，能為知識界、文化學術界作些什麼？

在速食文化的生態下，有什麼值得讓人雋永品味的？

歷代經典・當今名著，經過時間的洗禮，千錘百鍊，流傳至今，光芒耀人；

不僅使我們能領悟前人的智慧，同時也增深加廣我們思考的深度與視野。

我們決心投入巨資，有計畫的系統梳選，成立「經典名著文庫」，

希望收入古今中外思想性的、充滿睿智與獨見的經典、名著。

這是一項理想性的、永續性的巨大出版工程。

不在意讀者的眾寡，只考慮它的學術價值，力求完整展現先哲思想的軌跡；

為知識界開啟一片智慧之窗，營造一座百花綻放的世界文明公園，

任君遨遊、取菁吸蜜、嘉惠學子！